Industrie- und Handelskammern Niedersachsen:

Niedersächsischer Industrie- und Handelskammertag:
www.n-ihk.de

IHK Lüneburg-Wolfsburg:
www.ihk24-lueneburg.de

IHK Oldenburg:
www.ihk-oldenburg.de

IHK Osnabrück-Emsland:
www.osnabueck.ihk24.de

IHK Stade für den Elbe-Weser-Raum:
www.stade.ihk24.de

IHK für Ostfriesland und Papenburg:
www.ihk-emden.de

Begriffserklärungen:

Duden Schülerlexikon:
www.schuelerlexikon.de

Freies Lexikon:
www.wikipedia.org
www.wissen.de

Zeitungen/Zeitschriften:

Spiegel:
www.spiegel.de

Focus:
www.focus.de

Stern:
www.stern.de

Süddeutsche Zeitung:
www.sueddeutsche.de

Handelsblatt:
www.handelsblatt.de

Gewerkschaften und Arbeitgeberverbände:

Deutscher Gewerkschaftsbund:
www.dgb.de

Ver.di Vereinte Dienstleistungsgewerkschaft:
www.verdi.de

IG Metall:
www.igmetall.de

IG Bau-Agrar-Umwelt:
www.igbau.de

Bundesvereinigung der Deutschen Arbeitgeberverbände:
www.bda-online.de

Bundesverband der Deutschen Industrie e.V.:
www.bdi-online.de

Statistiken und Schaubilder:

Bundesamt für Statistik:
www.destatis.de

Landesbetrieb für Statistik und Kommunikationstechnologie Niedersachsen:
www.nls.niedersachsen.de

Hans-Böckler-Stiftung:
www.boeckler.de

Institut der deutschen Wirtschaft:
www.iwkoeln.de
www.globus-infografik.de

Suchmaschinen:
Google:
www.google.de

Yahoo:
http://de.yahoo.com

Metager:
www.metager.de

praxis Wirtschaft Profil

Herausgeber
Hans Kaminski

Autoren
Katrin Eggert
Stephan Friebel
Manfred Hübner
Hans Kaminski
Michael Koch
Maida Pech
Martina Raker
Ortrud Reuter-Kaminski

westermann

Druck A [1] / Jahr 2011
Alle Drucke der Serie A sind im Unterricht parallel verwendbar.

Redaktion: Marion Martens
Herstellung: Andreas Losse
Umschlaggestaltung: Schreiber VIS, Joachim Schreiber, Seeheim
Innenkonzept: init. Büro für Gestaltung, Bielefeld
Satz: AndersARTig Werbung & Verlag GmbH, Braunschweig
Druck und Bindung: westermann druck GmbH, Braunschweig

ISBN 978-3-14-**116182**-3

Wir stellen ein:
Zeitarbeit lohnt sich für Handwerker und Kaufleute, Fach- und Hilfskräfte, Frauen und Männer.
Fragen kostet nichts.

PREISLISTE

70%
50%
70%
30%
70%

V Der Staat im Wirtschaftsprozess 88

VI Regionaler Wirtschaftsraum 110

VII E-Commerce und Kredite 134

VIII Unternehmen: Ort der Existenzsicherung 152

IX Die Aufgaben des Staates 174

X Internationale Arbeitsteilung 198

Wirtschaft überall

Immer und überall gilt: Menschen haben vielfältige Bedürfnisse. Sie müssen essen, trinken, sie benötigen eine Wohnung, ein geregeltes Einkommen, einen Arbeitsplatz und vieles mehr. Als arbeitender und wirtschaftlich tätiger Mensch werdet ihr euch im Laufe des Lebens in verschiedenen Situationen wiederfinden:

– in der Situation als Verbraucher/-in,
– in der Situation als Arbeitnehmer/-in oder als Selbstständige/-r,
– als Wirtschaftsbürger/-in.

In diesem Arbeitsbuch werden die verschiedenen Situationen näher beschrieben. Ihr werdet erfahren, wie häufig euch diese unterschiedlichen Positionen immer wieder im täglichen Leben begegnen.

Im Profil Wirtschaft gibt es ebenso wie im Regelfach Wirtschaft vier große Themenfelder:

1. Verbraucher und Erwerbstätige im Wirtschaftsgeschehen
Kapitel I: Knappheit, Entscheidungen, Märkte
Kapitel VII: E-Commerce und Kredite

2. Ökonomisches und soziales Handeln im Unternehmen
Kapitel II: Das Unternehmen und seine Leistungen
Kapitel VIII: Unternehmen: Ort der Existenzsicherung

3. Aufgaben des Staates im Wirtschaftsprozess
Kapitel V: Der Staat im Wirtschaftsprozess
Kapitel IX: Die Aufgaben des Staates

4. Ökonomisches Handeln regional, national und international
Kapitel VI: Regionaler Wirtschaftsraum
Kapitel X: Internationale Arbeitsteilung

Außerdem sind folgende Themen enthalten:
Kapitel III: Gründung eines Unternehmens
Kapitel IV: Der Wirtschaftskreislauf

Ihr lernt seit der Klasse 8 grundlegende wirtschaftliche Sachverhalte kennen und baut euer Wissen Schritt für Schritt auf. Dabei vertieft und erweitert ihr die Kenntnisse und Fertigkeiten, die ihr im Regelfach Wirtschaft lernt, hier im Profilfach Wirtschaft.

Auf der ersten Seite eines jeden Kapitels findet ihr daher eine **Grafik**, die euch durch das jeweilige Thema leitet. Sie wird in jedem Kapitel eines Themenfeldes erweitert, weil ihr immer mehr über das Thema erfahrt.

Die **Arbeitsaufträge** stehen immer unten auf der Seite und sind durchnummeriert. Sie sind mit drei Symbolen gekennzeichnet: ○ ◒ ●
Diese Symbole bedeuten:
1. **Fachwissen**: Man muss etwas wissen, d. h. das kleine Einmaleins der Wirtschaft ist zu erlernen. ○
2. **Erkennen**: Dieses Wissen soll euch helfen, Schritt für Schritt wirtschaftliche Vorgänge besser zu verstehen und zu erkennen. ◒
3. **Beurteilen und bewerten:** Zu einer wirtschaftlichen Frage kann es unterschiedliche Ansichten geben. Deshalb muss man lernen, mit seinem Wissen bestimmte wirtschaftliche Situationen zu beurteilen. ●

Auf extra gekennzeichneten **Methodenseiten** M findet ihr die Arbeitstechniken, die euch helfen sollen, die Aufgaben zu lösen.

Auf den Kapitelseiten findet ihr manchmal ein großes B. Dieses markiert **Beispieltexte**, in denen alltägliche Situationen dargestellt werden.

Ein großes Q steht für **Quellentexte**, die bereits woanders veröffentlicht wurden. Die zugehörige Quellenangabe befindet sich immer in der Randspalte.

Am Ende eines jeden Kapitels findet ihr zwei **Lernbilanzseiten** L, mit denen ihr den Inhalt des Kapitels noch einmal nachvollziehen könnt.

Viel Spaß und Erfolg mit dem Buch.

I Knappheit, Entscheidungen, Märkte

Dieses einführende Kapitel in das Profilfach Wirtschaft setzt sich mit den grundlegenden Problemen allen Wirtschaftens auseinander: Wie lassen sich Bedürfnisse und Knappheit miteinander in Einklang bringen?
Märkte sind in marktwirtschaftlichen Ordnungen zwar nicht das einzige, aber ein wichtiges Instrument, um zur Entscheidungsfindung von Konsumenten und Produzenten beizutragen. Dabei werden wichtige Märkte näher voneinander unterschieden.

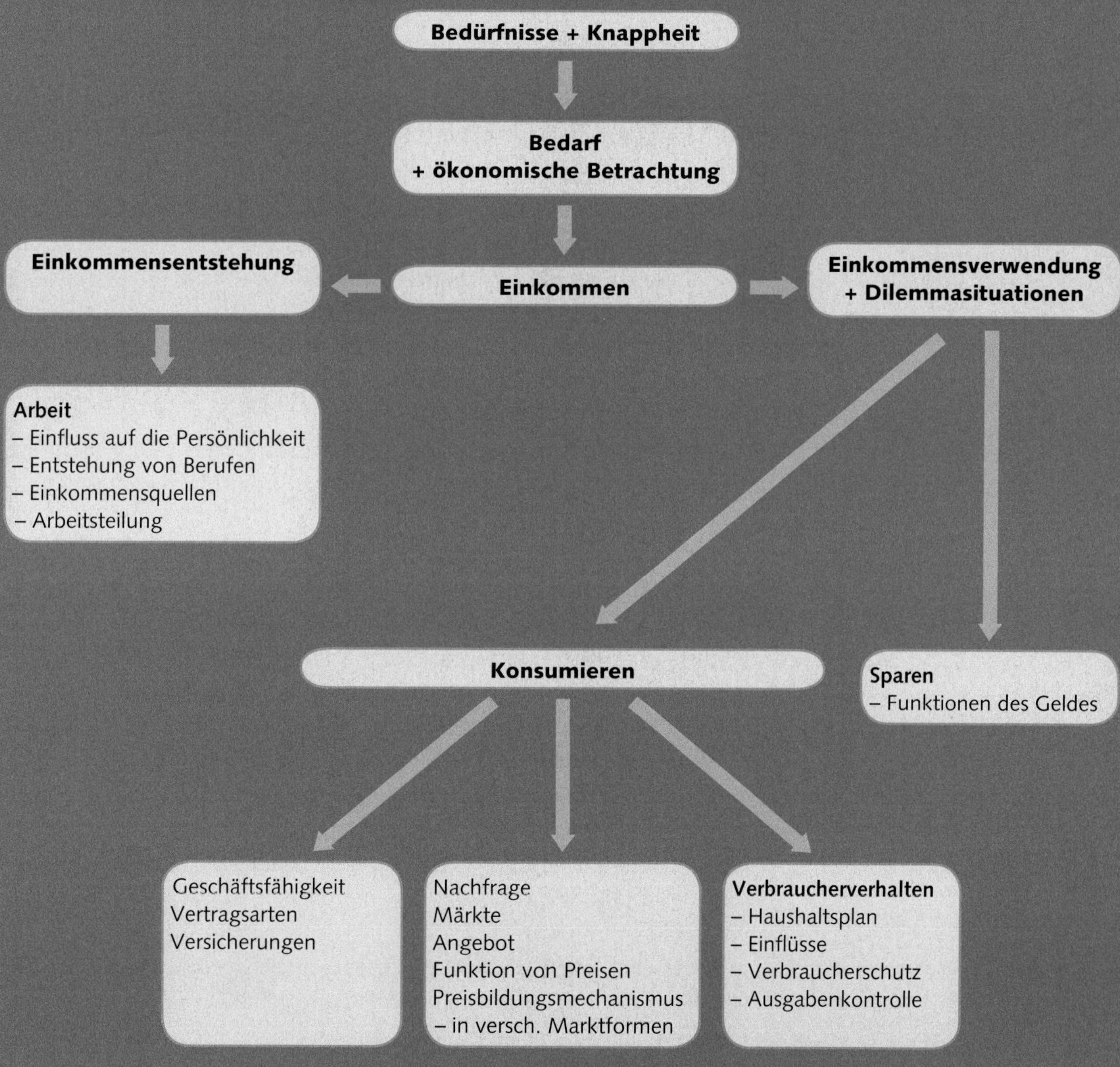

Das Schlaraffenland – ein Gemälde von Pieter Brueghel (1567)

1 Wirtschaftliches Handeln ist notwendig

Was ist Wirtschaften?

Das Bild vom Schlaraffenland stellt eine Situation dar, in der alle Bedürfnisse der Menschen befriedigt werden. Leider ein Traum! Wir müssen wirtschaften, um unsere Existenz zu sichern.

Grundlegende Fragen sind, was man unter Wirtschaften versteht und was Bedürfnisse sind. Damit beschäftigt sich zunächst der erste Teil dieses Kapitels.

Um die Frage zu beantworten, was „Wirtschaften" oder „Wirtschaft" ist, wird häufig auf das Beispiel einer Gruppe von Schiffbrüchigen zurückgegriffen.

Q

Nehmen wir einmal an, fünf Schiffbrüchige werden auf eine einsame Insel verschlagen. Außer ihrem Leben haben sie nur gerettet, was sie auf ihrem Leibe tragen. Weder Nahrungsmittel noch Wasser noch irgendwelche Werkzeuge stehen ihnen zur Verfügung.

In dieser Lage kommt es für die fünf zunächst darauf an, für die Befriedigung der elementaren menschlichen Bedürfnisse zu sorgen. Sie brauchen Wasser, etwas zu essen und einen Schutz gegen die Witterung, seien es Kälte, Regen, Wind oder Hitze. Im Gegensatz zur Luft, die die Menschen ebenfalls dringend zum Leben brauchen, die aber von Natur aus vorhanden ist, müssen die anderen lebensnotwendigen Dinge erst durch menschliche Arbeit geschaffen oder beschafft werden. Fische müssen gefangen, Tiere erlegt, Beeren und Früchte gepflückt und Wasser, etwa durch Auffangen von Regen, gewonnen werden.

Denkbar wäre, dass jeder der fünf für sich selbst sorgt, d.h. sich selbst einen Fisch fängt oder eine Frucht pflückt.

Wie sich jedoch sehr schnell herausstellt, ist jeder der fünf bei den zu erledigenden Arbeiten unterschiedlich geschickt. So fällt es dem einen nicht schwer, auf Bäume zu klettern und Früchte zu pflücken, während ein anderer keine Mühe hat, mit der bloßen Hand Fische zu fangen. Der Dritte wiederum fertigt mit Leichtigkeit aus Blättern und Zweigen ein Dach, unter dem alle Schatten und Schutz vor Regen finden können.

Außerdem kommen die fünf bald zu einer weiteren Erkenntnis: Je mehr sich jeder auf eine bestimmte Aufgabe konzentriert, umso mehr Geschicklichkeit entwickelt er im Laufe der Zeit und umso schneller geht ihm die Arbeit von der Hand. Gleichzeitig wächst bei jedem die Freude an der Arbeit, weil er merkt, dass er auf diesem speziellen Gebiet den anderen überlegen ist und die anderen auf seine Leistung angewiesen sind.

Die Arbeitsteilung, die wegen der damit verbundenen Vorteile praktiziert wird, schafft andererseits aber auch Probleme. Diejenigen, die die Fische fangen oder die Früchte pflücken, müssen denjenigen, die ein Dach gefertigt oder ein Gefäß zum Wasserholen gebastelt haben, etwas davon abgeben. Und wenn die einen später ein Floß bauen, damit die Fischer aufs Meer hinausfahren können, und die anderen ein Netz für den Fischfang knüpfen, wird sehr schnell die Frage auftauchen, wie das Ergebnis des Fischfangs auf alle gerechterweise verteilt werden soll. Auch ist zu entscheiden, welche (Produktions-)Aufgabe zuerst bewältigt werden soll. Ist es z.B. besser, zunächst mehr Gefäße zum Wasserholen aus dem etwa 500 m entfernt liegenden Fluss anzufertigen, oder muss als Erstes ein Floß gebaut werden?

Aber nicht nur über die Reihenfolge der zu erledigenden Arbeiten, auch über die Art und Weise, wie eine bestimmte Aufgabe zu bewältigen ist, kann es zu einem Konflikt kommen. Woraus sollen z.B. die Gefäße zum Wasserholen gemacht werden? Wie stellt man das Floß am zweckmäßigsten her? Und wer entscheidet, wie das alles gemacht werden soll?

Quelle:
Adam, Hermann (1995): Wirtschaftspolitik und Regierungssystem der Bundesrepublik Deutschland, 3. Auflage 1995 S. 17 f., Opladen, Leske, Buderich

1. Stellt zusammen, was sich am Beispiel der Schiffbrüchigen im Hinblick auf wirtschaftliches Handeln erklären lässt. ◒

2. Wo besteht bei den Schiffbrüchigen Knappheit, wo besteht keine Knappheit? ◒

Was ist typisch ökonomisch?

1. Mein Nutzen ...

Typisch ökonomisch ist es zunächst, dass wir nicht alles zur gleichen Zeit in gewünschtem Umfang haben können. Es müssen immer wieder Auswahlentscheidungen unter Beachtung von Zeit, Geld und materiellen Ressourcen getroffen werden. Man kann zum Beispiel nicht zur gleichen Zeit Fußball spielen und mit Freunden ein Eis essen gehen. Man kann nicht 30 € für ein Buch ausgeben und diese gleichzeitig sparen. Zeit, Geld und Güter sind knapp.

Beim Nachdenken über Knappheit benötigen wir eine Technik, die helfen soll, bessere Entscheidungen über den Umgang mit Knappheit zu treffen. Wir müssen uns regelmäßig für eine der Handlungsmöglichkeiten entscheiden und dafür auf eine andere verzichten. Dabei sollte das, auf das wir verzichten müssen, möglichst gering sein. Jede Auswahlentscheidung bringt Kosten in Form von Zeit, Geld, Güter mit sich und zwar deshalb, weil man eine andere Möglichkeit dann nicht mehr wählen kann.

2. Unser Nutzen ...

Auf der Suche nach dem typisch Ökonomischen ist es hilfreich anzunehmen, dass Menschen ihren Nutzen mehren wollen. Wir können in vielen Situationen beobachten, dass sie das auch tatsächlich tun und sich selbst nicht schädigen wollen. In Gesellschaften, in denen Geld eine wesentliche Rolle spielt, werden Menschen offensichtlich eine größere Geldsumme einer kleineren vorziehen. Diese Annahme hilft uns sehr bei dem Versuch, das ökonomische Handeln anderer Menschen vorauszusagen oder wenn wir ihr Verhalten beeinflussen wollen. Dies gilt für Konsumenten in gleicher Weise wie für Erwerbstätige, Unternehmer, aber auch für Politiker. Selbstloses Handeln von Menschen ist aber damit keineswegs ausgeschlossen.

3. ... unter welchen Bedingungen?
Ökonomisches Handeln erfolgt allerdings nicht im „luftleeren Raum" sondern geschieht in einem konkreten Land mit vielen Aktivitäten und Tauschhandlungen. Es geschieht in konkreten politischen Systemen, in denen es Gesetze, Regelungen und bestimmte gesellschaftliche Wertvorstellungen darüber gibt, was als gut, als schlecht, was für die ganze Gesellschaft als erstrebenswert gilt.

Ökonomisches Denken sollte deshalb auch die jeweiligen Handlungsbedingungen der Akteure untersuchen und die Folgen für die Handlungen der Menschen aufspüren. Immer wird auch danach gefragt, was kann ich tun, was soll ich tun, was soll der Staat mit Gesetzen und Verordnungen beeinflussen. Auch hierbei hilft immer wieder die Annahme, dass immer und überall persönliche Vorteile und Nachteile bei den jeweiligen Akteuren, d. h. bei Herrn Meyer, bei Frau Müller, in Rechnung zu stellen sind.

INFO

Wenn Geld vorhanden ist, um die **Bedürfnisse** zu befriedigen, nennt man sie **Bedarf** (Bedürfnisse sind mit Kaufkraft verbunden). Äußert sich der Bedarf am Markt, d. h. werden Güter und Dienstleistungen gekauft, spricht man von **Nachfrage**.

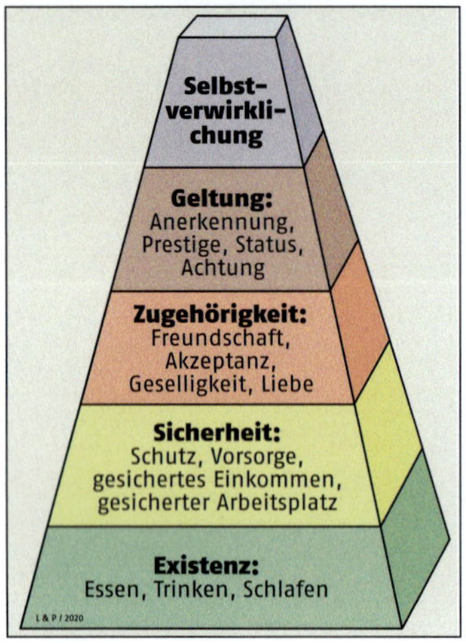

Bedürfnispyramide nach A. H. Maslow (amerik. Wissenschaftler)

1. Nennt weitere Beispiele für die unterschiedlichen Bedürfnisarten. ○

2. Ein Bedürfnis, das vor 150 Jahren ein Luxusbedürfnis war, kann heute ein Grundbedürfnis sein. Diskutiert diese Aussage. ●

3. Wie heute ein Grundbedürfnis befriedigt wird und wie dies vor 150 Jahren geschah, unterscheidet sich. Nennt Beispiele. ○

Bedürfnisse und Knappheit

Was sind Bedürfnisse?

Bisher wurde häufiger von den menschlichen Bedürfnissen gesprochen. Ein Bedürfnis ist die Empfindung eines Mangels, verbunden mit dem Wunsch, diesen zu beseitigen. Aus dieser sehr allgemeinen Kennzeichnung geht hervor, dass es sehr unterschiedliche Bedürfnisse geben kann.

Einteilung nach	Bedürfnisarten	Beispiele
der Zahl der Träger	Individualbedürfnis Gruppenbedürfnis Gesamtbedürfnis	Maßanzug Tenniskleidung Brot
dem Zeitbezug	dauerhafte Bedürfnisse regelmäßige Bedürfnisse unregelmäßige Bedürfnisse	Tageszeitung Ski-Ausrüstung Zahnbehandlung
der Dringlichkeit	Grundbedürfnis Kulturbedürfnis Luxusbedürfnis	Nahrung Theateraufführung Schmuck
der Art der Bedürfnisbefriedigung	materielle Bedürfnisse immaterielle Bedürfnisse	Kleidung Berufsberatung
der Entstehung	ursprüngliche Bedürfnisse geschaffene Bedürfnisse	Gemüse Computer

Neben diesen hier aufgeführten Bedürfnissen gibt es immaterielle Bedürfnisse, die aber nicht durch Dienstleistungen befriedigt werden können, sondern durch soziale und psychologische Beziehungen. Es sind Bedürfnisse nach Freundschaft, Anerkennung, Liebe, Geborgenheit und Sicherheit. Es sind also „Güter", die man nicht kaufen kann, die aber für das Leben die gleiche oder eine sogar noch größere Bedeutung haben wie die in den Beispielen genannten Sachgüter und Dienstleistungen.

B Friedrich II. (1194–1250) ließ sich 50 Säuglinge, die von ihren Müttern verlassen worden waren, aus einem Findelheim bringen. Die Kinder waren erst wenige Wochen alt, und keines von ihnen konnte sprechen. Der König ordnete an, dass jedes Kind eine Pflegerin bekam, die dem Kind alles geben sollte, was es zum Leben benötigte. Aber eines durften die Pflegerinnen den Kindern nicht geben. Sie durften nicht mit ihnen sprechen, und sie durften den Kindern keine Zuwendung geben. Die Kinder sollten sich praktisch ohne menschliche Beeinflussung oder Beziehungen entwickeln. Die Folge dieses Experiments war, dass die Kinder verkümmerten und starben. Sie lernten keine Sprache, sie lernten nicht, sich zu freuen, zu spielen, zu denken, zu fragen, zu lieben.

Welche Bedürfnisse hast du?

B Lisa, Ulli und Alexander sitzen im Café und sehen durch das Fenster auf der anderen Straßenseite ein Werbeplakat. Auf diesem befindet sich ein junges Pärchen auf einer Jacht im Urlaub mit dem Slogan „Erfüll dir deinen Traum!".

Lisa, Ulli und Alexander unterhalten sich über das Werbeplakat:

Alexander: „Wow, da möchte ich auch in ein paar Jahren sein. Richtig viel Geld verdienen und dann mit 30 einen Porsche, eine Villa und eine erfolgreiche Karriere haben."

Lisa: „Also, das ist doch eigentlich alles gar nicht so wichtig. Ich will nach der Schule erst mal eine ordentliche Ausbildung machen und dann endlich meinen Hobbys nachgehen, die mich schon immer interessiert haben, wie ins Theater oder in Konzerte gehen. Außerdem ist es mir wichtig einen Freund zu haben, der mich liebt und mir treu ist."

Ulli: „Ich weiß nicht, warum ihr beide so viel haben wollt. Ich wünsche mir vor allem, dass alle in meiner Familie gesund sind. Mir reicht es, wenn ich genug zu Essen habe und ein Dach über dem Kopf, sodass ich ohne Sorgen morgens aufwachen kann. Ihr mit euren Wünschen, völlig übertrieben."

Alexander: „Ach komm schon Ulli. Du kannst mir nicht erzählen, dass du nicht auch mehr Wünsche hast."

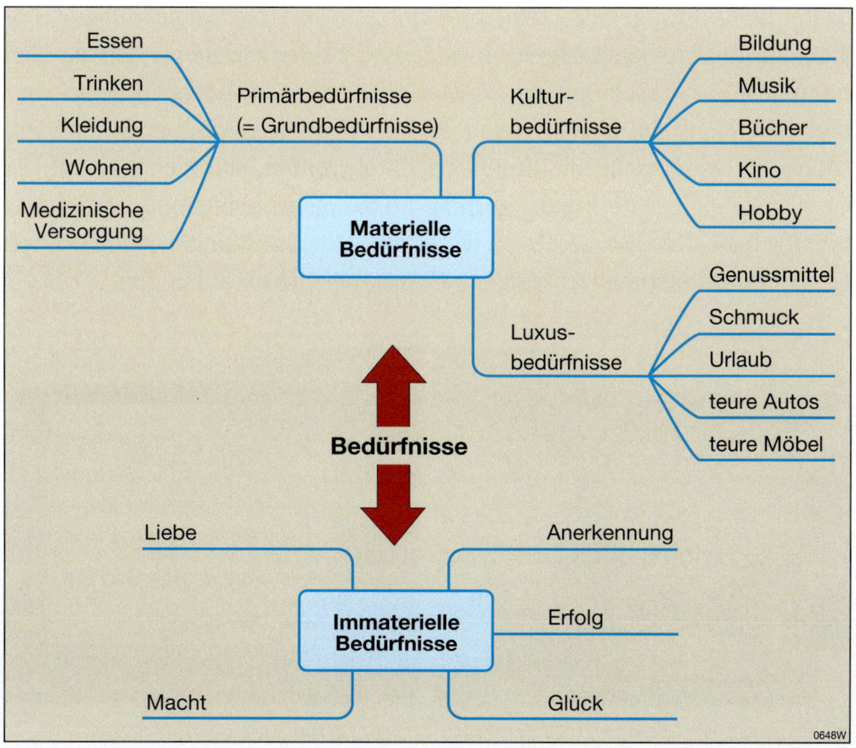

1. Schreibt aus dem Text die Bedürfnisse von Alexander, Lisa und Ulli heraus und versucht jeweils für bestimmte Bedürfnisse einen Oberbegriff unterzuordnen. ○

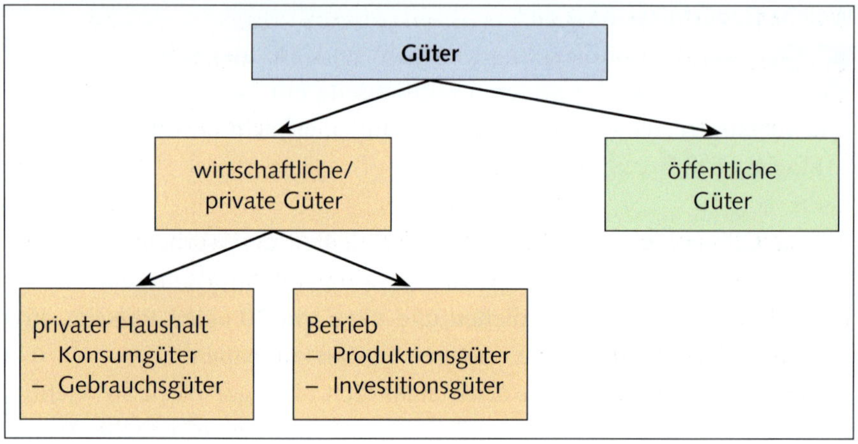

Unterschiedliche Güter

Generell können zwei große Gruppen unterschieden werden: wirtschaftliche Güter (private Güter) und öffentliche Güter.

Wirtschaftliche oder private Güter sind diejenigen, die einen Preis haben. Im privaten Haushalt können dies kurzlebige Konsumgüter (z. B. Lebensmittel) oder langlebige Gebrauchsgüter sein (z. B. Auto, Fernsehgerät, Möbel). Im Betrieb können dies die Produktions- oder Investitionsgüter sein.

Viele menschliche Bedürfnisse werden durch sogenannte „öffentliche Güter“ befriedigt. Das sind solche, die der Staat (Bund, Länder und Gemeinden) den Bürgerinnen und Bürgern bereitstellt, wie z. B. Gesundheitseinrichtungen, Bildungseinrichtungen, Verkehrseinrichtungen, Sicherheitseinrichtungen (Polizei), Sportplätze, Kläranlagen. Im Gegensatz zu den privaten Gütern werden öffentliche Güter nicht mit dem Ziel bereitgestellt, Gewinne zu erzielen, sondern den Bedarf der Bevölkerung z. B. nach Sicherheit, Bildung, Gesundheit, Mobilität usw. zu decken. Öffentliche Güter werden häufig ohne finanzielle Gegenleistung zur Verfügung gestellt. An die Inanspruchnahme bestimmter öffentlicher Güter sind gesetzlich festgelegte Voraussetzungen geknüpft, wie Gebühren, Altersbeschränkungen, Einkommensbeschränkungen.

1. Wenn für öffentliche Güter kein Preis gezahlt werden muss, besteht die Gefahr, dass mit diesem „öffentlichen Gut“ nicht sparsam umgegangen wird bzw. sich niemand für den Erhalt und die Bereitstellung des öffentlichen Gutes einsetzt. Findet Beispiele, wo so ein Verhalten zu beobachten ist. ○

Konsumgut: Brot

Produktionsgut: Mehl

Öffentliches Gut: Krankenhaus

Das Minimal- und das Maximalprinzip – ökonomische Erklärungsansätze des Konsumentenverhaltens

Die Mitglieder der privaten Haushalte haben eine Vielzahl von Bedürfnissen. Jedes Mitglied hat seine eigenen Wünsche und Ansprüche und ist bestrebt, seine individuellen Bedürfnisse zu erfüllen. Dies ist jedoch nur möglich, wenn genügend finanzielle Mittel zur Verfügung stehen. Und dies wiederum hängt unmittelbar von den Preisen der gewünschten Güter ab.
Es gibt also drei wichtige Faktoren, die die Konsumentscheidungen eines Haushalts bestimmen: die Bedürfnisse der Konsumenten, die Güterpreise und das zur Verfügung stehende Einkommen.

Die Frage ist, mit welcher Zielsetzung die Verbraucher im Regelfall eine Entscheidung treffen. Hier gibt es zwei Formen des **ökonomischen Prinzips** das Minimal- und das Maximalprinzip:

- Das **Minimalprinzip:** ein gegebenes Ziel (z. B. der Kauf eines DVD-Players) soll mit möglichst geringen Mitteln erreicht werden.
- Das **Maximalprinzip:** mit den gegebenen Mitteln (z. B. 20,– €) soll ein möglichst hoher Nutzen erzielt werden.

Die Anwendung des ökonomischen Prinzips aus der Sicht der einzelnen Verbraucher kann zu unterschiedlichen Ergebnissen führen. Die Entscheidung richtet sich nach den Zielen des Einzelnen: Was ist für mich wirtschaftlicher? Was ist für mich vernünftiger?

B Was für den Einzelnen richtig und vernünftig sein kann, kann für unsere gesamte Gesellschaft durchaus problematisch sein. So entscheidet Herr Arntzen, für die Fahrt von Hannover nach Osnabrück sein Auto zu nehmen. Das ist für ihn die schnellste Möglichkeit. Würde er mit dem Zug fahren, dauerte die Reise länger; diese Entscheidung wäre aber für unsere Gesellschaft aus einer anderen Sicht besser, denn der Energieverbrauch und die Umweltbelastung je Kilometer sind bei der Nutzung der Bahn erheblich geringer.

Fahrt mit dem Auto ...

... oder mit dem Zug.

Die zwei Seiten des ökonomischen Prinzips

Maximalprinzip	**Minimalprinzip**
größtmöglicher Nutzen mit (von vornherein) begrenzten Mitteln	geringstmögliche Kosten für ein (von vornherein) begrenztes Ziel

Beispiele

sich mit einem bestimmten Geldbetrag möglichst Wünsche erfüllen können	einen DVD-Player möglichst günstig kaufen.

Senta telefoniert zu viel.

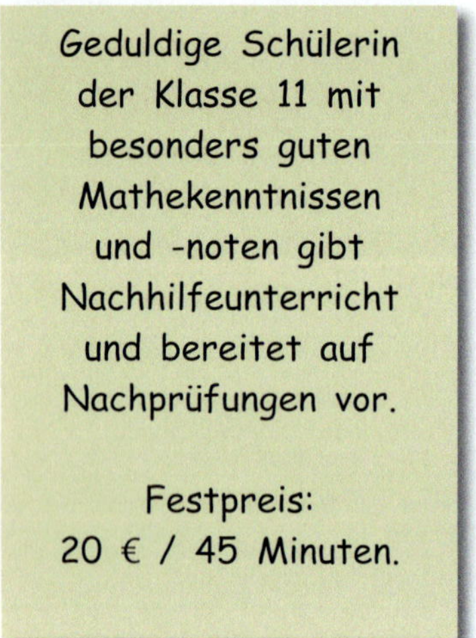

B

Ein Fallbeispiel: Senta und ihr Handy-Problem

Zoff bei Familie Hauser: Tochter Senta hat mit ihrem Handy im letzten Monat für 342 € telefoniert. Ihre Eltern hatten der Sechzehnjährigen lediglich 50 € monatlich erlaubt. Trotz Protest sind die Eltern hart: Senta muss die Folgen ihrer Leidenschaft tragen und die Differenz bis zum Ende der Sommerferien selbst zahlen. Sonst wird das Handy eingezogen.
Senta fürchtet schon um das gesamte Taschengeld der nächsten Monate. Da schlägt ihre Freundin Maike vor: „Du bist so gut in Mathe. Gib doch Nachhilfeunterricht." Gleich am Nachmittag bereitet Senta einen Aushang vor, unter dem sie Papierstreifen mit ihrer Telefonnummer befestigt, die von Interessenten mitgenommen werden können.

Am nächsten Tag bringt sie den Aushang am Schwarzen Brett der Schule an. Wenn alles klappt, wird sie schon nach 15 Unterrichtsstunden ihre leidigen Schulden los sein. „Hast du dich denn einmal erkundigt, welche Preise die anderen so nehmen? Du bist nicht die einzige, die Nachhilfeunterricht anbietet", meint die Mutter, „und anders als eine professionelle Nachhilfelehrerin kannst du keinen besonders hohen Preis nehmen." Senta beschließt, es darauf ankommen zu lassen und den Nachmittag am Telefon zu warten. Tatsächlich klingelt es viermal – ein Interessent für den Nachhilfeunterricht ist nicht dabei. Senta ist enttäuscht.

Am nächsten Morgen fällt ihr Blick auf das Wort WUCHER, das jemand in roten Druckbuchstaben über ihren Aushang geschrieben hat. Maike tröstet Senta: „Du hast den üblichen Preis für Nachhilfestunden nicht gekannt, und aus Erfahrung wird man ja bekanntlich klug." „Danke für deinen Trost. Ich habe einfach nicht bedacht, dass es auch noch Konkurrenten hier in der Schule gibt." – „Und dass kaum einer so viel Geld für 45 Minuten bezahlen kann oder will." ergänzt Maike. „Und jetzt?" Senta weiß im Moment nicht weiter. „Wir fragen in den Pausen mal herum, was Schüler so für Nachhilfeunterricht bezahlen", schlägt Maike vor „und wir sprechen auch noch mal mit unserer Mathelehrerin."

Die kleine Befragung der beiden ergibt einen üblichen Preis zwischen 7 und 10 € pro Nachhilfestunde. Maike und Senta entwickeln daraufhin eine Variante: Senta wird die preisliche Obergrenze von 10 € fordern, dafür aber 60 Minuten unterrichten. Als besonderes „Bonbon" sollen Schüler, die sich nach einer ersten Probestunde auf mindestens zehn Stunden festlegen, für jede Stunde nur 9 € zahlen. Die Arbeit der beiden wird belohnt. Auf Sentas neuen Aushang reagieren drei potenzielle Nachhilfeschüler. Allerdings möchte eine Schülerin von Senta eine Erfolgsgarantie, da sie eine mindestens ausreichende Leistung in Mathematik benötigt, um das Klassenziel zu schaffen. Gemeinsam mit Maike überlegt Senta, ob sie auch diese Nachhilfeschülerin annehmen möchte. (…)

Wir analysieren:

a) Senta hat Schulden.

b) Senta entscheidet: „Ich biete Nachhilfeunterricht an, um meine Handyschulden bezahlen zu können.“

c) Sentas Entscheidung hat Einfluss auf andere:
Wir haben eine neue Situation: Senta hat bei ihrer Preisüberlegung die Interessen anderer, die der Nachfrager nach Nachhilfeunterricht, nicht berücksichtigt.
Ergebnis: Es kommt zu keinen Vertragsabschlüssen.

Das Zwischenergebnis lässt sich als ein Dilemma bezeichnen:

- **Sentas Interesse:** Einen möglichst hohen Preis für die Nachhilfestunde erzielen, um ihre Handy-Schulden möglichst schnell zu tilgen.
- **Interesse der Nachhilfe suchenden Schüler:** Eine qualitativ hochwertige Nachhilfe zu einem niedrigen Preis erhalten.
- **Gemeinsames, zunächst nicht realisiertes Interesse:** Die Nachhilfestunde zu einem **einvernehmlich** vereinbarten Preis durchführen.

INFO

Umgangssprachlich ist ein **Dilemma** als Zwickmühle bekannt. Es bezeichnet eine ausweglose Situation, die zwei Wahlmöglichkeiten bietet. Beide führen aber zu einem unerwünschten Resultat.

Senta nutzt den bestehenden Markt für „Nachhilfedienstleistungen“ in ihrer Schule zur Information über den marktüblichen Preis für eine Nachhilfestunde (Schwarzes Brett, Umfrage unter Schülern und Lehrkräften). Ihr Ziel ist, ihre Preisvorstellungen dem Markt anzupassen.

Lösungsversuch für das Dilemma:

- Senta und die Nachhilfe suchenden Schüler haben unterschiedliche Preisvorstellungen. Senta informiert sich über den marktüblichen Preis.
- Senta passt deshalb ihre Preisvorstellungen an den Marktpreis an; es kommt zur Kooperation, bei der Senta und die Nachhilfeschüler ihre Interessen realisieren können.

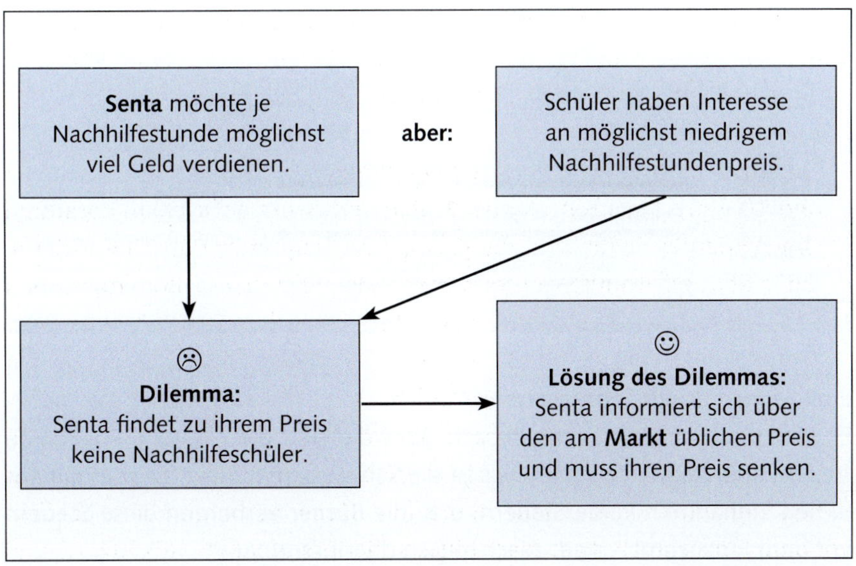

2 Die Verwendung des Einkommens

Einkommensquellen der privaten Haushalte

Unselbstständige Arbeit

Vieles von dem, was wir zum Leben brauchen, kostet Geld. Die Frage ist, aus welchen Quellen wir das Einkommen beziehen, das wir zur Existenzsicherung und Gestaltung des Lebens benötigen. Wir unterscheiden vier Einkommensarten:

- **Einkommen aus unselbstständiger Arbeit**
  Dies sind in der Regel die Löhne und Gehälter für die Arbeitsleistungen der Beschäftigten. Es ist für die meisten Menschen die wichtigste Einkommensquelle.
- **Einkommen aus Unternehmertätigkeit**
  Hier sind es die Einkommen, die ein Unternehmer oder eine Unternehmerin mit einem Betrieb erzielt oder es sind die Einkommen selbstständiger Freiberufler, z. B. Ärzte, Rechtsanwälte. Aber auch dann, wenn eure Eltern eine Wohnung vermieten oder ein Stück Land verpachten und dafür Mieten bzw. Pacht erhalten, erzielen sie ein Einkommen aus Unternehmertätigkeit.
- **Einkommen aus Vermögen**
  Nehmen wir an, ihr habt ein Sparkonto bei der Bank oder ihr besitzt sogar eine von eurem Onkel oder eurer Oma geschenkte Aktie, dann bekommt ihr dafür ein Einkommen und zwar in Form von Zinsen oder einer Dividende für eure Aktie.
- **Transfereinkommen**
  Dieses Einkommen wird „transferiert", d. h. übertragen, z. B. vom Sektor Staat auf die Bürger, wie Renten, Kinder- und Wohngeld oder Sozialleistungen wie das Krankengeld, eine Unfallrente usw.

Unternehmertätigkeit: Pacht

Vermögen: Aktienkurs

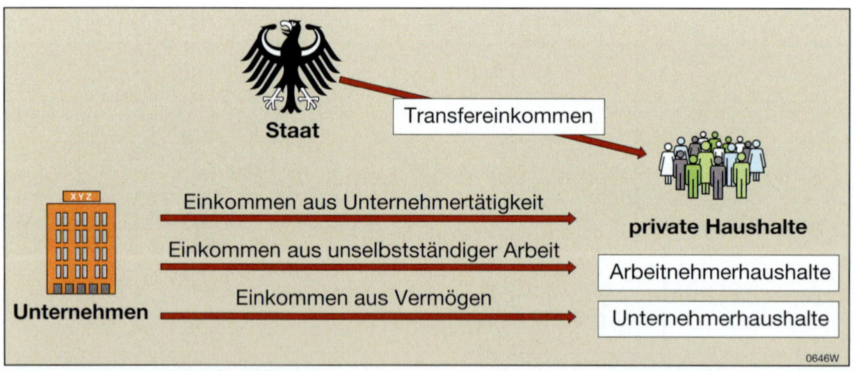

Transeinkommen: Kindergeld

Einkommen durch Schwarzarbeit?
Es gibt noch eine Einkommensart, über die sich die privaten Haushalte freuen, aber nicht der Staat. Dies ist die Schwarzarbeit. Der Staat erhält aus diesen Einnahmen keine Steuern, d. h. die Bürger verbergen diese Steuern vor dem Finanzamt – und machen sich damit strafbar.

Brutto- und Nettoeinkommen

„Brutto ist das, was man bekommt, und Netto ist das, was man hat", sagt ein Sprichwort. Das bedeutet, dass von dem Bruttoeinkommen, was man eigentlich verdient, noch Steuern, Solidaritätszuschlag und Beiträge für die Sozialversicherungen abgezogen werden.

- Die Höhe der Steuern richtet sich nach der Höhe des Lohnes oder Gehaltes und nach den privaten Verhältnissen wie Familienstand und Anzahl der Kinder. Alleinstehende bezahlen mehr Steuern als Familien mit Kindern. Von den Steuern, die Arbeitnehmer und Unternehmer bezahlen müssen, finanziert der Staat seine Transferzahlungen an die privaten Haushalte (siehe Transfereinkommen), aber auch öffentliche Einrichtungen wie Schulen, Krankenhäuser, Sport- und Freizeiteinrichtungen, Gemeindeverwaltungen, Straßenbau etc.
- Pflichtbeiträge für die Sozialversicherung sind Kranken-, Renten-, Arbeitslosen- und Pflegeversicherung.

Bruttogehalt	**2 500,00 Euro**
– Lohnsteuer	448,75
– Solidaritätszuschlag	24,68
– Kirchensteuer	40,38
– Krankenversicherung	162,50
– Rentenversicherung	243,75
– Arbeitslosenversicherung	81,25
– Pflegeversicherung	21,25
Abzüge	**1 022,56 Euro**
Nettogehalt	**1 477,44 Euro**

Auszug aus einer Gehaltsabrechnung

Wofür wird im Regelfall das Einkommen verwendet?

Einblick in das Haushaltsbuch

Wer die Ausgaben der privaten Haushalte näher untersuchen will, muss sich wichtige Unterscheidungen zwischen den jeweiligen Lebenssituationen klarmachen. Dies ist deshalb erforderlich, weil beispielsweise eine Familie ohne oder mit Kindern oder ein/eine allein Erziehender/Erziehende mit einem Kind oder mehreren Kindern normalerweise über sehr unterschiedliche Einkommen verfügen. Das hängt z. B. davon ab, ob ein oder zwei Verdiener pro Haushalt vorhanden ist. Außerdem sind auch die Schwerpunkte ihrer Ausgaben verschieden.

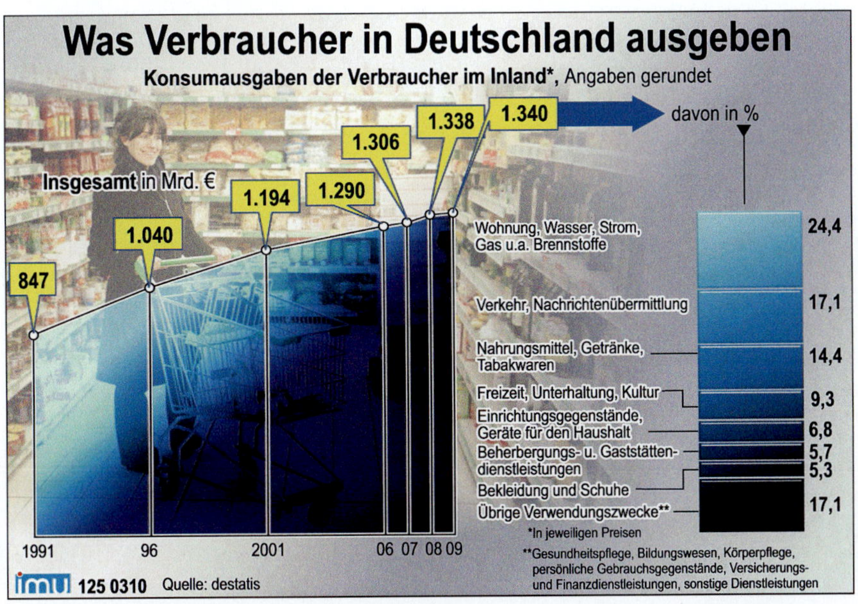

1. Welche Grundsatzentscheidungen haben Konsumenten bei der Einkommensverwendung zu treffen?

2. Untersucht die nebenstehende Grafik. Welche prozentualen Anteile haben die Ausgaben für Wohnen, Nahrungsmittel und Freizeitausgaben? Stellt Gründe zusammen, weshalb sie so unterschiedlich sind.

Nahrungsmittel

Wohnen

Freizeit

Fassen wir alle bisherigen Überlegungen zusammen:
Das grundlegende Problem allen Wirtschaftens ist **Knappheit**, d. h. alle privaten Haushalte stehen vor der Aufgabe, wie sie mit ihrem Einkommen so nutzbringend umgehen, dass ein menschenwürdiges Leben möglich ist.

Allerdings gibt es unterschiedliche Ausgangssituationen. Da gibt es Personen, die darüber nachdenken, welches neue Luxusauto sie sich anschaffen wollen und andererseits gibt es Familien, die von Arbeitslosigkeit betroffen sind und wo die Eltern nachdenken, in welcher Reihenfolge sie für ihre fünf Kinder neue Schuhe kaufen können. Die einen machen sich darüber Gedanken, wie der Garten zu gestalten ist, andere müssen überlegen, ob sie sich für ihre vierköpfige Familie zukünftig eine größere Wohnung leisten können.

Die Wünsche, die Bedürfnisse der Menschen sind unterschiedlich in Abhängigkeit von ihrem Einkommen, aber sie stehen alle dennoch vor der gleichen Entscheidung: Wie soll das zur Verfügung stehende Einkommen verwendet werden?

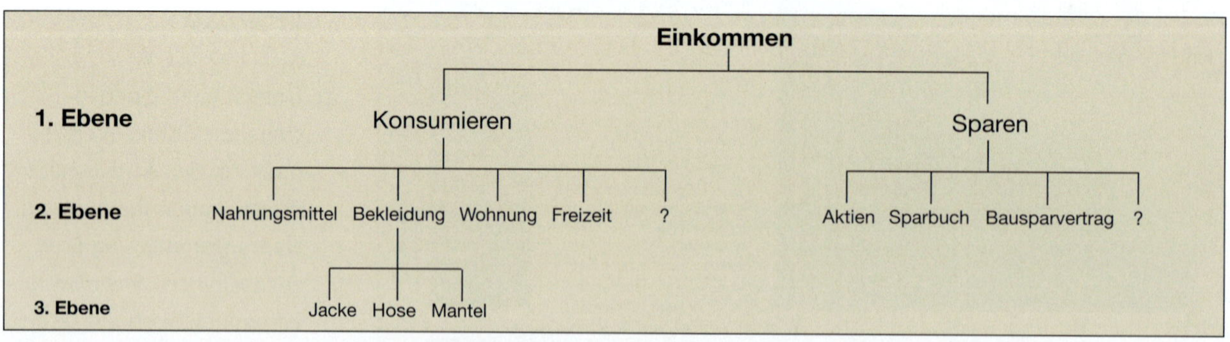

Die Verwendungsmöglichkeiten des Einkommens

Ausgabenkontrolle durch Führung eines Haushaltsbuches

Die sinnvolle Verwendung des Einkommens will gelernt sein. Das merkt jeder spätestens dann, wenn das Konto schon vor der nächsten Lohnzahlung fast leer geräumt ist. Wird so etwas zum Dauerzustand, kann ein Haushaltsbuch weiterhelfen. Darin werden alle Ausgaben und Einnahmen jeweils monatsweise aufgelistet und miteinander verrechnet. Das Haushaltsbuch ist allerdings nur ein Hilfsmittel und kann nicht generell ein zu niedriges Einkommen ausgleichen.
Aus Statistiken wissen wir, dass man durchschnittlich etwa 20 % seines Geldes für Ernährung, 25 % für Miete und Energie, knapp 20 % für Verkehr, Post und Telefon und 10 % für Hobbys ausgibt. Während an der Miete nur wenig gespart werden kann, lohnt es sich bei Strom, Wasser, Gas und Versicherungsprämien schon eher. Vor allem aber schlagen die vielen tausend kleinen Dinge zu Buche, das Schnäppchen am Wühltisch genauso wie der Wochenendeinkauf.

Wer Monat für Monat aufschreibt, was er ausgibt, macht einen ersten Schritt zur „Besserung". Ein solches Haushaltsbuch kann in Papierform geführt werden. Wer einen Computer zur Verfügung hat, kann hier die Tabellenkalkulation einsetzen. Für ein solches Haushaltsbuch legt ihr Spalten für Einnahmen, feste und tägliche Ausgaben an. Der Übersichtlichkeit halber solltet ihr für die täglichen Ausgaben mehrere Spalten anlegen.
Die entsprechenden Beträge können dann direkt in die entsprechenden Zellen eingetragen werden. Die Summen der Zellinhalte werden wieder mit Formeln berechnet. Im Bild unten wurde die Summe in der Zelle B12 mit der Formel SUMME (B3:B7), sprich B3 bis B7, ausgerechnet. Dies muss nun für alle Spalten wiederholt werden. Die Restsumme errechnet sich aus Addition und Subtraktion aller Einzelsummen wie unten gezeigt. Bei jeder Eingabe von Ausgaben in einzelne Zellen kann die Veränderung der Restsumme verfolgt werden. Diese sollte immer über 0 liegen. Liegt sie darunter, sollte mit allen Beteiligten abgestimmt werden, wo im nächsten Monat gespart werden kann. Das Haushaltsbuch liefert dazu wertvolle Hinweise.

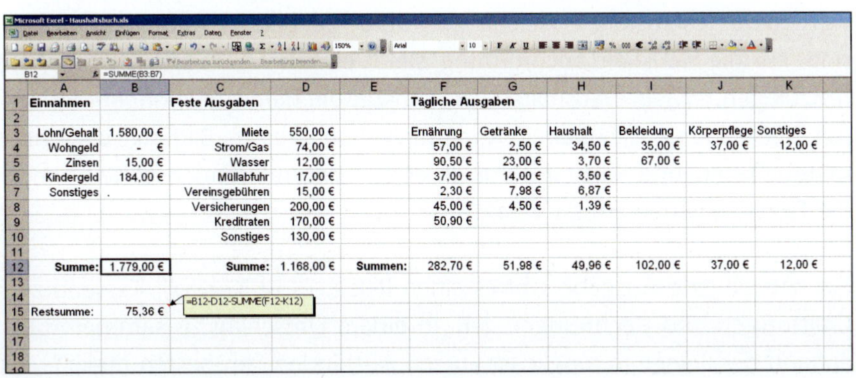

	A	B	C	D	E	F	G	H	I	J	K
1	Einnahmen		Feste Ausgaben			Tägliche Ausgaben					
2											
3	Lohn/Gehalt	1.580,00 €	Miete	550,00 €		Ernährung	Getränke	Haushalt	Bekleidung	Körperpflege	Sonstiges
4	Wohngeld	- €	Strom/Gas	74,00 €		57,00 €	2,50 €	34,50 €	35,00 €	37,00 €	12,00 €
5	Zinsen	15,00 €	Wasser	12,00 €		90,50 €	23,00 €	3,70 €	67,00 €		
6	Kindergeld	184,00 €	Müllabfuhr	17,00 €		37,00 €	14,00 €	3,50 €			
7	Sonstiges	.	Vereinsgebühren	15,00 €		2,30 €	7,98 €	6,87 €			
8			Versicherungen	200,00 €		45,00 €	4,50 €	1,39 €			
9			Kreditraten	170,00 €		50,90 €					
10			Sonstiges	130,00 €							
11											
12	Summe:	1.779,00 €	Summe:	1.168,00 €	Summen:	282,70 €	51,98 €	49,96 €	102,00 €	37,00 €	12,00 €
13											
14											
15	Restsumme:	75,36 €									

Entwurf eines Haushaltsbuches

1. Warum ist eine Übersicht über Einnahmen und Ausgaben wichtig? Begründet.

2. Entwerft ein Haushaltsbuch mit einem Tabellenkalkulationsprogramm. Ihr könnt euch dazu von der Verbraucherzentrale oder vom Statistischen Bundesamt die durchschnittlichen Zahlen für Einkommen und Ausgaben privater Haushalte in Deutschland geben lassen.

Das Haushaltsbuch der Verbraucherzentrale

Mit einem Haushaltsbuch kann man sich gut einen Überblick über Einnahmen und Ausgaben verschaffen. Musterbeispiele helfen, eine Übersicht anzufertigen. Folgende Schritte sind sinnvoll:

Schritt 1: Einnahmen ermitteln
Zu den Einnahmen zählen die Nettolöhne und -gehälter aller im Haushalt lebenden Personen, private Zahlungen sowie staatliche Zahlungen, z. B. Kindergeld, Urlaubs- und Weihnachtsgeld, Steuerrückerstattungen, und die Einkommen aus Vermögen wie Zinsen, Mieteinnahmen.
In einer Übersicht werden möglichst im Voraus die Einnahmen zusammengestellt, mit denen in den kommenden Monaten gerechnet werden kann. Mögliche Einkommensengpässe sind so auf einen Blick erkennbar.

Schritt 2: Feste Ausgaben erfassen
Es gibt feste und veränderliche Ausgaben. Die festen Ausgaben sind die regelmäßig wiederkehrenden Ausgaben wie Miete, Versicherungsbeiträge, Zeitungsabonnements, Rundfunk- und Fernsehgebühren etc. Sie sind nicht zu umgehen, man kann hier keine Einsparungen vornehmen, es sei denn, man kündigt ein Abonnement oder eine Versicherung. Die entsprechenden Beiträge werden meist zu festen Terminen vom Girokonto abgebucht.

Mithilfe der Kontoauszüge der letzten 12 Monate lassen sich diese absehbaren Zahlungen im Voraus in die Übersicht eintragen. Manche festen Ausgaben, z. B. Versicherungsbeiträge, werden halbjährlich oder jährlich gezahlt. Es ist sinnvoll, diese in die monatlichen Planungen mit einzubeziehen und die jeweiligen Beträge zurückzulegen. Aus den Einnahmen abzüglich der festen Ausgaben ergibt sich das Budget für die veränderlichen Ausgaben.

Schritt 3: Veränderliche Ausgaben erfassen
Zu den veränderlichen Ausgaben zählen unter anderem Lebensmittel, Kleidung, Kosmetik und Kino. Diese können je nach Bedürfnissen und finanziellen Mitteln sehr unterschiedlich sein und auch von Monat zu Monat schwanken. Da die Wünsche häufig größer sind als das zur Verfügung stehende Geld, müssen gerade die veränderlichen Ausgaben gut geplant werden um festzustellen, welche Spielräume bei den Ausgaben vorhanden sind. Für die Haushaltsbuchführung bietet es sich an, Ausgabekategorien festzulegen. „Mein Haushaltsbuch" schlägt die Bereiche Wohnen, Ernährung, Bekleidung, Gesundheit, Kommunikation, Freizeit, Bildung, Verkehrsmittel, Familie und Sonstiges vor. In einer rechten Summenspalte können die Tagesausgaben erfasst werden.

Für nahezu jede Ausgabe gibt es einen Beleg. Es ist sinnvoll, Kassenbons, Quittungen und Rechnungen z. B. in einem Umschlag zu sammeln und anhand der Belege in möglichst kurzen Abständen, am besten täglich, die Ausgaben in das Haushaltsbuch einzutragen.

1. Jeder fertigt für sich selbst ein „Haushaltsbuch" an. Tragt eure Einnahmen sowie feste und veränderliche Ausgaben für einen Monat ein.
Ihr könnt euch dafür auch das Heft „Mein Haushaltsbuch" kostenlos bei der örtlichen Sparkasse oder bei der Verbraucherberatungsstelle besorgen.
Im Internet werden „Taschengeldplaner" als Planungshilfe häufig zur Verfügung gestellt.

Einnahmen	Januar	Februar	März	April	Mai	Juni
Gehalt Ernst Krüger	2 000,–	2 000,–	2 000,–	2 000,–	2 000,–	2 000,–
Gehalt Helga Krüger	720,–	720,–	720,–	720,–	720,–	720,–
Kindergeld	184,–	184,–	184,–	184,–	184,–	184,–
Urlaubsgeld Ernst Krüger						
Steuerrückerstattung				310,–		
Zinsen	200,–					
Einnahmen gesamt	3 104,–	2 904,–	2 904,–	2 904,–	2 904,–	3 204,–

Feste Ausgaben	Januar	Februar	März	April	Mai	Juni
Hausabzahlung inkl. Nebenkosten	620,–	620,–	620,–	620,–	620,–	620,–
Strom	120,–	120,–	120,–	120,–	120,–	120,–
Rundfunk/Fernsehen	53,94			53,94		
Grundgebühr Telefon	25,–	25,–	25,–	25,–	25,–	25,–
Hausratversicherung	130,–					
Kfz-Steuer		150,–				
Kfz-Versicherung	350,–					
Sparen	150,–	150,–	150,–	150,–	150,–	150,–
Lebensversicherung Ernst Krüger	50,–	50,–	50,–	50,–	50,–	50,–
Kredit	200,–	200,–	200,–	200,–	200,–	200,–
Feste Ausgaben gesamt	1 698,94	1 315,–	1 165,–	1 218,94	1 165,–	1 165,–
Budget für veränderliche Ausgaben	1 405,06	1 589,–	1 739,–	1 995,06	1 739,–	2 039,–

Meine veränderlichen Ausgaben

Januar									
Tag	**Erläuterungen**	**Wohnen**		**Ernährung**		**Bekleidung**		**Verkehrsmittel**	
2.1.	Getränke			13,–	B				
4.1.	Obst & Gemüse			16,–	B				
10.1.	Supermarkt			20,20	B				
12.1.	Bäcker/Pullover			7,60	B		K		
13.1.	Monatskarte							75,–	K
14.1.	Metzger			10,90	B				
16.1.	Gardinenstoff	12,–	Ü						
Gesamt		12,–		67,70		75,–		75,–	

B = Bar K = Kreditkarte Ü = Überweisung

3 Märkte

In marktwirtschaftlichen Ordnungen spielt sich ein Großteil der wirtschaftlichen Aktivitäten auf Märkten ab. Ein Markt besteht aus einer Gruppe möglicher Käufer, welche Sachgüter und Dienstleistungen nachfragen, und einer Gruppe von Verkäufern, die diese anbieten. Anbieter und Nachfrager können sich zu einer bestimmten Zeit, an einem bestimmten Ort treffen, beispielsweise auf dem städtischen Wochenmarkt, in Geschäften oder auch im Internet, z. B. auf einer Online-Versteigerungsplattform.

Aufgaben von Faktormärkten und Gütermärkten

Beispiel für ein Investitionsgut: Rübenvollerntemaschine

Auf Märkten geht es um den Verkauf von Lebensmitteln, Autos oder Vierkantschrauben; es kann um die Arbeitsleistung von Archäologen gehen, den Verkauf von Energie oder Immobilien. Vereinfachend lassen sich Märkte in Güter- und Faktormärkte unterscheiden.
Auf Gütermärkten werden Sachgüter und Dienstleistungen gehandelt. Sie werden unterschieden in **Konsumgütermärkte**, wo Lebensmittel, Handys, Autos, PCs oder Kosmetika nachgefragt werden, und **Investitionsgütermärkte**, also z. B. Märkte für Maschinen, Werkzeuge, Häuser oder Transporter.
Faktormärkte sind Märkte, auf denen die **Produktionsfaktoren** Arbeit, Boden und Kapital gehandelt werden. Ein Beispiel: Ein Computerhersteller braucht Beschäftigte, um beispielsweise Computerhardware zu montieren (= Arbeit, die von Haushalten zur Verfügung gestellt wird), er benötigt Grundstücksflächen für Werkshallen und Kapital zur Herstellung von Produkten und Investitionen in Maschinen.

INFO

Gesättigte Märkte
Auf gesättigten Märkten sind Umsatzsteigerungen nur auf Kosten der Wettbewerber möglich, deren Marktanteil schrumpft.

Der Automobilmarkt als Beispiel für einen Gütermarkt

Heute gelten viele Märkte als gesättigt. Das heißt für Unternehmen, eine Absatzsteigerung und weiteres Wachstum sind häufig nur möglich, wenn den Wettbewerbern Kunden abgeworben werden. Da dies ausgesprochen schwierig ist, gewinnt das Ziel, die bestehenden Kunden zu halten und für Folgekäufe zu motivieren, eine hohe Bedeutung. Die Automobilbranche bietet dafür ein Beispiel: Über Jahrzehnte hinweg konnte sie sich auf die Märkte in den USA, Japan und Westeuropa verlassen. Jetzt steigt die Zahl der Neuzulassungen auf diesen Märkten nicht mehr in nennenswertem Umfang, aber Prognosen sagen, dass eine Massenmotorisierung in Zukunft vor allem in Brasilien, Russland, Indien und China stattfinden wird. Als Gründe werden die gute Konjunkturentwicklung in diesen Staaten verbunden mit steigenden Einkommen und verbesserten Möglichkeiten der Finanzierung angesehen. Viele Fahrzeuge werden aber zunächst an Erstkäufer verkauft, die preiswerte Autos haben wollen. Ob jedoch deutsche Hersteller auf den neuen Märkten mit ihren heimischen Modellen erfolgreich sein können, ist fraglich.

Preise als Koordinationsmechanismen auf Märkten

Wie Preise Angebot und Nachfrage regeln, ist bekannt. Die folgende Grafik zeigt es:

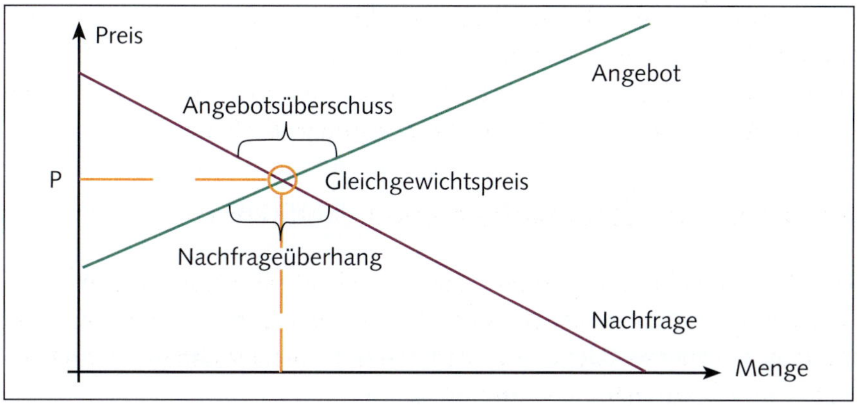

Wenn beispielsweise die Nachfrage nach besonders umweltfreundlichen Autos steigt und die Nachfrage nach Geländewagen und Sportwagen sinkt, werden die Hersteller von umweltfreundlichen Autos die Produktion ausweiten und möglicherweise die Preise erhöhen. Die Gewinne der Hersteller nehmen zu und sie können mehr Autos bauen. Dann treten vermutlich neue Anbieter in den Markt ein. Auch bei den Zuliefererfirmen tritt eine erhöhte Nachfrage auf, z. B. nach technischen Komponenten, aber auch nach Arbeitskräften. Ein umgekehrter Prozess läuft im Markt für Geländewagen und Sportwagen ab. Auch hier wird ein neuer Gleichgewichtspreis gefunden, bei dem sich Angebot und Nachfrage einpendeln. Man könnte auch sagen, über Märkte und Preise suchen Unternehmen nach neuen Kunden für neue Produkte oder Dienstleistungen.

Der Zeitarbeitsmarkt als Beispiel für einen Faktormarkt
Ist die Nachfrage nach Autos groß, werden mehr Autos gebaut und dafür wird mehr Personal gebraucht. Die Hersteller werden sich das erforderliche Personal flexibel am Arbeitsmarkt über Personaldienstleister beschaffen. Seit 2003 hat sich die Zahl der Zeitarbeiter mehr als verdoppelt. So arbeiteten im Jahr 2007 schon ca. 700 000 Menschen in Zeitarbeit. Der Anteil ist seitdem weiter gestiegen.
Zeitarbeit bedeutet, dass die Arbeiter beim Personaldienstleister angestellt sind und für eine bestimmte Zeit, z. B. ein Jahr, an den Autohersteller ausgeliehen werden. Die Entlohnung ist in der Regel aber um ein Viertel niedriger als bei den fest angestellt Beschäftigten. Ohne die Zeitarbeiter könnten der Maschinenbau und auch die Automobilindustrie die Zeiten des Booms kaum bewältigen. Aufgrund der vergleichsweise geringen Entlohnung von Zeitarbeitern wird in der Politik immer wieder diskutiert, ob für diese Branche ein Mindestlohn festgeschrieben werden sollte.

1. Auf Gütermärkten, z. B. auf dem Automarkt, sind die Preise der Produkte für den Kunden leicht zu erkennen. Beurteile, wie es sich damit auf dem Arbeits- bzw. Kapitalmarkt verhält.

2. Diskutiert: Wird der Marktmechanismus in der Realität so funktionieren wie beschrieben, und wird die Nachfrage nach Gelände- sowie Sportwagen sinken? Welche weiteren Aspekte könnten eine Rolle spielen?

Zeitarbeit – gut für alle?

Für die Betriebe hat die Beschäftigung von Zeitarbeitern viele Vorteile. Dennoch ist der Einsatz von Zeitarbeit umstritten. Aus Sicht der Zeitarbeiter lassen sich einige Nachteile erkennen. Hierauf geht der nachfolgende Zeitungsartikel ein.

Q

Arbeitskraft auf Abruf

Die Zeitarbeit boomt wie keine andere Branche. Sie schafft Wachstum, Beweglichkeit – und eine Zweiklassengesellschaft.

Keine andere Branche boomt in Deutschland so wie die Zeitarbeit. Rund die Hälfte aller neuen Stellen, die im vergangenen Jahr geschaffen wurden, entstanden dort. Gut zwei Drittel gingen an Menschen, die vorher keine Arbeitsstelle hatten. Das sagt etwas über die Dynamik dieser Branche, die den Aufbau von Jobs beschleunigt. Aber es sagt auch etwas über die Art des gegenwärtigen Aufschwungs, der in der unteren Hälfte der Gesellschaft bisher kaum Wohlstand entstehen lässt. Jeder achte Vollzeit-Leiharbeiter braucht Unterstützung durch Hartz IV – ein Anteil, so hoch wie in keiner anderen Branche. [...]

Aus Überzeugung heuert kaum jemand bei einer der knapp 5000 Zeitarbeitsfirmen in Deutschland an. Manchmal ist es – wie bei Hansen – die einzige Möglichkeit, als Berufsanfänger in einen renommierten Konzern zu kommen. Meistens aber ist es, wie beim Staplerfahrer Kremer, überhaupt die einzige Chance auf einen Job. Wer als Ungelernter heute eine Arbeit sucht, wird oft nur bei der Zeitarbeit fündig. Dort steigt das Angebot für Geringqualifizierte, während es auf anderen Gebieten seit Langem sinkt.

Es ist unstrittig, dass mancher Arbeitgeber durch Leiharbeiter bestehende Jobs in seiner Firma ersetzt. Das gelte für ein Viertel aller Unternehmen, die Kunden der Zeitarbeitsfirmen sind, hat eine erste Studie ergeben. [...]

Zeitarbeit bleibt in Deutschland vorerst in den meisten Fällen ein geschlossenes System – und ist für Arbeitssuchende nicht das erhoffte Sprungbrett in die Unternehmen. Der Wirtschaftsingenieur Hansen wird zwar irgendwann eine reguläre Stelle haben; als Leiharbeiter gibt er sich maximal drei Jahre. Doch für den Staplerfahrer Kremer und die Infinion-Mitarbeiterin Monika Reiter dürfte die normale Anstellung wohl ein Traum bleiben – Endstation Zeitarbeit.

So bildet sich auf dem Arbeitsmarkt eine Zweiklassengesellschaft aus: Leiharbeiter sollen die Jobs der Stammbelegschaft sichern und bleiben selbst ausgesperrt. Wie sie damit klarkommen, dass ihr Arbeitsleben immer wieder unterbrochen wird, bleibt ihr Problem. „Wir müssen die wilde Ökonomie und die unruhigen Arbeitsmärkte von heute mit Sicherungsmaßnahmen der Menschen flankieren", sagt der Wissenschaftler Eckart Hildebrandt. „Aber ob und wie wir das hinkriegen, ist völlig offen – weil das in der Gesellschaft derzeit kein Thema ist."

1. Welche Auswirkungen kann ein Mindestlohngesetz für den Arbeitsmarkt der Zeitarbeiter haben? ●

2. Stellt die Interessen der Zeitarbeiter und der Unternehmen in einer Tabelle gegenüber. ○

Quelle: Die Zeit, 26.4.2007, Nr. 18, S. 23

Preisbildung in den verschiedenen Marktformen

Ein wichtiges Denkmodell ist das Modell der idealen Preisbildung. Die Preisbildung nach diesem Denkmodell hat aber viele Voraussetzungen. So sind die Voraussetzungen für einen **vollkommenen, idealen Markt** folgende:

- Es gibt viele Anbieter und viele Nachfrager, keiner kann den Markt alleine beherrschen.
- Nachfrager und Anbieter streben einen möglichst hohen Nutzen bzw. Gewinn an.
- Alle Nachfrager und Anbieter haben eine vollkommene Marktübersicht über Anbieter, Produkte und Preise.
- Alle angebotenen Produkte haben die gleiche Qualität, allein der Preis ist für die Auswahl wichtig.
- Niemand bevorzugt aus persönlichen, räumlichen oder zeitlichen Gründen einen Nachfrager oder Anbieter.

In der Wirklichkeit werden eine oder mehrere Bedingungen des „idealen Marktes" nicht erfüllt sein. In diesem Fall spricht man von einem unvollkommenen Markt. So sind z. B. selbst auf dem Wochenmarkt nie alle Informationen gleichzeitig zur Hand. Zum einen verursacht die Informationssuche Aufwand (und seien es auch nur Mühe und Zeit), zum anderen kann eine Information zum Zeitpunkt des Kaufs schon wieder veraltet sein. Ganz deutlich wird die mangelhafte Übersicht bei Märkten wie dem Wohnungsmarkt oder dem Arbeitsmarkt, sie gilt aber auch bei Teilmärkten wie dem Markt für Regenschirme oder Badehosen.

Deshalb ist es hilfreich, je nach Anzahl der Marktteilnehmer verschiedene Marktformen zu unterscheiden. Die bisher behandelte, ideale Marktform mit vielen Anbietern und Nachfragern wird auch **Polypol** genannt. Sind auf einer Seite nur wenige Marktpartner vorhanden, spricht man von einem **Oligopol**. Wenn es lediglich einen einzigen Anbieter oder Nachfrager gibt, handelt es sich um ein **Monopol**.

Dazu noch einige Anmerkungen: Gibt es nur einen Anbieter (Angebotsmonopol), wird der Preis weitestgehend vom Monopolisten festgesetzt. Hierbei ist er jedoch nicht vollständig frei, weil auch er sich am Verhalten der Konsumenten orientieren muss. Hinzu kommt in der Realität die Gefahr, dass bei „zu hohen" Preisen z. B. die Konsumenten ein Gut durch ein anderes ersetzen. So kann zwar ein Automobilkonzern zwar der einzige Hersteller von Luxuslimousinen sein, jedoch werden die Konsumenten im Falle „überzogener" Preise möglicherweise mehr und mehr auf andere Fahrzeuge umsteigen.
Durch das Internet sind außerdem die Möglichkeiten für den Konsumenten viel einfacher geworden, Preise zu vergleichen. Es gibt viele Internetdienste, die sich auf Preisvergleiche spezialisiert haben.

1. Erläutert die angegebenen Gründe von der Modellabweichung an weiteren Beispielen aus der Marktwirklichkeit.

2. Wie erfolgt die Preisbildung im Polypol bei Produkten, die im Internet angeboten werden?

Q **Was ist ein Oligopol?**
von Christian Erber, NDR Info

1999 wurde der Energiemarkt durch das Energiewirtschaftsgesetz liberalisiert. Dadurch sollte die Monopolstellung der lokalen Stromanbieter unterbunden werden. Von einem Oligopol spricht man, wenn einige wenige, zumeist große Firmen, einen Markt dominieren. Eine Situation, wie sie in Industrieländern häufig vorkommt. Der Tankstellenmarkt ist nur eines von vielen Beispielen. Schon vor Jahren hatte der damalige Umweltminister Sigmar Gabriel (SPD) mit Blick auf den Energiemarkt festgestellt, „dass bei uns ein Oligopol bei den Erzeugern existiert, das praktisch jeden Preis an der Börse durchsetzen kann".

Kleinere Anbieter verschwinden vom Markt

In der Tat kommen E.on, RWE, Vattenfall und EnBW bei der Stromerzeugung auf einen Marktanteil von 80 Prozent. Ähnlich ist die Situation auf dem Mobilfunkmarkt, auf dem vor allem T-Mobile und Vodafone den Ton angeben. Oder der Lebensmittel-Einzelhandel mit Platzhirschen wie Aldi, Edeka oder Lidl.

Dass es so viele Oligopole bei Waren und Dienstleistungen des täglichen Bedarfs gibt, erklären Beobachter damit, dass sich die Produkte der Anbieter meist stark ähneln. So unterscheide sich das Benzin von Esso kaum von dem des Konkurrenten Shell. Deshalb müssen Anbieter die Kunden vor allem über den Preis locken. Niedrige Preise aber können nur Firmen bieten, die ihre Produkte in großen Mengen los werden.

Die Folge ist, dass kleinere Anbieter vom Markt verschwinden, während die Marktmacht der verbleibenden Anbieter steigt. Und wer die anderen erfolgreich weggebissen hat, der kann auch wieder die Preise erhöhen. Zum Nachteil der Konsumenten, sagen Verbraucherschützer. Damit Konzerne ihre Marktmacht nicht ausnutzen, schaut ihnen das Bundeskartellamt auf die Finger. Gelingt es den Wettbewerbshütern Preisabsprachen nachzuweisen, können sie millionenschwere Bußgelder verhängen. Wie zuletzt gegen vier Kaffeeproduzenten.

Quelle:
www.ndr.de/info/programm/sendungen/wirtschaftslexikon189.html

Die Preisbildung im Oligopol bringt ebenfalls eigene Besonderheiten mit sich. Neben dem Nachfrageverhalten muss der Oligopolist auch das Verhalten seiner Mitbewerber beachten. Preisänderungen können leicht zu Preiskämpfen (bei Preissenkung) oder zu einem starken Kundenverlust (bei Preiserhöhungen) führen, wenn die übrigen Anbieter der Maßnahme nicht folgen. Ohne äußere Einflüsse, z. B. teurere Rohstoffe, wird kein Oligopolist die Preise ändern. Darum sind die Preise meist recht starr und ändern sich wenig. Gibt es dennoch Gründe für Preisänderungen, so ist oft das Verhalten der sogenannten Preisführerschaft zu beobachten. Bei den Benzinpreisen an den Tankstellen lässt sich das manchmal gut beobachten. Geht ein Unternehmen mit der Preiserhöhung voran, dann ist das ein Signal für die anderen Unternehmen, ihre eigenen Preise danach auszurichten.

1. Informiert euch über die Preisentwicklung bei den Mineralölkonzernen, und verfolgt entsprechende Stellungnahmen in den Medien. ○
2. Findet Beispiele für die drei Marktformen, und erklärt daran die Möglichkeiten und Probleme der Preisbildung. ◒

Kartellamt rügt Preisbildung der Ölmultis Benzin: Behörde will weitere Konzentration bei Tankstellen verhindern - Rösler gegen häufige Änderungen

Absprachen habe es in der Branche nicht gegeben. Dennoch seien die Preise überhöht.

von Günter Wächter

BONN - Die großen Mineralölunternehmen in Deutschland sprechen ihre Preise nicht ab - aber sie können laut Kartellamt stillschweigend ein höheres Preisniveau als nötig durchsetzen. Das ist das zentrale Ergebnis der „Sektoruntersuchung Kraftstoffe", die Kartellamtspräsident Andreas Mundt am Donnerstag in Bonn vorstellte.

„Die Unternehmen verstehen sich ohne Worte. Das führt zu überhöhten Preisen", sagte Mundt. Die Wettbewerbsbehörde geht auf Grundlage ihrer Untersuchung davon aus, dass die fünf großen Konzerne Aral/BP, Shell, Jet, Esso und Total ein marktbeherrschendes Oligopol auf den Tankstellenmärkten in Deutschland bilden.

„Aufgrund unserer Erkenntnisse werden wir eine weitere Konzentration der Tankstellenmärkte verhindern und darauf achten, dass die Oligopolisten ihre Marktmacht nicht missbräuchlich ausnutzen", so Mundt. Bei der Fusionskontrolle werde eine äußerst harte Linie verfolgt.

65 Prozent des Kraftstoffabsatzes entfällt bundesweit auf die großen Fünf. Nicht die Pächter der Tankstellen, sondern die Konzerne bestimmten die Preise. Dabei informierten sie sich nicht gegenseitig, sondern beobachteten die Preisentwicklung. „Das ist erlaubt", so Mundt. Von Januar 2007 bis Juni 2010 hat das Bundeskartellamt die Daten aller Preisänderungen an über 400 Tankstellen von 19 Mineralölunternehmen ausgewertet. Die Kartellwächter hätten das Gefühl, Schiedsrichter in einem Spiel zu sein, bei dem sie aber nicht viel tun könnten, sagte Mundt. „Vielleicht sollten die Spielregeln ein wenig geändert werden."

Als eine Möglichkeit, Unruhe in das Oligopol zu bringen, führte Mundt ein Beispiel aus Australien an. Dort müssten jegliche Kraftstoffpreise am Vortag angekündigt werden. Sie seien dann ab 6 Uhr morgens für 24 Stunden gültig.

Ein ähnliches Modell erwägt Bundeswirtschaftsminister Philipp Rösler (FDP). Die Preise dürften nicht ständig geändert werden, sagte er der „Bild"-Zeitung. „Wir werden deswegen prüfen, ob es sinnvoll ist, dass Preise täglich nur einmal geändert werden dürfen." Zugleich kündigte er an, die Marktmacht der freien Tankstellen zu stärken. Die beste Maßnahme gegen ein Oligopol seien viele kleine freie Tankstellen.

Quelle:
NWZ vom 27.5.2011

INFO

Betreiber von Tankstellen
Die acht größten Mineralölkonzerne mit mehr als 500 Tankstellen in Deutschland:

1. Aral: 2 406 Tankstellen
2. Shell: 2 071
3. Esso: 1 089
4. Total: 962
5. Avia: 778
6. Conoco (Jet): 743
7. Raiffeisen: 611
8. Orlen (Star): 517

In diesem Kapitel habt ihr einige Grundkenntnisse aufgefrischt. Ihr habt das zentrale Problem allen Wirtschaftens erkannt:
- Wie gehen Menschen mit dem Problem der Knappheit um?
- Welche Auswirkungen hat dies auf ihr Handeln?

Weiterhin habt ihr euch mit der Frage auseinandergesetzt, was typisch ökonomisch ist und welche Fragen damit zusammenhängen.

1. In einem der berühmtesten Romane der Weltgeschichte wird von dem Engländer Daniel Defoe (1660-1731) die Geschichte des Schiffbrüchigen Robinson Crusoe erzählt. Er ist der einzige Überlebende nach einem Schiffbruch und kann nur wenige Dinge aus dem sinkenden Schiff auf eine einsame Insel retten.
Nach einiger Zeit hatte sich Robinson Crusoe auf der Insel so eingewöhnt, dass er sich durch Jagen und Fischen ernähren und vor wilden Tieren schützen konnte. Nun ergab es sich, dass Robinson einen Eingeborenen vor seinen Verfolgern retten konnte. Er nannte ihn Freitag. Jetzt waren sie zu zweit und Robinson stellte fest, dass Freitag viele Tätigkeiten geschickter und schneller erledigen konnte als er selbst.
a) Mit welchem grundlegenden Problem musste sich Robinson auseinandersetzen, als er als Schiffbrüchiger auf einer Insel gestrandet war? ○
b) Vergleicht Robinsons Situation vor und nach der Ankunft von Freitag auf der Insel und beantwortet die Frage, was sich insbesondere aus ökonomischer Sicht verändert hat. ◒

2. Worin besteht eurer Ansicht nach das Hauptproblem der Bedürfnispyramide von A. H. Maslow? Was lässt sich hingegen gut damit erklären? ◒

3. Bereitet ein Rollenspiel vor, für das die nachfolgende Karikatur als Ausgangsproblem verwendet wird. ◒
a) Welche Rollen sind zu besetzen?
b) Welche Argumente können jeweils für die Rollenspieler zusammengestellt werden?

4. Die Grafik zeigt eine erstaunliche Entwicklung der Ersparnisbildung seit 2008, dem Beginn der Finanz- und Wirtschaftskrise. Versuche dafür eine Erklärung zu finden.

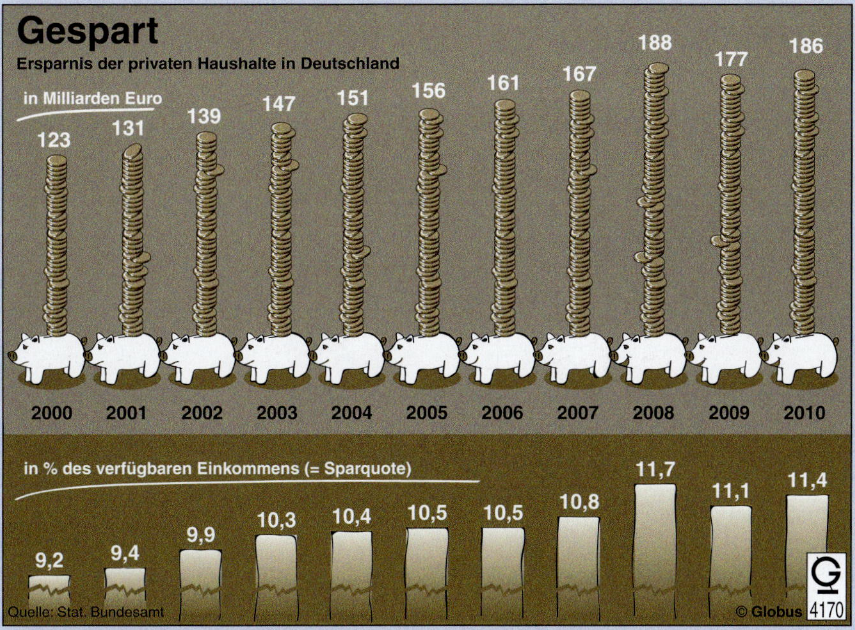

6. Untersucht die Grafik anhand folgender Fragen:

a) Welches sind die drei größten Ausgabenbereiche der Jugendlichen?

b) Vergleicht Einnahmen und Ausgaben der Jugendlichen 2009.

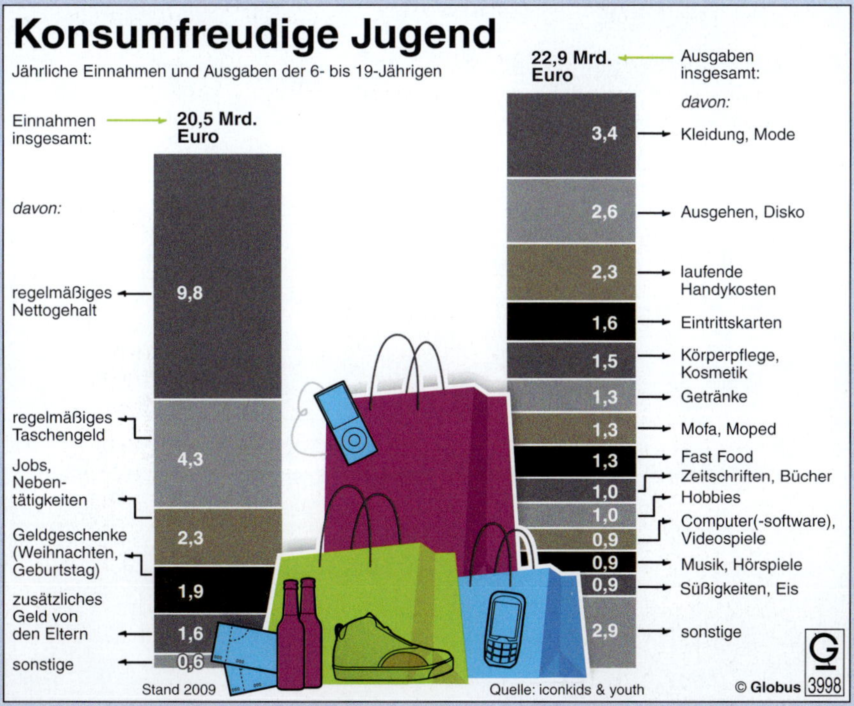

OPEL
LASSt OPEL
NicHT Sterben

II Das Unternehmen und seine Leistungen

In diesem Kapitel erfahrt ihr etwas über
- Interessen innerhalb und außerhalb des Unternehmens,
- Perspektiven und Aufgaben von Unternehmen,
- Fertigungsverfahren und die Entscheidung über ein Fertigungsverfahren,
- die Kalkulation von Preisen,
- Marketing und den absatzwirtschaftlichen Prozess sowie
- betriebliche Messgrößen.

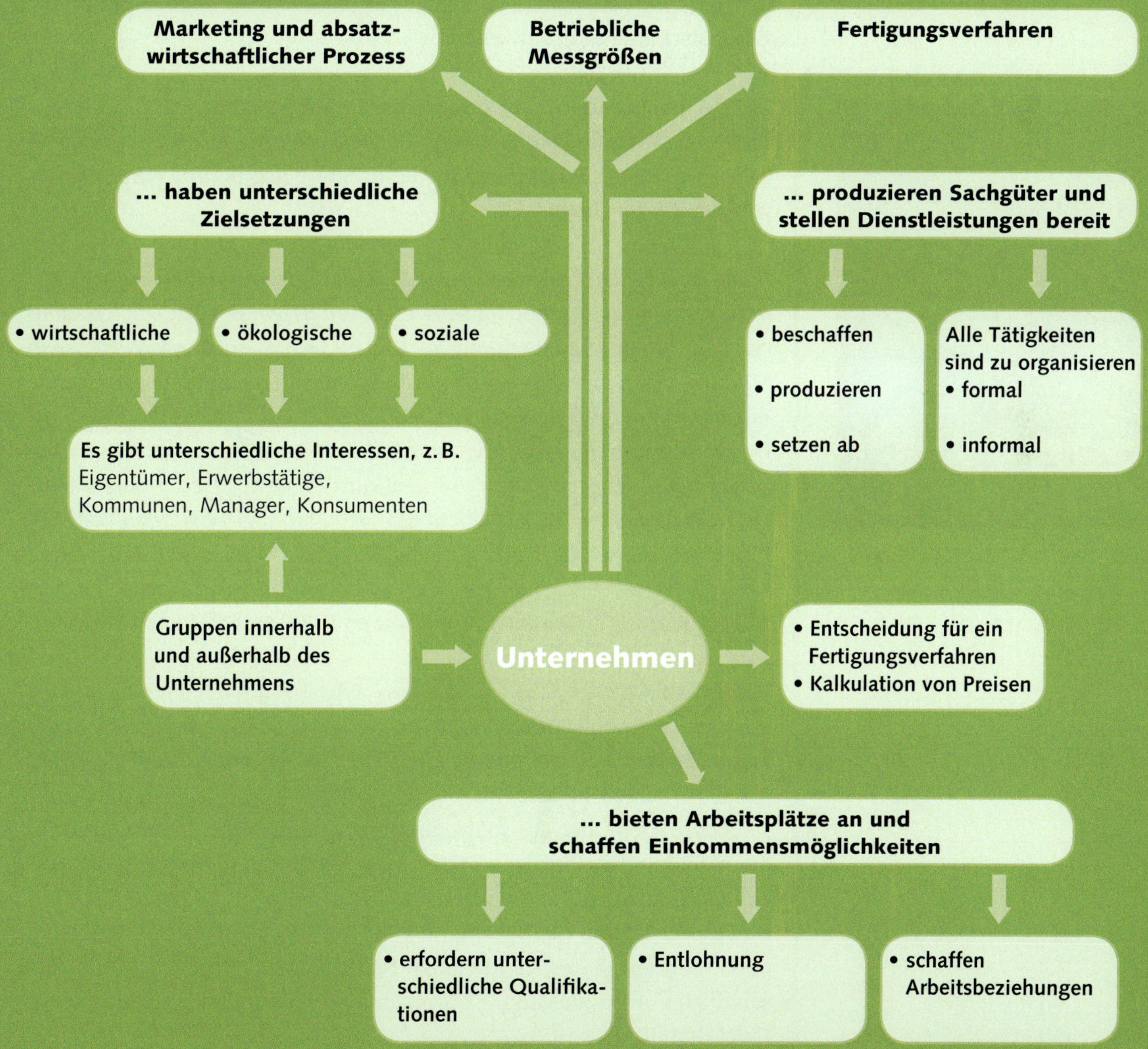

1 Gruppen in und außerhalb des Unternehmens

Unterschiedliche Interessen

In einem Unternehmen arbeiten viele Menschen zusammen. Sie arbeiten mit gemeinsamen, aber auch unterschiedlichen Zielen. Gemeinsames Ziel kann es z. B. sein, ein Produkt zu produzieren oder eine Dienstleistung anzubieten, um so das Unternehmen als Anbieter auf dem Markt zu festigen und sich seinen Arbeitsplatz als Einkommensquelle zu sichern. Unterschiedliche oder gegensätzliche Ziele können bestehen, wenn es um die Höhe der Einkommen geht oder die Schließung eines Werkes.

Dazu ein Beispiel zu einem bekannten Unternehmen, das seit vielen Jahren die Öffentlichkeit beschäftigt. Zunächst eine Meldung vom 8.11.2004. Der geschilderte Interessenkonflikt ist ein internationaler Konflikt. Er betrifft die USA, Deutschland und Schweden.

Eine Demonstration der Opel-Mitarbeiter in Rüsselsheim

Q

Opel-Konflikt: Gewerkschaften machen Front

Die Metallgewerkschaften in Deutschland und Schweden machen gemeinsam Front gegen die befürchtete Schließung eines Werkes von Opel oder Saab.

Beide Organisationen würden weder eine Betriebsschließung bei Opel in Rüsselsheim noch bei der schwedischen Schwester Saab in Trollhättan bei Göteborg akzeptieren, hieß es in einer von der schwedischen Metallgewerkschaft am Mittwoch (8.9.) veröffentlichten gemeinsamen Erklärung mit der IG Metall.
Der Mutterkonzern General Motors (GM) hatte vor einer Woche angekündigt, dass die nächste Generation der Mittelklassemodelle Opel Vectra sowie Saab 9-3 an einem Standort produziert werden soll. Die Entscheidung werde Anfang nächsten Jahres fallen. GM hatte damit Spekulationen ausgelöst, dass die Produktion in Rüsselsheim mit derzeit 5600 oder in Trollhättan mit knapp 7000 Beschäftigten stillgelegt wird.
Weiter erklärten die Gewerkschaften: „Wir akzeptieren auch nicht, dass GM die Automobilarbeiter in Deutschland und Schweden gegeneinander ausspielen will." Betroffene Betriebsräte, Gewerkschafter und Politiker hatten in beiden Ländern jeweils die Erhaltung des eigenen Standortes gefordert. Der Chef der schwedischen Metallgewerkschaft, Göran Johansson, kündigte dazu ein Treffen aller beteiligten Gewerkschaften aus beiden Ländern in Kopenhagen an.
Sowohl Opel wie Saab haben als GM-Töchter mit hohen Verlusten und Überkapazitäten zu kämpfen. Rüsselsheim ist mit fast 20000 Beschäftigten in Produktion, Entwicklung und Verwaltung der wichtigste Opel-Standort.

Quelle: www.auto-motor-und-sport.de

Am 19.2.2009 gab es in der Tagesschau die folgende Meldung.

Q

Autobauer nimmt Produktion wieder auf

Der vor dem Aus stehende schwedische Autobauer Saab hat nach vierwöchiger Werksschließung in den Weihnachtsferien die Produktion wieder aufgenommen. Der US-Mutterkonzern General Motors (GM) treibt derweil trotz mehrerer Kaufangebote die Schließung seiner schwedischen Tochter voran. [...]

Angesichts der Krise auf dem europäischen Automobilmarkt, die alle Hersteller betreffe, sei es notwendig, mit deutlichen Maßnahmen dafür zu sorgen, dass das europäische Geschäft von GM-Europe auf einer tragfähigen und nachhaltig gesunden finanziellen Basis stehen kann. GM in Detroit erklärte zudem, der Konzern sei in Gesprächen mit der Bundesregierung über Staatshilfen. [...]

Unterdessen berichten schwedische Medien, dass der schwedische Autohersteller Saab kurz vor einem Insolvenzantrag steht. Saab gehört wie Opel zu General Motors und steht zum Verkauf. Zuvor hatte bereits Schwedens Wirtschaftsministerin Maud Olofsson die Neuordnung des relativ kleinen Autoherstellers nach einem Insolvenzantrag als wahrscheinlichste und beste Lösung genannt.

Die Regierung in Stockholm verweigert dem Mutterkonzern GM die erbetenen Kapitalhilfen. Saab beschäftigt in Schweden 4000 Mitarbeiter.

Quelle: www.tagesschau.de/wirtschaft/opel238.html)

Die beiden Beispiele zeigen, dass es Gruppen im Unternehmen und außerhalb des Unternehmens gibt, die unterschiedlichen Ansprüche an das Unternehmen haben und auf unterschiedliche Weise versuchen ihre Ansprüche durchzusetzen.

Die unterschiedlichen Gruppen können in einer Grafik auf folgende Weise dargestellt werden:

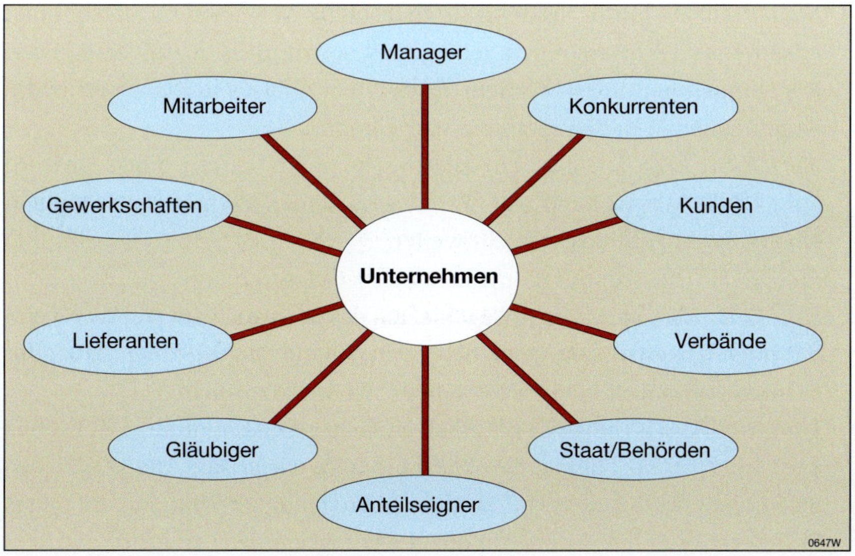

1. Stelle mithilfe der o. g. Meldungen und der Grafik dar, welche Gruppen mit einem Unternehmen verbunden sind. Unterscheide zwischen Gruppen im Unternehmen und Gruppen außerhalb der Unternehmen. ○

2. Ordne jeder Gruppe Interessen und Ziele zu und beschreibe, wie diese Gruppen versuchen, ihre Interessen und Ziele durchzusetzen. ◒

Wenn die Beziehungen der unterschiedlichen Gruppen zu einem Unternehmen durch ein einfaches Symbol gekennzeichnet werden sollen, könnte z. B. das Symbol „§“ verwendet werden. Das bedeutet, dass viele Beziehungen rechtlich geregelt sind, z. B. durch Verträge oder Gesetze.
Ein kleines Beispiel dafür, welche Probleme in einem Unternehmen auftauchen können und die es zu regeln gilt:

Sitzung eines Betriebsrates

B Frau Retz, Mitglied des Betriebsrates in der Meier-Papier-AG, kommt nach einem anstrengenden Tag nach Hause. Ihr Mann, der in einer kleinen, aus vier Mitarbeitern bestehenden Möbeltischlerei arbeitet, hat bereits für das Abendessen gesorgt. Am Tisch erzählt sie ihm von der heutigen Sitzung des Wirtschaftsausschusses.
Frau Retz: Puh, das war eine anstrengende Sitzung!
Herr Retz: Da bin ich echt froh, dass ich nur in so einem kleinen Unternehmen arbeite. Da fällt die Koordination wesentlich leichter.
Frau Retz: Na klar, aber was sollen wir tun? Ich glaube, da kommt in nächster Zeit noch richtig was auf uns als Betriebsrat zu. Zum Beispiel die Produktionsverlagerung nach Polen: Klar, dass wir expandieren müssen, aber wir müssen auch höllisch aufpassen, dass nicht plötzlich die Mehrzahl der Stellen hier weg ist. Zumal im Rahmen der gesamten Reorganisation einige Abteilungen zusammengelegt werden und im Zuge dessen sowieso schon Personal abgebaut wird. Der Vorstand stellt das natürlich ganz anders dar.
Herr Retz: Klar, dass eure Interessenlagen da nicht übereinstimmen.
Frau Retz: Wir wissen auch, dass die Ausweitung der Unternehmenstätigkeit ins Ausland unumgänglich ist, schon allein um die Existenz und Beschäftigung langfristig zu sichern. Gerade jetzt, wo unsere Gewerkschaft einen vernünftigen Tarifabschluss mit den Arbeitgebern ausgehandelt hat.
Herr Retz: Aber könnt ihr denn da überhaupt was machen?
Frau Retz: So hilflos sind wir ja auch nicht! Wir werden z. B. bei den anstehenden Entlassungen sehr genau sehen, dass sozialverträgliche Regelungen gefunden werden. Zum Glück gibt es ja klare rechtliche Regelungen, an denen niemand vorbeikann.
Herr Retz: Nur gut, dass ich mit so was nichts zu tun habe. Obwohl ich nächste Woche auch mal mit meinem Chef sprechen muss. Mit den Überstunden geht das so nicht weiter.
Frau Retz: Das stimmt, da musst du unbedingt was tun.
Herr Retz: Klar, im Moment liegt viel an, das ist ja auch gut so. Aber wenn das noch länger so geht, muss halt noch jemand eingestellt werden, oder es muss zumindest mehr Geld geben. Wir werden sehen.
Frau Retz: Das ist bei euch natürlich einfacher. Die Entlohnung ist bei uns auch noch so ein Thema. Der Vorstand hält, wie er sagt, die „Effizienz“ im Bereich der Produktion für nicht hoch genug und möchte ein neues Prämiensystem einführen, um die „Leistungsanreize“ zu erhöhen.

1. Stellt die hier angesprochenen Aufgaben im vorgestellten Unternehmensbereich zusammen. ○

2. Welche Verknüpfungen bestehen zu anderen Abteilungen des Unternehmens? ◒

Perspektiven und Aufgaben von Unternehmen

Unternehmen können aus einer dreifachen Perspektive betrachtet werden:
- Unternehmen = Einkommensquellen der Beteiligten
- Unternehmen = Marktteilnehmer
- Unternehmen = Leistungsersteller

Einkommensquelle, Marktteilnehmer, Leistungsersteller

Dies sind vor allem ökonomische Sichtweisen, die alle mit dem Geldkreislauf im Unternehmen zusammenhängen. Der Geldkreislauf in einem Unternehmen wird mit einem einfachen Modell dargestellt:

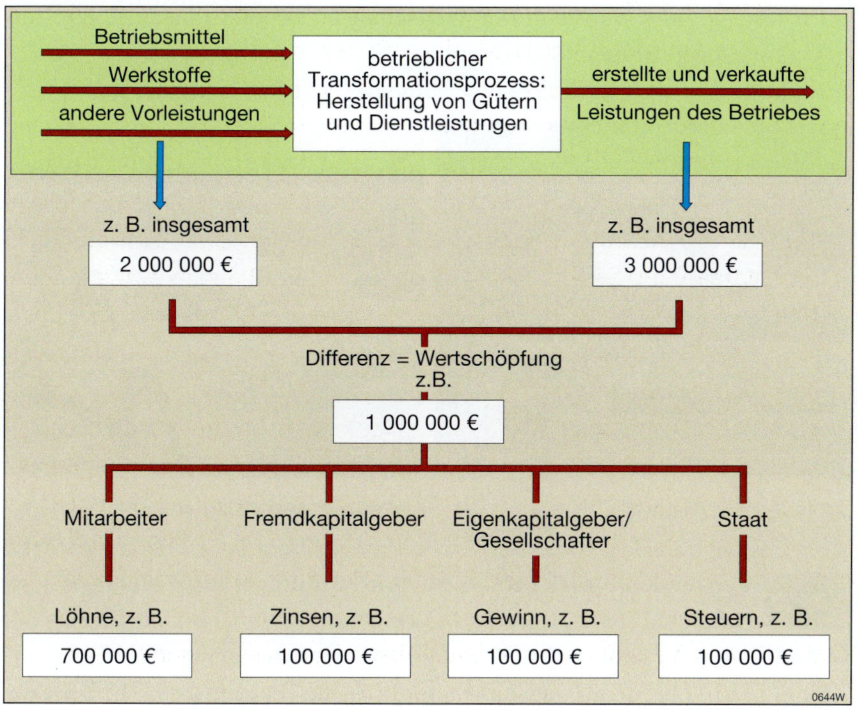

Die Differenz zwischen den aufgewendeten Geldmitteln für die Produktionsfaktoren Betriebsmittel, Werkstoffe und andere Vorleistungen und den Einnahmen aus den verkauften Leistungen ist die Wertschöpfung der Unternehmen, z. B. in einem Jahr.

Unternehmen sind immer Teile der regionalen, der nationalen und der internationalen Wirtschaft. Das zeigt auch das Beispiel Opel/Saab.

Unternehmen müssen mindestens die drei Grundaufgaben oder Grundfunktionen Beschaffung, Produktion und Absatz bewältigen, um auf Dauer existieren zu können.
Wie diese Grundfunktionen zusammenhängen, zeigen folgende Beispiele und Texte:

1. Verbinde den Geldkreislauf des Unternehmens mit Gruppen aus dem vorangegangenen Teil.

B

Produktionsausfall in der holzverarbeitenden Industrie verursacht hohe Kosten.

In der Verarbeitung von Spanplatten stehen die Produktionsanlagen still – wegen mehrtägiger Reparaturarbeiten, verursacht durch metallische Verunreinigungen. Der vereinbarte Liefertermin ist in Gefahr.

Q

Spanische Lkw-Fahrer setzen Streik aus

Madrid/Paris (RPO). Nach einwöchiger Dauer ist in Spanien der Streik der Lkw-Fahrer wegen der hohen Spritpreise vorerst beendet worden. Drei Gewerkschaften, die die streikenden selbstständigen Fahrer vertreten, erklärten am Montag, sie setzten den Streik vorläufig aus, um weiteren wirtschaftlichen Schaden zu vermeiden. Wegen der Protestaktionen war es in der Wirtschaft zu Produktionsausfällen und Versorgungsproblemen gekommen.

Quelle: www.n24.de/news

Streik der Lkw-Fahrer

Honda: Umsatzrückgang

Q

Honda bekommt Streiks zu spüren und verkauft weniger

Shanghai (RPO). Honda Motor bekommt in China die Streiks bei Zulieferern zu spüren. Für Juni meldete der japanische Autobauer auf dem an sich boomenden Markt einen Umsatzrückgang von 2,7 Prozent gegenüber dem Vorjahr. In den vergangenen Wochen waren nicht nur Zulieferer, sondern auch eine der größten Autofabriken Chinas bestreikt worden. Das führte zu Produktionsausfällen bei Guangqi Honda, dem Joint Venture mit dem Guangzhou Automobile. Guangqi Honda meldete für Juni einen Umsatzrückgang um 24 Prozent. Insgesamt war der chinesische Automarkt im Jahresvergleich um fast 20 Prozent gewachsen.

Quelle: www.rp-online.de/themen

Q

Bauindustrie schreibt den Dezember ab

17.12.2010 – 16:45 *Düsseldorf (RPO).*

Die deutsche Bauindustrie klagt wegen des heftigen Wintereinbruchs über erhebliche Produktionsausfälle. Vielen Einzelhändlern hingegen hat das kalte Wetter eine Sonderkonjunktur verschafft. Besonders begehrt seien Wintersportartikel wie Schlitten und Skier, sagte ein Sprecher des Einzelhandelsverbands HDE.

„Der Dezember fällt komplett aus“, sagte der Hauptgeschäftsführer des Branchenverbandes HDB, Michael Knipper, am Freitag. Das sei umso bitterer, weil in den Außenbereichen schon im Januar bis teilweise in den April nicht gearbeitet werden konnte. Auch damals wurde Deutschland von Schnee, Eis und Frost überzogen. „Vier von zwölf Monaten fehlen uns witterungsbedingt in der Bilanz“, beklagte Knipper.

Die Bauunternehmen stelle das vor große Probleme. „Das ist eine enorme Belastung, denn die Fixkosten laufen ja weiter. Die Liquidität der Firmen leidet darunter.“ Die Branche sei zwar flexibel, nutze Arbeitszeitkonten und Saisonkurzarbeitergeld. „Aber wir stoßen dann an unsere Grenzen, wenn 30 Prozent der Jahresproduktion fehlen“, sagte Knipper. Trotz des anziehenden Wohnungsbaus und der Konjunkturpakete rechnet der Hauptverband der Deutschen Bauindustrie (HDB) in diesem Jahr deshalb mit einem Umsatzminus von zwei Prozent.

Quelle:
www.rp-online.de/themen, 24.1.2011

Schneetief Petra
17.12.2010 - 07:31

[…] Die Straßen sind zum Teil spiegelglatt. Lkw-Fahrer werden gebeten, wegen der rutschigen Straßenverhältnisse den nächsten Rastplatz anzufahren. […]

Der Deutsche Wetterdienst in Offenbach hatte insbesondere für den Norden und den Westen Unwetterwarnungen vor starkem Schneefall und Verwehungen herausgegeben. Am Freitag sei im Nordwesten noch mit Schneeschauern zu rechnen, südostwärts soll es weiter ausdauernd schneien. Für Bayern, Sachsen und Sachsen-Anhalt konnte die Warnung allerdings am frühen Morgen aufgehoben werden. […]

Quelle:
www.rp-online.de/panorama/deutschland/Glaette-auf-den-Autobahnen_aid_943237.html

Schneetief „Petra“ sorgte vor allem am Donnerstagabend für massive Behinderungen auf den Autobahnen. Viele Lkw stellten sich quer und verursachten kilometerlange Staus. […]

Schnee behindert das Baugeschäft

Schnee behindert den Straßenverkehr

1. Beschreibe und begründe, welche Grundfunktion in den Beispielen jeweils hauptsächlich betroffen ist. Stelle dar, wie sich das auf die beiden anderen Grundfunktionen auswirkt oder auswirken kann. ●

2. Welche Auswirkungen können hohe Benzinpreise beispielsweise bei Autoherstellern und Autohändlern auf die Grundfunktionen haben? ●

2 Fertigungsverfahren

Es gibt verschiedene Fertigungsverfahren. Neben der Reihenfertigung gibt es noch die Werkstattfertigung und die Insel- oder Gruppenfertigung. Diese unterschiedlichen Fertigungsformen werden auch als Organisationstypen der Fertigung bezeichnet.

Reihenfertigung

B Carlo macht ein Praktikum in einer Druckerei.
Sein Betreuer erzählt ihm: „Weißt du, die Druckplatten, die auf den Rollen eingespannt sind, müssen vorbereitet werden.
Am Beginn steht die Setzerei. Hier werden die Seiten am Computer gestaltet. Bei uns werden die Druckplatten direkt vom Satzcomputer für den Druck fertiggestellt, die dann in die Maschine kommen.
Aber mit dem Drucken ist das Produkt noch nicht fertig. Es kommt in die Buchbinderei und wird dort fertig verarbeitet. In „Buchstraßen“: Hier werden die einzelnen Bogen, die aus der Druckmaschine kommen, automatisch weiter verarbeitet. Übrigens – die einzelnen Produktionsschritte müssen nicht in einem einzigen Unternehmen stattfinden. Es kann auch sein, dass die Filme zu einer Druckerei geliefert werden und dass die fertigen Bogen in einen eigenständigen Buchbindereibetrieb gebracht werden.“

Was Carlo kennengelernt hat, ist eine bestimmte Form der Produktionsorganisation: die „Reihenfertigung“. Die Betriebsmittel und die Arbeitsplätze sind in der Reihenfolge der Arbeitsgänge angeordnet.
Eine besondere Art der Reihenfertigung ist die **Band-** oder **Fließfertigung**, die häufig im Automobilbau, aber auch in anderen Produktionsbetrieben zu sehen ist. Das Charakteristische der Reihenfertigung ist, dass hierbei ein Zeitzwang vorgegeben wird. Das Werkstück läuft auf einem Band an den Arbeitenden in einem bestimmten Zeittakt vorbei. Dabei wird es z. B. Teil für Teil vervollständigt oder kontrolliert.

Fließbandarbeit in einer Waschmaschinenfabrik und in einer Automobilfabrik

INFO

Die Unterscheidung zwischen Fertigungsform und Fertigungsverfahren, oder Fertigungstypen (Einzel- oder Mehrfachfertigung), die wir hier vornehmen, wird häufig nicht getroffen. Es wird oft der Begriff Fertigungsverfahren verwandt und damit eigentlich die Fertigungsform gemeint.

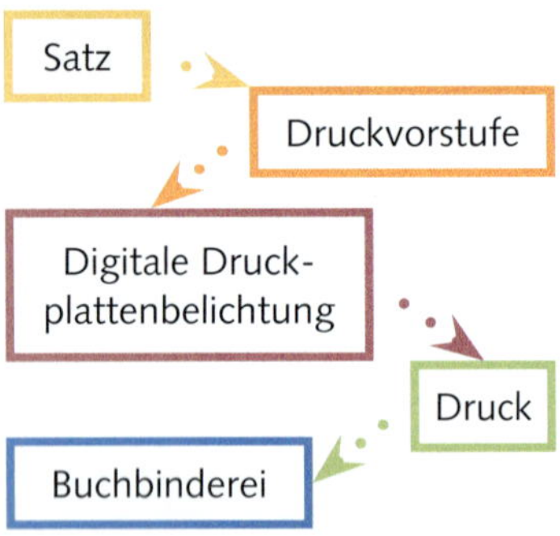

1. Die oben dargestellte Reihenfertigung umfasst fünf Schritte. Untersucht, evtl. mithilfe von „Beruf aktuell“, ob damit auch fünf Berufe verbunden sind.

2. Der Gegensatz zur Reihenfertigung ist die Einzelfertigung. Überlegt, wie der Produktionsprozess ablaufen müsste, wenn ein Einzelner ein Buch alleine fertig stellen würde.

3. Es gibt Güter, die nicht in Reihenfertigung hergestellt werden. Nennt einige, bei denen Reihenfertigung nicht vorkommt. Begründet, warum dies so ist.

Vorteile der Reihenfertigung (auch Fließfertigung) sind die kurzen Transportwege und ein kürzerer Zeitbedarf. Bei der Fließfertigung müssen gleiche Arbeitsschritte aufgeteilt werden, dadurch ergibt sich eine einfachere Fertigungssteuerung. Der Personalbedarf ist niedriger als bei der Werkstattfertigung und es kann geringer qualifiziertes Personal eingesetzt werden.
Nachteil der Reihenfertigung ist die geringere Flexibilität bei Änderungen des Produktionsprogramms, weil häufig aufwendige Spezialmaschinen und -vorrichtungen eingesetzt werden. Der Ausfall einer Station oder sogar nur einer Maschine kann zum Stillstand der gesamten Produktion führen.

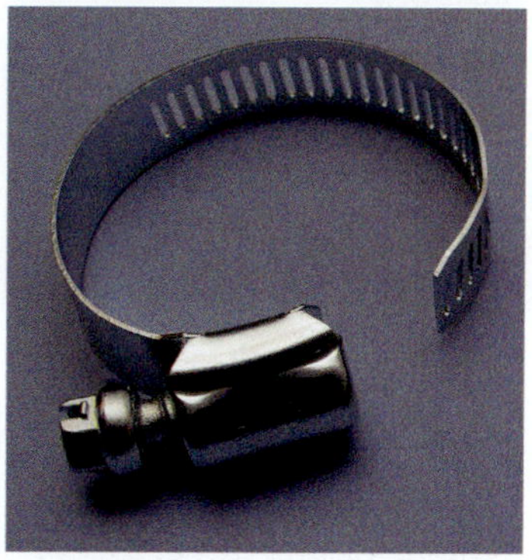
Schelle

Am Beispiel der Produktion einer Schelle (siehe Bild oben) wird eine Reihenfertigung gezeigt:

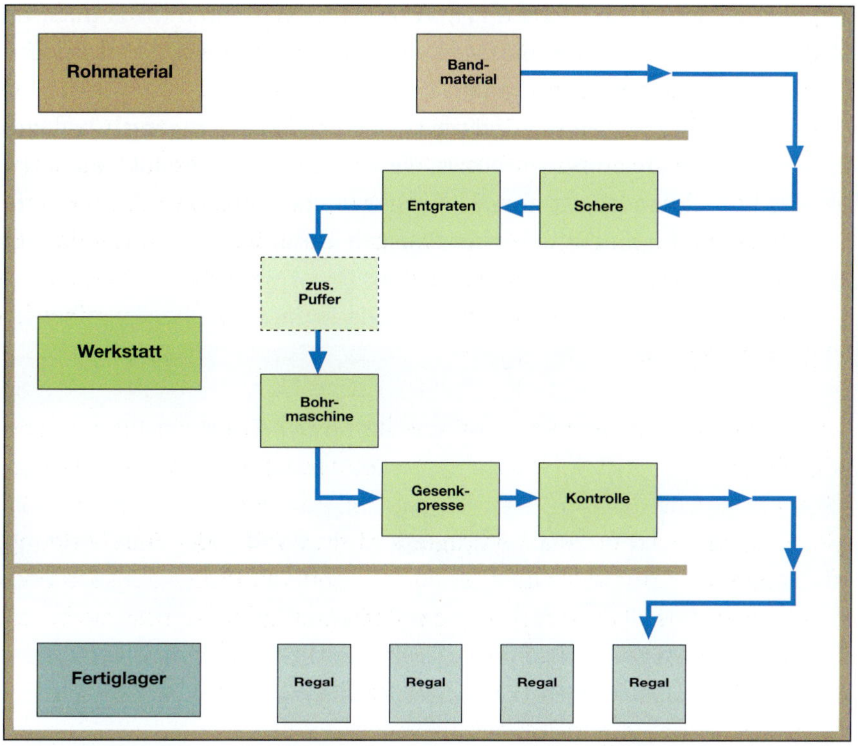

Flechtmaschine

Werkstattfertigung

Neben der Reihenfertigung gibt es die Werkstattfertigung. Auch dieses Prinzip kann man an einem Beispiel erklären:
Das abgebildete Zahnrad ist Teil einer Flechtmaschine, mit der Seile hergestellt werden. Um aus einem Rohling aus Stahl dieses Zahnrad herzustellen, sind folgende Bearbeitungsvorgänge notwendig:

1. Drehen, um einen maßgenauen glatten Zylinder herzustellen.
2. Verzahnen, um die Zähne des Zahnrads herauszuarbeiten.
3. Bohren, um die mittlere Bohrung anzubringen.
4. Fräsen, um die Nut zu ziehen.

Zahnrad

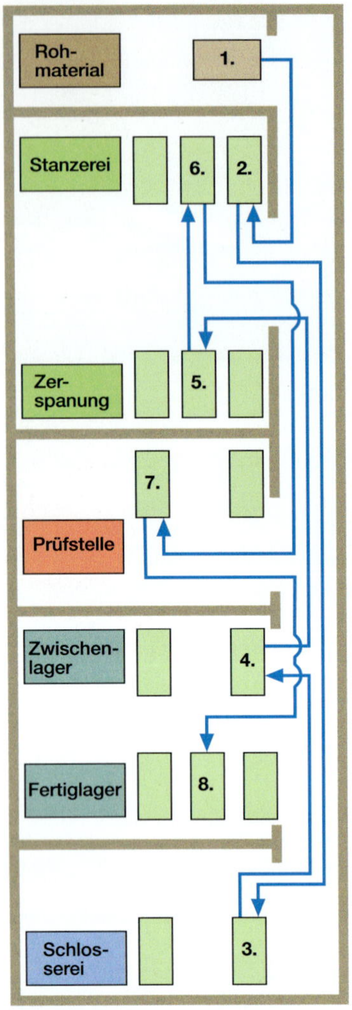

Lager (1.) → Schere (2.) → Entgraten (3.) → Zwischenlager (4.) → Bohrmaschine (5.) → Gesenkpresse (6.) → Kontrolle (7.) → Lager (8.)

Werkstattfertigung

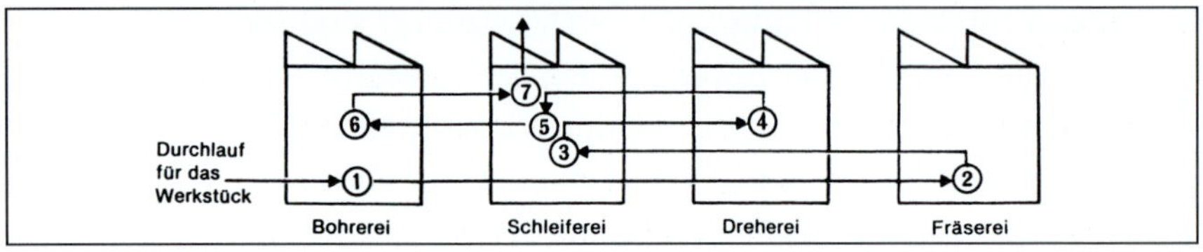

Die Maschinen, die dazu benötigt werden, sind Bohrmaschinen, Schleifmaschinen, Dreh- und Fräsmaschinen. An den Maschinen sind entsprechend qualifizierte Arbeitskräfte beschäftigt. Bohr-, Dreh- und Fräsmaschinen sind in bestimmten Bereichen der Fabrikationshalle zu einzelnen Werkstätten zusammengefasst. Die Werkstücke werden von einer Werkstätte zur nächsten transportiert. Die Reihenfolge der Arbeitsgänge ist nicht exakt festgelegt. Möglich wären hier einerseits: Drehen (1), Bohren (3), Fräsen (4) und Verzahnen (2), oder auch: Drehen (1), Verzahnen (2), Bohren (3) und Fräsen (4). Das bedeutet, dass in den Werkstätten gleichzeitig unterschiedliche Produkte gefertigt werden können.

Eine andere Form des Werkstattprinzips ist die **Baustellenfertigung**. Charakteristisch für diese Organisationsform ist die Anordnung der Produktionsstellen um das Produktionsobjekt herum, wobei zwischen innerbetrieblicher (z. B. Schiffsbau) und außerbetrieblicher Baustellenfertigung (z. B. Brückenbau) unterschieden wird.

Brückenbau als außerbetriebliche Baustellenfertigung

Ein Vorteil der Werkstattfertigung ist beispielsweise die hohe Flexibilität des Fertigungsprogramms. Die Umstellung auf ein anderes Produkt geht schnell. Es ist sowohl Einzelfertigung als auch Serienfertigung möglich. Fällt eine Maschine aus, kann trotzdem weiterproduziert werden.

Nachteile der Werkstattfertigung sind z. B. längere Transportwege, das kann einen höheren Zeitbedarf für die Fertigung eines Loses (Anzahl der zu fertigenden Produkte) bedeuten und damit höhere Kosten. Es müssen unter Umständen Zwischenlager zwischen den Werkstätten eingerichtet werden, wenn in den Werkstätten mit unterschiedlicher Geschwindigkeit produziert wird, auch das erhöht die Kosten. Schließlich ist in der Werkstattfertigung qualifiziertes Personal notwendig.

Inselfertigung

Die modernen computergestützten Werkzeugmaschinen (CNC-Maschinen = computer numerical control), mit denen man bei automatischem Werkzeugwechsel bohren, schleifen, fräsen und polieren kann, ermöglichen eine neuartige Form der Fertigung. Dabei spricht man von Fertigungsinseln oder Fertigungsbereichen. In ihnen steht eine solche Maschine oder es werden mehrere zusammengefasst.
Die Werkstücke, z. B. Zahnräder oder Kettenräder, müssen nicht mehr von einer Werksabteilung zur anderen transportiert werden wie bei der Werkstattfertigung, sondern werden an einem Ort, eben der Fertigungsinsel, z. B. „Zahnrad" oder „Kettenrad", bearbeitet. Dies erspart Zwischenlager, die in den einzelnen Werkstätten nötig waren, und kostspielige Transportwege. Diese Art der Fertigung ist häufig mit Gruppenarbeit verbunden.

Der Personalbedarf ist mittel bis gering, die benötigte Qualifikation dagegen ist hoch. Einzel- und Serienfertigung sind möglich. Nachteile können wie bei der Werkstattfertigung die ungleiche Auslastung der einzelnen Fertigungsinseln sein und dass hohe fachliche Anforderungen an das Personal gestellt werden.

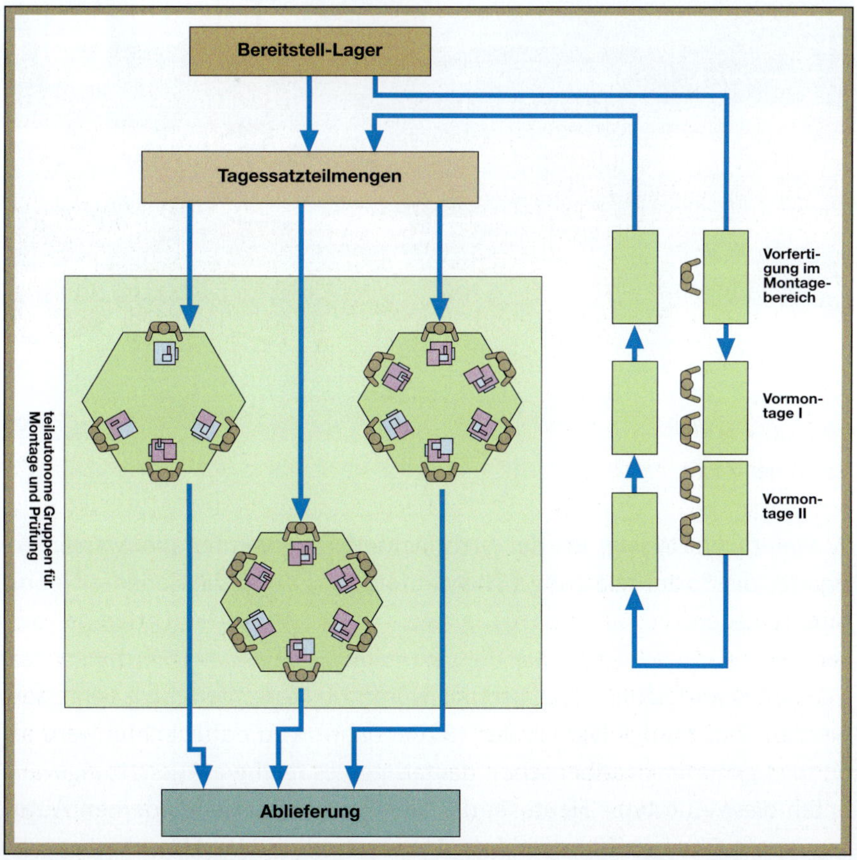

Insel-/Gruppenfertigung

1. Überlegt Beispiele für Produktionsentscheidungen: Welche Produkte, welche Mengen können über welchen Zeitraum bei welchen Fertigungsarten und Fertigungsformen hergestellt werden?

Fertigungstypen

Betrachten wir nun die drei Fertigungsformen unter der Frage, für welche Fertigungstypen (Einzel-, Mehrfach-) sie eingesetzt werden.
Wir haben bisher unterschiedliche **Fertigungsformen** kennengelernt. Diese Fertigungsformen waren die Reihenfertigung, die Werkstattfertigung und die Insel-/Gruppenfertigung. Wir wollen nun untersuchen, welche **Fertigungstypen** (Einzelfertigung, Mehrfachfertigung) es gibt und wo sie genutzt werden.

1. *Einzelfertigung:* Bei der Einzelfertigung werden von einem bestimmten Produkt nur ein Stück oder einige wenige Stücke gefertigt. Im Laufe der Zeit werden möglicherweise ähnliche Teile hergestellt. Ein Beispiel ist ein Flugzeug eines bestimmten Typs, z. B. Frachtflugzeug. Die Herstellung wird durch eine Bestellung ausgelöst. Das Unternehmen benötigt hochqualifiziertes Personal und braucht universell einsetzbare Maschinen. Jedes Teil muss geplant werden. Die Kosten einzeln gefertigter Teile sind hoch.

Bau einer Yacht

2. *Mehrfachfertigung:* Bei der Mehrfachfertigung werden die Massenfertigung, die Sortenfertigung (Chargenfertigung) und die Serienfertigung unterschieden.

Von Autos wird häufig behauptet, sie würden in Massenfertigung hergestellt werden. Das Ford T-Modell der 1920er-Jahre wird dafür immer gern als Beispiel genommen. Aber schon damals gab es mehrere Ausstattungsvarianten diese Autotyps. Heute ist die Variantenvielfalt bei modernen Autos sehr groß. Das betrifft sowohl die Unterschiede in der Motorleistung als auch die Innenausstattung.

Ford-T um 1920

Serienfertigung beim Auto

Modernes Auto mit Navigationssystem

Bei der Autoproduktion kann man deshalb von einer Serienfertigung sprechen, bei der es sich um gleichartige Erzeugnisse handelt, bei denen durch Variation einzelner Bauteile unterschiedliche Typen entstehen. Ein sehr großer Teil der Fertigung ist auch hier Auftragsfertigung. Weitere typische Produkte, die in Serienfertigung hergestellt werden, sind Fernsehgeräte oder auch Computer.

Die Produktion von Disketten, CDs oder Büroklammern hingegen ist eine klassische Massenfertigung, weil hier ein gleichbleibendes Produkt in hoher Stückzahl hergestellt wird.

Sortenfertigung (Chargenfertigung) liegt vor, wenn z. B. ein gleichartiger Rohstoff mit unterschiedlicher Größe verarbeitet wird. In der Chemieindustrie werden verschiedene Rohölchargen verarbeitet, die sich hinsichtlich ihrer Zusammensetzung in Abhängigkeit von den Lagerstätten (Nordseeöl, Saudiarabisches Öl) unterscheiden.

Q Das „schwarze Gold“ enthält bezogen auf sein Gewicht 83 bis 87 Prozent Kohlenstoff, 11 bis 15 Prozent Wasserstoff, 0,1 bis 7 Prozent Schwefel, 0,06 bis 1,5 Prozent Sauerstoff und zwischen 0,1 und 0,5 Prozent Stickstoff sowie Spuren anderer Elemente. Farbe und Geruch der einzelnen Ölsorten unterscheiden sich je nach Herkunft stark.

Der Geruch des Öles hängt von der Menge im Erdöl vorhandener aromatischer Verbindungen und auch von dem gelösten Schwefelwasserstoff ab. Jedes Ölvorkommen unserer Erde besitzt eine eigene, ortsspezifische Zusammensetzung; chemisch absolut identische Öle aus verschiedenen Vorkommen gibt es nicht.

1. Besichtigt, wenn möglich, eine moderne Autoproduktion und erkundet, ob es sich dabei um Massen- oder Serienfertigung handelt. Stellt dazu die Kennzeichen der beiden Fertigungsarten zusammen.

2. Im Internet könnt ihr bei den großen Automobilbauern in Deutschland erkunden, welche Typenvielfalt sie produzieren.

3. Erkundet, ob es in der Textilindustrie Sortenfertigung (z. B. Baumwolle) gibt.

Quelle:
www.bpaustria.at

3 Entscheidung für eine Fertigungsform

Nehmen wir einmal an: In einem Unternehmen ist eine Entscheidung darüber zu treffen, ob die Werkstattfertigung oder die Fließfertigung als Fertigungsform eingesetzt werden soll. Die Entscheidung orientiert sich an den Kosten (K). Es soll die Fertigungsform eingesetzt werden, die die geringsten Kosten verursacht. Vereinfacht können bei den Kosten **fixe** und **variable** Kosten unterschieden werden. Fixe Kosten entstehen unabhängig davon, wie viel produziert wird. Zu den fixen Kosten zählen z. B. Löhne bei unveränderter Beschäftigung, Maschinen und Anlagekosten. Variable Kosten ändern sich z. B. durch höheren Materialverbrauch, höheren Energieverbrauch, aber auch durch höhere Beschäftigung. Fixe Kosten (fK) und variable Kosten (vK) ergeben die Gesamtkosten (gK). Grafisch kann dies vereinfacht so dargestellt werden:

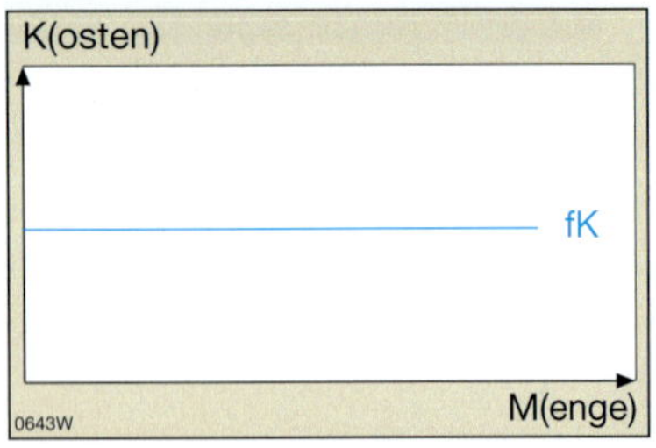

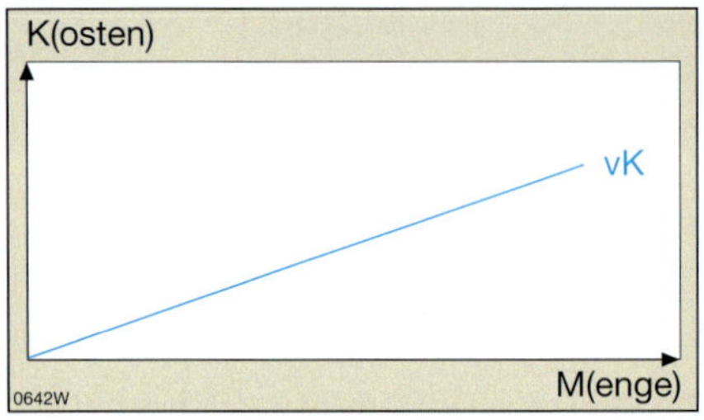

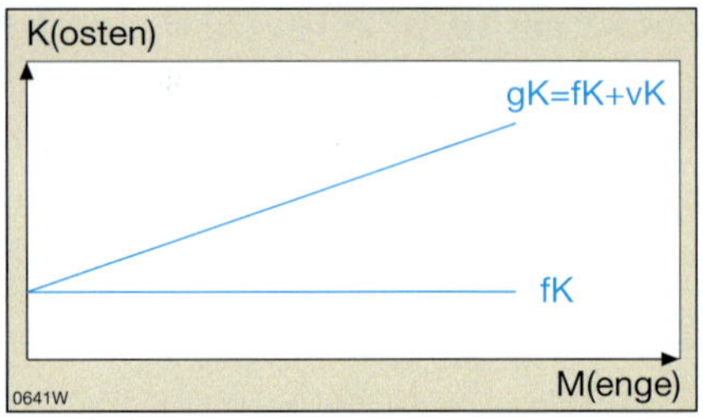

Um die Entscheidung für eine Fertigungsform zu treffen, werden die Kosten in Abhängigkeit von der produzierten Menge verglichen. Das ergibt das folgende Bild.

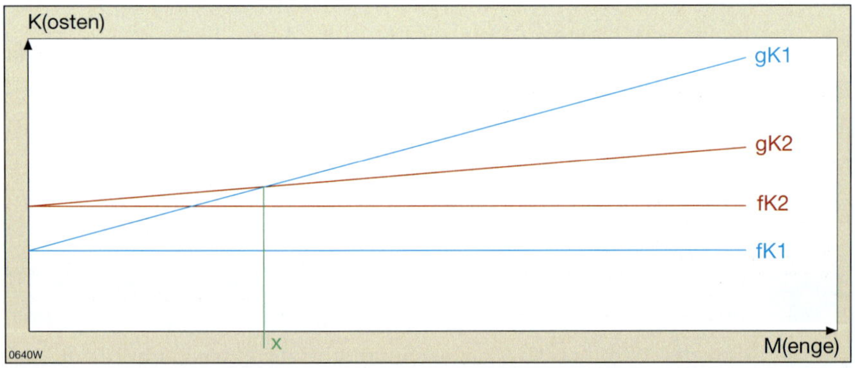

Aus diesem Bild ergibt sich, dass bei Verfahren 1 (Werkstattfertigung) die fixen Kosten geringer sind als bei Verfahren 2 (Fließfertigung). Dort sind die variablen Kosten geringer als bei Verfahren 1. Beim Vergleich der Gesamtkosten zeigt sich, dass bis zur produzierten Menge x Verfahren 1 kostengünstiger und ab der produzierten Menge x das Verfahren 2 kostengünstiger ist. Wenn x = 500 ist und 2 000 Stück produziert werden sollen, fällt die Entscheidung für die Fließfertigung.

1. Nenne Beispiele für fixe und variable Kosten sowie für Gesamtkosten. ○

2. Entwickle mithilfe des Beispiels ein eigenes Beispiel für eine Entscheidung für eine Fertigungsform. ●

4 Die Kalkulation von Preisen

Eine wesentliche Aufgabe eines Unternehmens besteht darin, die Preise für sein Produkt zu kalkulieren.

Bei der Kalkulation eines Preises ist entscheidend, welche Preise andere Unternehmen für ihre Dienstleistungen oder Produkte veranschlagt haben. D. h., ob das Produkt oder die Dienstleistung zu dem kalkulierten Preis auf dem Markt abgesetzt werden kann.

Auf einem Wochenmarkt können die Anbieter schnell feststellen, zu welchen Preisen die Mitbewerber anbieten und ihre eigenen Preise senken oder heben. Auf anderen Märkten beobachten Experten die Preisgestaltung ihrer Mitbewerber sehr intensiv, z. B. indem sie Kataloge und Prospekte lesen, auf Messen ihre Stände besuchen oder unter einer Deckadresse Angebote einholen oder Güter bestellen. Preise haben unter Konkurrenten also Signalcharakter für die eigene Preisgestaltung.

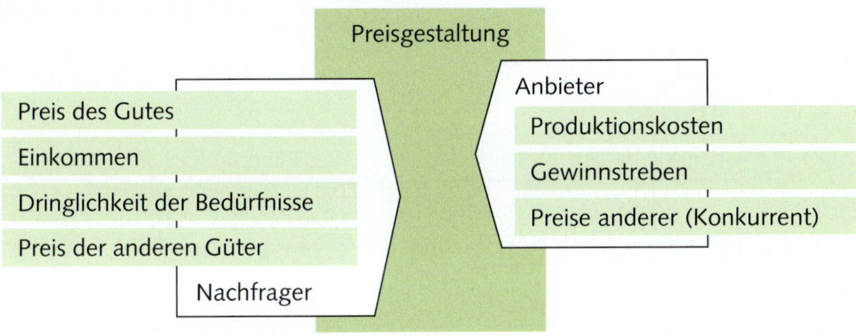

Einflussgrößen auf die Preise

Beispiel für eine Warenpreiskalkulation:

Einzelkosten	**Gruppenkosten**
Einkaufspreis der Ware + Bezugskosten (z. B. Transportkosten)	
	= Einstandspreis
Einstandspreis + Handlungskosten (Betriebskosten = z. B. Raumkosten, Lagerkosten, Mitarbeiterlöhne und Gehälter, Werbung, Verwaltung, Steuern)	
	= Selbstkosten
Selbstkosten + Gewinn	
	= Verkaufspreis
Wie z. B. die Kosten der Mitarbeiter für eine einzelne Ware berechnet wird, soll hier nicht näher erläutert werden.	

1. Erläutert an einem ausgewählten Beispiel die verschiedenen Faktoren der Preisbildung auf der Nachfrage- und der Angebotsseite anhand des Schaubildes. ○

5 Der absatzwirtschaftliche Prozess und Marketingmix

Der Absatz ist eine der Grundfunktionen des Unternehmens. Zu Beginn des absatzwirtschaftlichen Prozesses steht die Situationsanalyse. Eine besondere Rolle spielt das Käuferverhalten, aber auch weitere Faktoren, wie z. B. die Konkurrenz, müssen sorgfältig untersucht werden. Eine wichtige Quelle für Informationen stellt die Marktforschung dar.

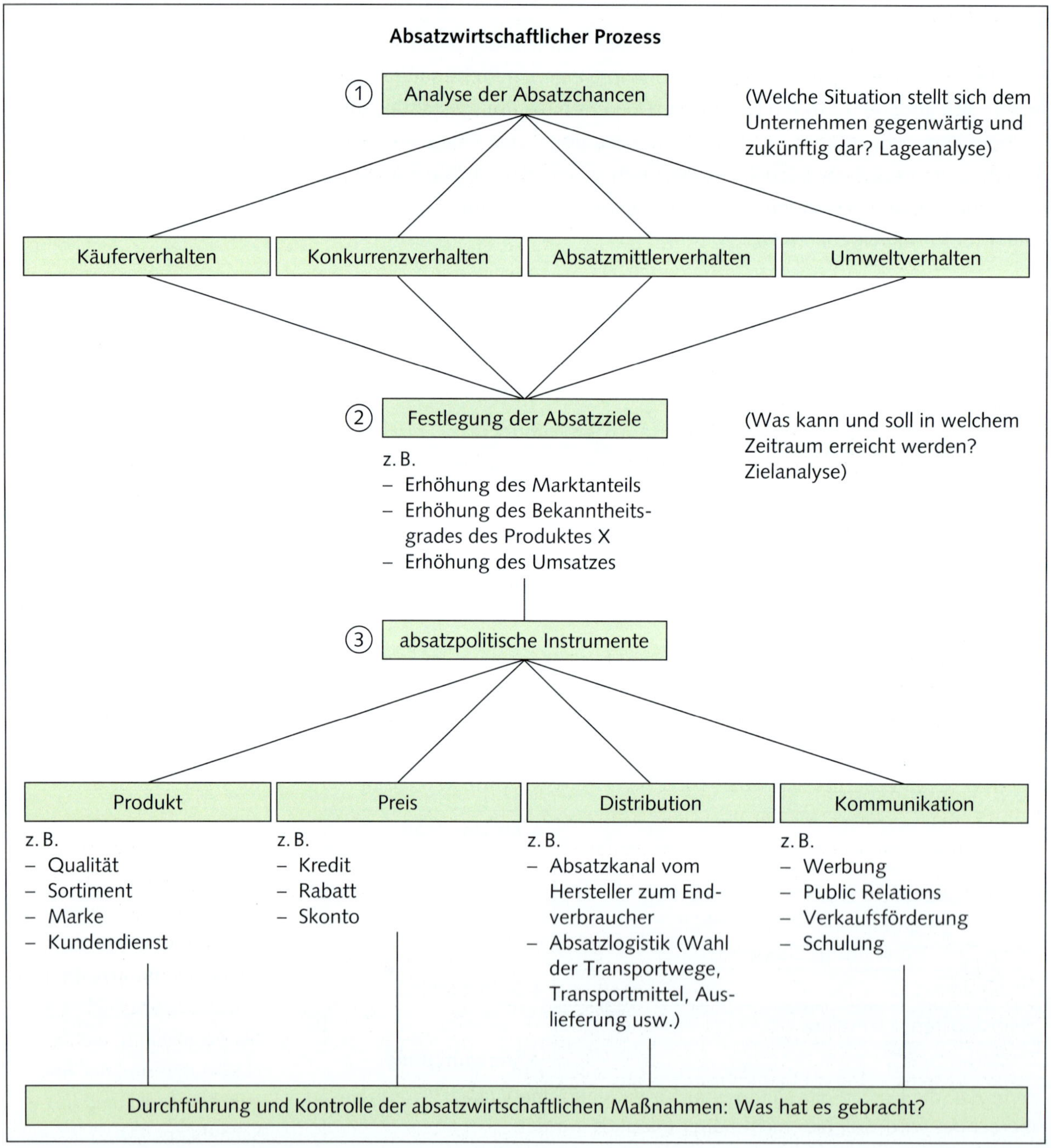

In einem weiteren Schritt werden dann die Ziele festgelegt, die man mit dem Einsatz von Marketinginstrumenten erreichen möchte. Ein Ziel kann sein: Für das Produkt „X" sollen im nächsten Jahr 5 % Neukunden gewonnen werden. Dabei sind die übergeordneten Unternehmensziele (z. B. Gewinn, Umsatz, Image) zu berücksichtigen. Schließlich können Maßnahmen im Rahmen der Produkt-, Preis-, Distributions- und Kommunikationspolitik festgelegt werden. Man spricht auch von den „4 P's" des Marketing: product, price, placement und promotion. Am Ende des Prozesses ist jedes Instrument im Hinblick auf seinen Erfolg zu überprüfen und gegebenenfalls zu überdenken.

B Im Rahmen einer Arbeitsgruppe beschließen Mädchen und Jungen des 10. Jahrgangs einer Realschule die Gründung einer Schülerfirma. Ihre Geschäftsidee ist die Herstellung und der Verkauf von Taschen aus Restmaterialien wie Stoffresten, Kunststoffen, Tetrapaks und Ähnlichem. Sie errechnen sich gute Absatzchancen, weil ähnliche Produkte von Händlern am Ort nicht vertrieben werden. Die Schülerinnen und Schüler haben sich das Ziel gesetzt, eine regionale Bekanntheit zu erlangen und schließlich genügend Umsatz zur Finanzierung von Jahrgangsfeten zu erwirtschaften.

Nachdem die eigentliche Geschäftsidee feststeht, beraten sie bei einem weiteren Treffen über absatzpolitische Instrumente und sammeln hierfür spontane Ideen. Sie wollen verschiedene Formate anbieten: Handtaschen, Einkaufstaschen, Fahrradtaschen. Auch die Eigenschaften sollen unterschiedlich sein: Einige Taschen werden praktisch gestaltet, z. B. wasserfest bzw. abwaschbar, andere wiederum sollen durch besonderes Design hervorstechen. Somit wird es unterschiedliche Preise geben.

In Geschäften am Ort wollen die Schülerinnen und Schüler anfragen, ob Muster ihrer Produkte im Schaufenster mit ausgestellt werden können (z. B. eine Handtasche im Schaufenster des Drogeriemarktes, die Fahrradttasche beim Fahrradhändler). Sie beabsichtigen, auch im Internet Fotos ihrer Produkte zu veröffentlichen und über die Herstellung zu informieren. Der Verkauf selbst soll allerdings nur im schuleigenen Shop stattfinden und die Bezahlung in bar erfolgen.

Einige Taschen der „Jungunternehmerinnen" aus der Jeans-Kollektion

1. Erkundet in Gruppen den Marketingmix unterschiedlicher Produkte, soweit er von euch zu erkennen und erkunden ist, z. B. Nahrungsmittel, Kleidung, Musik, Computer, usw. ◒

2. a) Im nebenstehenden Beispiel haben die Schülerinnen und Schüler absatzpolitische Instrumente diskutiert und festgelegt. Ordne die Entscheidungen der Produkt-, Preis-, Distributions- und Kommunikationspolitik zu. ○

b) Ergänze die Analyse der Absatzchancen im absatzwirtschaftlichen Prozess. ◒

Erkundung eines regionalen Unternehmens

Im Mittelpunkt dieses Kapitels steht das Unternehmen bzw. der Betrieb. Es ist sinnvoll, „theoretisch" erworbenen Erkenntnisse mit der Wirklichkeit zu vergleichen. Dadurch werden die Einsichten zum Betriebsgeschehen anschaulicher und prägen sich besser ein.

Vorbereitung

Durchführung

Auswertung

Vorbereitung der Erkundung

1. Auswahl eines geeigneten Unternehmens der Region
2. Terminabsprachen
3. Auswertung von Informationsmaterialien zum Unternehmen (z. B. Firmenprospekte, Veröffentlichungen der örtlichen Presse, Internet)
4. Festlegen der Erkundungsschwerpunkte und Erarbeiten eines Erkundungsbogens mit Fragen zum Unternehmen, z. B.:
   - Wie lange besteht das Unternehmen bereits?
   - Welche Produkte werden hergestellt und wie hat sich die Produktpalette im Laufe der Zeit verändert?
   - Wie sind Beschaffung, Produktion und Absatz organisiert?
   - Wie ist der betriebliche Ablauf organisiert?
   - Wie ist die Mitarbeiterstruktur (Berufsstruktur)?
   - Haben sich die Anforderungen an die Mitarbeiter in den letzten Jahren verändert, welche absehbaren Veränderungen wird es kurz- oder mittelfristig geben?
   - Wie werden die zukünftigen Marktchancen eingeschätzt?
   - Welche Zusammenarbeit gibt es mit den Kommunen und anderen Unternehmen der Region?

Durchführung der Erkundung

1. Einführungsgespräch mit einem Vertreter der Geschäftsleitung
2. Erkundung des Unternehmens (in Arbeitsgruppen)
3. Sammeln von Informationen und Materialien
4. Diskussion über offengebliebene Fragen und Probleme

Auswertung der Erkundungsergebnisse

1. Auswertung der gewonnenen Informationen durch Erarbeiten von Berichten, Grafiken, Statistiken, Schautafeln u. Ä.
2. Bewertung der Erkundung in einer Abschlussdiskussion:
   - Haben wir alle Erkundungsziele erreicht? Wenn nicht, woran hat es gelegen?
   - Gab es Schwierigkeiten und wie haben wir uns dabei verhalten?
   - Welche Bedeutung haben die Informationen für die eigene Berufsplanung?
   - Konnten wir die Probleme lösen?
3. Präsentieren der Ergebnisse durch Referate in anderen Klassen, Ausstellungen, Wandtafeln

Expertenbefragung

Neben einer Betriebserkundung ist auch die Expertenbefragung eine gute Möglichkeit, um aktuelle und sachkundige Informationen zu bekommen. Der wichtigste Teil einer Expertenbefragung ist das Interview. Dieses muss geplant, vorbereitet und im Anschluss daran ausgewertet werden.

1. Vorbereitung

Zunächst müssen entsprechende Fragen ausgearbeitet werden. Es ist sinnvoll, kleinere Gruppen zu bilden, die sich auf bestimmte Teilbereiche vorbereiten. So gibt es beispielsweise

- Fragen zu technischen Problemen: Mit welchen Geräten, Werkzeugen bzw. Maschinen arbeiten Sie? Welche Computerprogramme setzen Sie ein? …
- Fragen zu den Arbeitsplätzen: Beschreiben Sie Ihre Arbeit an Ihrem Arbeitsplatz. Ist Ihre Arbeit interessant? …
- Fragen zur Organisation im Betrieb: Wie ist der Produktionsablauf organisiert? Wie hoch ist die Zahl der Mitarbeiter in der Produktion? …
- Fragen zur Qualifizierung: Welche Ausbildung ist für die einzelnen Arbeitsplätze erforderlich? Wie erfolgt die Weiterbildung der Mitarbeiter? …

2. Festlegen der Arbeitstechniken

Vor der Befragung ist zunächst die Aufgabenverteilung zu klären: Wer stellt die Fragen? Wer beobachtet? Wer notiert die Antworten?
Für die Befragung sollten Arbeitsblätter erstellt werden, die schnell ausgefüllt werden können.

3. Durchführung

Die Befragung kann an der Arbeitsstätte des Experten oder an der Schule stattfinden. Während der Befragung sollte man sich zunächst an die vorbereiteten Fragestellungen halten, um zielgerichtet zum Thema der Expertenbefragung zu kommen. Sollten während der Befragung neue Aspekte auftauchen, die in der Vorbereitung nicht bedacht wurden, so kann man sie natürlich einbeziehen.

4. Auswertung

Die Notizen, Skizzen u. Ä. sollten sofort nach der Befragung korrigiert und ergänzt werden, damit keine Gedanken verloren gehen. Sie werden zu einem Gesamtergebnis zusammengefasst und anschließend in geeigneter Form dargestellt (z. B. Wandzeitung oder PowerPoint-Präsentation).
Wenn möglich, sollte eine Rückmeldung an den Experten erfolgen. Er erkennt daran, dass seine Aussagen Interesse gefunden haben, und ist auch in Zukunft bereit, sachkundige Informationen zu geben. Zugleich ist es eine Kontrolle, ob die Aussagen der Experten richtig erfasst wurden.

Vorbereitung

Arbeitstechnik festlegen

Durchführung

Auswertung

6 Betriebliche Messgrößen

Buchführung als Mittel zur Beurteilung unternehmerischen Handelns

Für die Führung eines Unternehmens werden Informationen benötigt, um die wirtschaftlichen Prozesse besser beurteilen zu können. Das Erwirtschaften von Gewinnen bzw. das Vermeiden von Verlusten sind für die Betriebe wichtige Zielsetzungen. Gewinn oder Verlust zeigen Erfolg oder Misserfolg des wirtschaftlichen Handelns des Betriebes an. Gewinne sind für das Unternehmen auch notwendig, um finanzielle Prozesse und damit die Lebensfähigkeit eines Unternehmens zu erhalten.

Zur Beurteilung, ob ein Betrieb erfolgreich ist oder nicht, dient das betriebliche Rechnungswesen, das u. a. die Gewinn- und Verlust-Rechnung aufstellt.

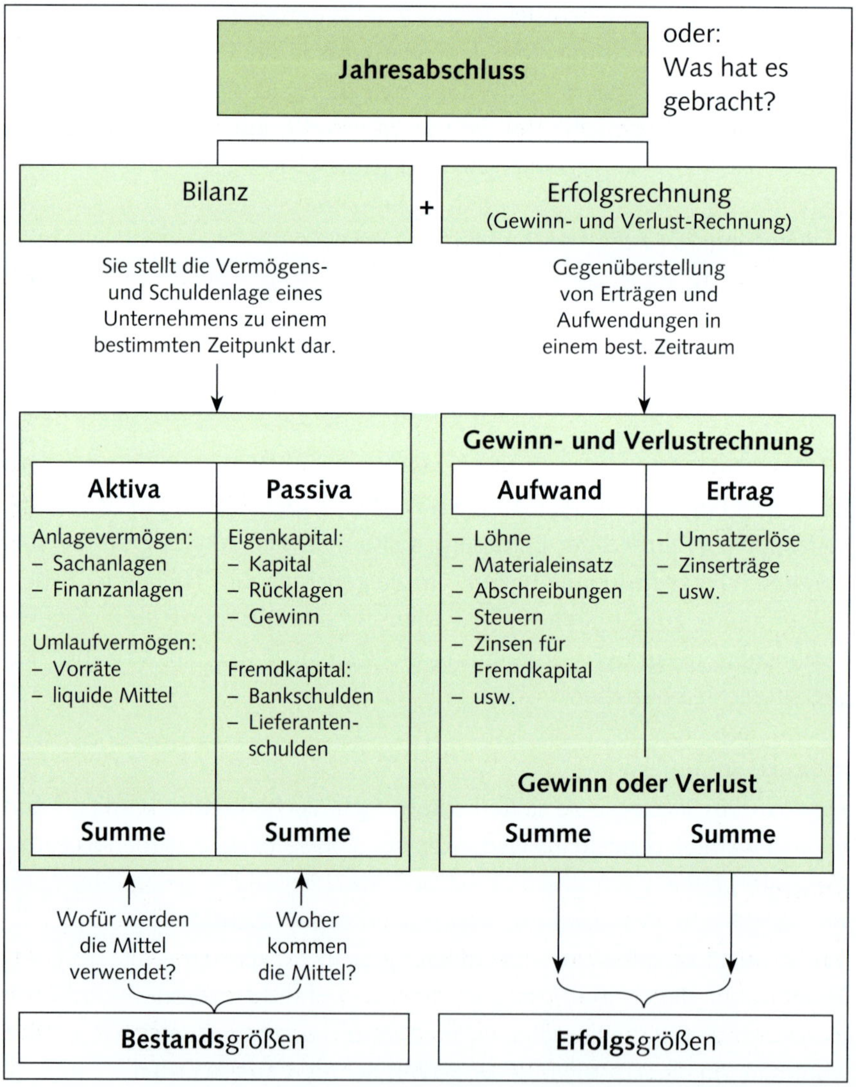

INFO

Liquide Mittel
sind „flüssige" Mittel, die sofort zur Verfügung stehen, z. B. Bankguthaben auf einem Girokonto.

Die Gewinn- und Verlust-Rechnung (GuV)

In dieser Rechnung werden die Aufwendungen und die Erlöse aufgelistet. Von Bedeutung ist dabei, woher die Erlöse stammen und wofür Aufwendungen gemacht wurden. Die Hauptaufgabe besteht darin, den im Laufe einer bestimmten Zeit (z. B. eines Wirtschaftsjahres) erwirtschafteten Erfolg (Gewinn oder Verlust) aufzuzeigen. Der Erfolg ergibt sich aus der Differenz zwischen Aufwand und Erlösen.

Zugleich ist ersichtlich, wo der Aufwand im Verhältnis zum Ergebnis noch zu hoch ist und wo Einsparungen notwendig sind. Die Rechnung zeigt auch, dass Erträge nicht nur durch den Verkauf von Produkten, sondern auch auf andere Weise, z. B. durch Zinsen, erwirtschaftet werden können.

INFO

Die **Gewinn- und Verlust-Rechnung** ist zeitraumbezogen, d. h. es werden Aufwendungen und Erträge eines bestimmten Zeitraums (meistens ein Jahr) erfasst. Die **Bilanz** weist den Wert des Vermögens und die Höhe der Schulden zu einem bestimmten Zeitpunkt aus.

B Die Firma Gottfried Göllner in Goslar ist eine Tischlerei, die vor allem Türen und Fenster herstellt, aber auch Reparaturen ausführt. In der Buchhaltung wurden während des gesamten Geschäftsjahres die laufenden Kosten und Erträge lückenlos und chronologisch aufgezeichnet (gebucht), wie es gesetzlich vorgeschrieben ist. Nun wird am Jahresende eine Gewinn- und Verlust-Rechnung erstellt, um das wirtschaftliche Ergebnis der Firma genauer zu erkennen.

Aufwendungen	in €	Erträge	in €
Materialaufwand	144 878,00	Umsatzerlöse	494 892,00
Personalaufwand	286 624,00	Bestandserhöhungen	159 665,00
Abschreibungen auf Anlagen	23 640,00	andere aktivierte Eigenleistungen	14 264,00
sonstige betriebliche Aufwendungen	42 111,00	sonstige betriebliche Erträge	21 195,00
Zinsen und ähnliche Aufwendungen	9 219,00	Zinsen und ähnliche Erträge	33 609,00
Steuern	5 093,00		
Summe	**511 565,00**		**723 625,00**

Tischlerei Göllner

Bilanz

Zu Beginn oder am Ende eines Geschäftsjahres bzw. bei der Gründung eines Unternehmens muss eine Aufstellung aller Vermögenswerte erfolgen. Aus der Bilanz wird ersichtlich, woher die zur Verfügung stehenden Mittel kommen (Passiva) und wofür sie verwendet werden (Aktiva).

1. Hat die Firma Göllner Gewinn oder Verlust gemacht? In welcher Höhe? ○

Neben der Gewinn- und Verlustrechnung wird am Jahresende auch eine Schlussbilanz erarbeitet. Sie ist eine Gegenüberstellung von Vermögen und Kapital eines Betriebes. Eine Bilanz sagt nichts über das Zustandekommen eines Gewinnes bzw. Verlustes aus. Sie ist eine **Zustandsanalyse**. Die Jahresbilanz der Firma Göllner macht das deutlich:

Aktiva (Vermögen)	in €	Passiva (Kapital)	in €
Anlagevermögen		**Eigenkapital**	
Sachanlagen	875 000,00	Kapital	867 000,00
Umlaufvermögen		**Fremdkapital**	
Vorräte	190 000,00	Bankschulden	260 000,00
Forderungen aus Lieferungen u. Leistungen	60 000,00	Lieferantenschulden	40 000,00
Bankguthaben	35 000,00		
Kasse	7 000,00		
	1 167 000,00		**1 167 000,00**

Computer vereinfachen die Buchführung
Wenn es um Kostenreduzierung in der Buchführung oder der Verwaltung geht, spielen Computer und Software (Datenbanken, Kalkulationsprogramme etc.) eine große Rolle. Mit ihnen lassen sich Routinevorgänge wie Bestandserfassung, Bestellungen, Rechnungserstellung u. v. m. automatisieren. Viele organisatorische oder buchhalterische Tätigkeiten werden von Computerprogrammen erledigt, wodurch Personalkosten eingespart werden.

Produktivität und Wirtschaftlichkeit

Jeder Unternehmer, der erfolgreich sein will, muss die Leistungsfähigkeit seines Unternehmens ständig kontrollieren. Für die Beurteilung des wirtschaftlichen Geschehens in einem Betrieb ist ein Maßstab erforderlich, mit dem sich feststellen lässt, wie erfolgreich er gearbeitet hat. Der Unternehmer wird daher ständig die Kosten überwachen, um rechtzeitig wichtige Entscheidungen wie Werbemaßnahmen oder Erneuerung der Produkte treffen zu können. Absolute Zahlen über Erlöse, Anzahl der verkauften Produkte u. Ä. sagen jedoch für sich allein relativ wenig über die Leistungsfähigkeit des Unternehmens aus. Das ist mithilfe von Kennziffern möglich. Zwei wichtige Kennziffern sind **Produktivität** und **Wirtschaftlichkeit**.

Die Produktivität ist eine Mengenbetrachtung, die Wirtschaftlichkeit ist eine Wertbetrachtung.

1. Wodurch unterscheiden sich die Aussagen einer Gewinn- und Verlust-Rechnung von denen einer Bilanz? ○

Produktivität

Als Produktivität bezeichnet man das Verhältnis zwischen dem Arbeitsergebnis und der Anzahl der dafür beschäftigten Personen (bzw. Anzahl der Arbeitsstunden). Diese Kennziffer hat noch wenig Aussagekraft. Erst ein Vergleich der Kennziffern mehrerer Jahre bzw. mehrerer Betriebe mit gleichem Produktionsprofil führt zu aussagefähigen Ergebnissen.

Arbeitsproduktivität = $\frac{\text{produzierte Menge}}{\text{Zahl der Arbeitsstunden bzw. Zahl der Arbeitenden}}$

B Ein Zementwerk (A) erzeugte 2007 mit 30 Arbeitskräften 300 000 t Zement. Im Jahr 2008 wurden mit der gleichen Zahl von Arbeitskräften 330 000 t Zement erzeugt. Ein anderes Zementwerk (B) erzeugte im gleichen Zeitraum mit 40 Arbeitskräften 480 000 t Zement.

Zementwerk A 2007 $\frac{\text{produzierte Menge 300 000 t}}{\text{Zahl der Arbeitenden 30}} = 10\,000$ t/AK

2008 $\frac{\text{produzierte Menge 330 000 t}}{\text{Zahl der Arbeitenden 30}} = 11\,000$ t/AK

Zementwerk B 2008 $\frac{\text{produzierte Menge 480 000 t}}{\text{Zahl der Arbeitenden 40}} = 12\,000$ t/AK

Drehrohrofen eines Zementwerkes

Der innerbetriebliche Vergleich zeigt, dass im Zementwerk A die Arbeitsproduktivität von 2007 zu 2008 um 10 % gestiegen ist. Der Vergleich zwischen den Zementwerken A und B zeigt, dass die Arbeitsproduktivität des Werkes A nur 91,6 % des Werkes B beträgt.

Wirtschaftlichkeit

Die Wirtschaftlichkeit misst das Verhältnis zwischen dem Wert (= Erlös) des Arbeitsergebnisses und den entstandenen Kosten.

Wirtschaftlichkeit = $\frac{\text{Erlöse}}{\text{Kosten}}$

B Ein Unternehmen stellt zwei verschiedene Produkte her. Das Produkt A erbringt einen Verkaufserlös von 250 000,– €, das Produkt B erzielt einen Erlös von 150 000,– €, die Gesamtkosten für das Produkt A betragen 160 000,– € und 85 000,– € für das Produkt B. Daraus ergibt sich folgende Berechnung der Kennziffer „Wirtschaftlichkeit“:

Produkt A $\frac{\text{Verkaufserlös 250 000,00 €}}{\text{Produktionskosten 160 000,00 €}} = 1{,}56$

Produkt B $\frac{\text{Verkaufserlös 150 000,00 €}}{\text{Produktionskosten 85 000,00 €}} = 1{,}76$

Je mehr der Wert über 1,0 liegt, umso höher ist die Wirtschaftlichkeit. Produkt B ist wirtschaftlicher hergestellt worden als das Produkt A.
Mithilfe der Kennziffern können Vergleiche angestellt werden, z. B. zwischen Abteilungen eines Unternehmens oder zwischen verschiedenen Unternehmen.

1. Beschreibt die Unterschiede in der Aussagefähigkeit der Kennziffern „Produktivität" und „Wirtschaftlichkeit".

2. Sammelt Aussagen vom Statistischen Landesamt zur Produktivität der Industrie in Niedersachsen aus dem Internet.

Am Ende dieses Kapitels sollst du Anspruchsgruppen im Unternehmen benennen können, z. B. Manager, Arbeitnehmer, Lieferanten, Kunden, Kapitalgeber, Politiker, Steuerzahler. Du sollst dich mit den Interessen der Anspruchsgruppen auseinandersetzen, sie unterscheiden und beurteilen können, wie die Ansprüche durchgesetzt werden.

Des Weiteren sollst du die Aufgaben von Unternehmen, Beschaffung, Produktion, Absatz sowie den Zusammenhang der Grundfunktionen ermitteln können.

Mit den folgenden Aufgaben kannst du deine Kompetenzen überprüfen.

1. Beschreibe, wie die Gruppen in dem Fallbeispiel Opel/Saab versuchen, ihre Interessen durchzusetzen. ○

2. An welchen Stellen des Geldkreislaufs in einem Unternehmen ist das
- Unternehmen als Einkommensquelle der Beteiligten,
- Unternehmen als Marktteilnehmer,
- Unternehmen als Leistungsersteller erkennbar? ○

3. Erkläre mithilfe des Wirtschaftskreislaufs, wie ein Unternehmen mit der nationalen und internationalen Wirtschaft zusammenhängen kann. Bedenke bei dieser Aufgabe, dass die Wertschöpfung eines Unternehmens auch durch Vorleistungen heimischer Unternehmen zustande kommt. ◒

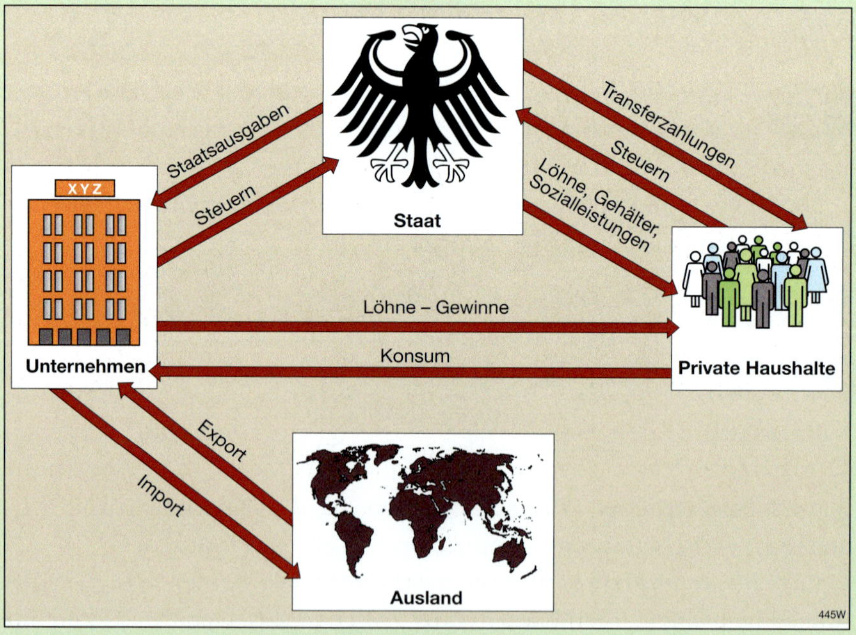

Erweiterter Wirtschaftskreislauf

4. Ein Produktionsunternehmen benötigt für die Produktion seines Produkts (z. B. Kabel) als Werkstoff Kupfer.

a) Was passiert in dem Unternehmen, wenn die Kupferpreise stark steigen?

b) Inwieweit können Beschaffung, Produktion und Absatz von den Preissteigerungen betroffen sein?

5. Lest den folgenden Quellentext. Informiert euch, inwieweit in eurer Region Produktionsunternehmen mit solchen Problemen zu tun gehabt haben.

Q Für Maschinenschäden und Produktionsausfälle, die durch niedrige Stromqualität hervorgerufen wurden, sind 2004 europaweit etwa 10 Mrd. Euro ausgegeben worden. Nicht nur ein totaler Stromausfall, sondern auch eine unzureichende Stromqualität ist eine Bedrohung für Industrie- und IT-Unternehmen: Schon geringe Stromschwankungen, Überspannungen und Frequenzverzerrungen können dazu führen, dass elektronische Geräte abstürzen, Maschinen nur unzureichend funktionieren oder Daten fehlerhaft übertragen werden. Empfindliche Geräte können sogar zerstört werden.

Quelle: www.uni-jena.de/PM070608_Stromq

6. Bei der Entscheidung für eine Fertigungsform wurden ökonomische Gründe für die Entscheidung angegeben. Welche Überlegungen könnten noch bei der Entscheidung für eine Fertigungsform eine Rolle spielen? Beachte dazu auch das Bild.

7. Begründet, welche Fertigungsform für das Fertigungsverfahren Massenproduktion eingesetzt wird.

8. Das Image und das Ansehen eines Unternehmens soll durch sogenannte PR (Public Relation)-Maßnahmen positiv beeinflusst werden. Recherchiere im Internet nach Beispielen, wie Unternehmen dabei vorgehen.

III Gründung eines Unternehmens

Die meisten Erwerbstätigen arbeiten in einem Unternehmen, das ihnen nicht selbst gehört, oder in einer Behörde. Man kann sich aber auch selbstständig machen, also ein eigenes Unternehmen gründen. Hier werden die Schritte dazu vorgestellt.

1 Gründungsmotive und Phasen unternehmerischer Tätigkeit

Warum gründet jemand ein Unternehmen? Oder besser gefragt: Was sind die Motive, sich mit einem eigenen Unternehmen selbstständig zu machen? Und welche typischen Eigenschaften kennzeichnen einen Unternehmensgründer?

INFO

Bei **Gründungsentscheidungen** überwiegen in Deutschland die Pull-Faktoren mit 79 % gegenüber den Push-Faktoren mit 21 %.

Q Es gibt viele Gründe, warum Menschen sich entschließen, ein Unternehmen zu gründen. […] Grundsätzlich wird zwischen zwei Gruppen von Gründermotiven unterschieden: **Push-Faktoren** und **Pull-Faktoren**.

Wird ein Unternehmen aus einer Notsituation heraus gegründet, ohne die sich der Gründer nicht für eine selbstständige Tätigkeit entschieden hätte, wird auch von „Ökonomie der Not“ oder „unfreiwilliger Gründung“ gesprochen. Unerwünschte Situationen sollen durch die Unternehmensgründung vermieden oder bekämpft werden. Solche Gründungsmotive werden daher auch Vermeidungsziele oder Push-Faktoren genannt. Im Gegensatz zu Gründungen aus der Not heraus werden bei freiwilligen Gründungen so genannte Pull-Faktoren unterschieden. Oft wird in diesem Zusammenhang daher auch von „Ökonomie der Selbstverwirklichung“ oder von „freiwilliger Gründung“ gesprochen. [...]
Die Gründungsgeschichte von Pustefix (s. u.) ist ein Beispiel für eine Push-Gründung. Push-Faktoren, die auch bei anderen Gründungen eine Rolle spielen, sind zum Beispiel:
- Arbeitslosigkeit (bestehende und drohende)
- Probleme am Arbeitsplatz
- finanzielle Schwierigkeiten
- ethnische Minderheiten finden keine andere Beschäftigung

Beispiel: Die Gründung eines Unternehmens aus der Not heraus
Firma: Dr. Rolf Hein & Nachfolger KG
Produkt: Pustefix
1948, kurz nach dem Zweiten Weltkrieg, herrschte in Deutschland noch immer Hunger und Not. Viele Städte waren zerstört, es gab keine Produkte, und das Geld war nichts mehr wert. Die hohe Arbeitslosigkeit zwang viele Menschen dazu, durch kreative Alternativen zu ihrem bisherigen Beruf ihr Überleben zu sichern.

So beschäftigte sich der Chemiker Dr. Rolf Hein damit, über Experimente mit Seife, Waschmittel herzustellen, das er dann bei den umliegenden Bauern gegen Lebensmittel eintauschen konnte. Er entdeckte dabei eine Flüssigkeit, die in Regenbogenfarben schimmerte und aus der sich hervorragend Seifenblasen herstellen ließen. Da die meisten Kinder zu dieser Zeit nur sehr wenig Spielzeug besaßen, kam Dr. Hein auf die Idee, diese Flüssigkeit in ein Röhrchen zu füllen, das mit einem Korken verschlossen wurde, an dem ein gebogener Draht befestigt wurde. Dies war die Geburtsstunde von *Pustefix*.

Dr. Hein hatte sich erhofft, so seine Familie ernähren zu können, und setzte das selbst hergestellte Pustefix zunächst als Tauschobjekt ein. Schon bald wurde *Pustefix* in die ganze Region und anschließend innerhalb ganz Deutschlands vertrieben. Inzwischen wird das Unternehmen in der dritten Generation geführt und vertreibt *Pustefix* weltweit. (*www.pustefix.de*)

Bei den Pull-Faktoren ist ein höheres Einkommen nicht das Hauptmotiv von Gründern. Unabhängig von dem untersuchten Wirtschaftsbereich besteht häufiger der Wunsch nach Unabhängigkeit, Selbstverwirklichung und der Umsetzung von eigenen Ideen. Das zeigen zum Beispiel Befragungsergebnisse, die in der nachfolgenden Abbildung wiedergegeben werden.

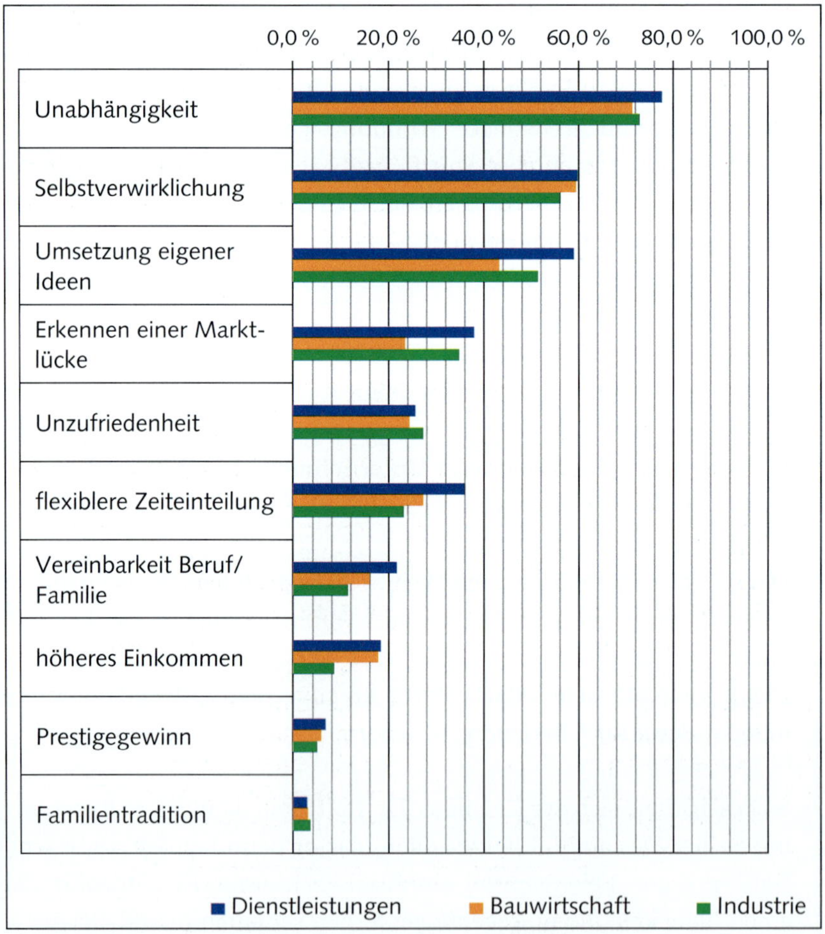

Befragung von Unternehmensgründern nach ihren Motiven

Neben den individuellen Motiven für eine Unternehmensgründung spielt auch das Umfeld der Gründer eine Rolle. Sozioökonomische wie kulturelle Rahmenbedingungen beeinflussen die Entscheidung, zu gründen ebenso wie beispielsweise das Elternhaus. Häufig wird festgestellt, dass jemandem, dessen Vater oder Mutter bereits ein Unternehmen gegründet hat, die Gründungsentscheidung leichter fällt.
Letztlich ist die Motivation, ein Unternehmen zu gründen, aber ein komplexes Konstrukt, das sich aus verschiedensten Motiven zusammensetzt. So ist es nicht unwahrscheinlich, dass sowohl Pull- als auch Push-Faktoren bei der Gründungsentscheidung eine Rolle spielen. Nun spielt bei der Gründerpersönlichkeit aber nicht allein die Dimension des „Wollens“ eine Rolle, sondern auch die des „Könnens“. Das verweist auf die Diskussion der Gründereigenschaften. […]

Quelle:
Nicolai, Alexander (2007): Entrepreneurship, Hrsg.: Institut für Ökonomische Bildung, Oldenburg

Der Gründer:
Die Entwicklung von Unternehmen wird gerade in der Anfangsphase maßgeblich durch die Person des Gründers bestimmt. Es gibt viele Studien, die herausfinden wollen, welche typischen Eigenschaften Unternehmensgründer kennzeichnen. Es wird untersucht, welche Eigenschaften die Wahrscheinlichkeit erhöhen, dass sich eine Person selbstständig macht. Andererseits versucht man, auch die Persönlichkeitsmerkmale herauszufinden, die positiven Einfluss auf den Erfolg eines jungen Unternehmens haben.

Beispielsweise ist bekannt, dass die Wahrscheinlichkeit einer Gründung bei Personen höher ist, deren Eltern bereits unternehmerisch tätig waren. Andere Eigenschaften, wie etwa die Risikofreudigkeit, sind hingegen umstritten.

INFO

Der Begriff **Entrepreneurship** bedeutet Unternehmertum/Unternehmergeist und wurde nach dem Ende des Zweiten Weltkrieges in den USA zum Synonym für eine neue Gründungsdynamik, geboren aus einer sozialen und volkswirtschaftlichen Zwangslage.

Gründereigenschaften

soziodemografische Merkmale
- Alter
- Geschlecht
- Familienstand
- familiäre Herkunft
- örtliche Herkunft
- Schulbildung
- Berufsausbildung
- Berufserfahrung
- berufliche Position
- frühere Selbstständigkeit

psychologische/verhaltensbezogene Merkmale
- Autonomiestreben
- emotionale Stabilität
- Entschlossenheit
- Innovationsbereitschaft
- Kreativität
- Leistungsstreben
- proaktive Orientierung
- Risikobereitschaft
- soziale Orientierung
- Stressresistenz

Gründungsneigung | **Gründungserfolg**

Noch schwieriger ist es, genau die Eigenschaften zu identifizieren, die eine erfolgreiche Unternehmensgründung wahrscheinlich machen. Viele Untersuchungen sind zu dem Ergebnis gekommen, dass es kein festes, unveränderliches Charakterprofil gibt, das eine erfolgreiche Unternehmensgründung sichert. Betont wird immer wieder, dass es wichtig sei, sich neuen Situationen flexibel anzupassen und die dann geforderten Kenntnisse schnell erlernen zu können. In jedem Fall geben die Listen mit all den gewünschten Eigenschaften den jungen Gründern Anhaltspunkte, was alles so gewünscht wird. Allerdings erzeugen solche Listen manchmal auch eher Angst als dass sie ermutigen.

Q

Deutschland - eine Gründungswüste?

Zur Wahrung des hohen Lebensstandards ist Deutschland auf ständige Innovationen und deren Kommerzialisierung angewiesen. Personen, die bereit sind, Verantwortung zu übernehmen und ein Unternehmen zu gründen („Entrepreneure"), stärken durch die Gründung nicht nur den Wettbewerb und schaffen Arbeitsplätze. Sie spielen auch bei der Entwicklung neuer Produkte eine wichtige Rolle. [...] Nach den jüngsten GEM-Ergebnissen [Gobal Entrepreneurship Monitoring] konnten Mitte 2008 rund 1,95 Millionen Menschen in Deutschland als „Gründer" bezeichnet werden. Das entspricht hochgerechnet einem Anteil von 3,8 % der Bevölkerung im Alter von 18 bis 64 Jahren. [...] Eine Ursache ist sicherlich, dass viele Menschen vor allem die Risiken sehen, die mit einer Gründung verbunden sind. In der Befragung äußert jeder Zweite, dass die Angst, mit einem Unternehmen auch scheitern zu können, ihn generell von der Gründung des eigenen Unternehmens abhalten würde. [...] Nur rund jeder Dritte gibt an, er verfüge über das erforderliche Wissen und Können, um ein Unternehmen zu gründen. [...]

Quelle:
Institut für Arbeitsmarkt- und Berufsforschung „IAB-Kurzbericht 15/2009",
S. 1

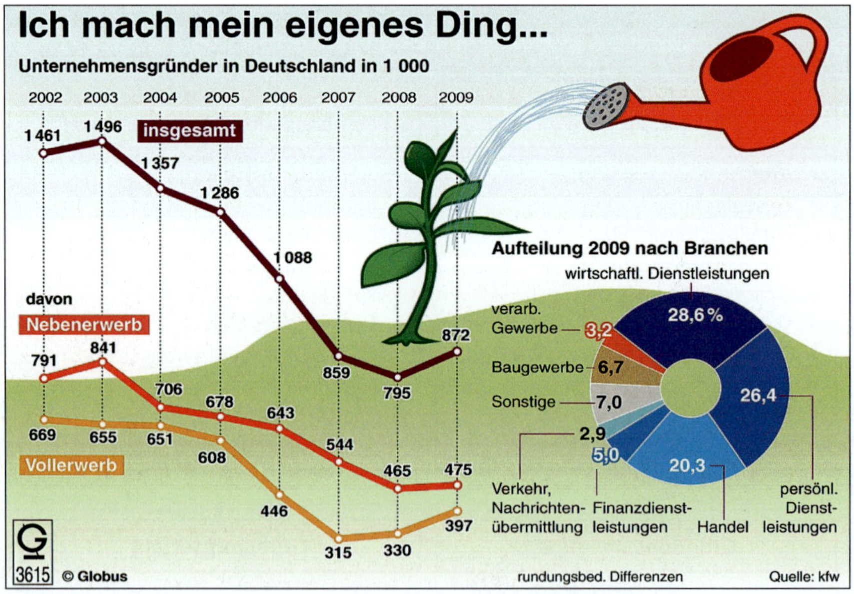

2 Ein Unternehmen zu gründen, heißt viele Entscheidungen treffen zu müssen

Planungsüberlegungen

1. Einführung

Bei der Gründung eines Unternehmens sind viele Aspekte zu beachten. Sie reichen von A wie Anmeldung bis Z wie Zinsen oder Zuständigkeiten.

Mithilfe des folgenden Leitfadens soll eine Übersicht über wichtige Schritte zur Gründung eines Unternehmens kennengelernt werden. Mithilfe der Projektmethode könnt ihr die nachfolgenden Fragen als eine Hilfe für die Planung, Durchführung und Auswertung eures Unterrichtsprojektes verwenden.

a) In dem ersten Schritt geht es um **grundlegende Überlegungen**, die vor der eigentlichen Gründung angestellt werden sollten und an deren Ende durchaus auch die Einsicht stehen kann, dass die Gründung eines Unternehmens wenig sinnvoll erscheint.

b) Wenn der Entschluss, ein Unternehmen zu gründen, nach diesen ersten Überlegungen bestehen bleibt, steht die **Planung der Unternehmensgründung** an, von deren Genauigkeit Erfolg oder Misserfolg entscheidend abhängen. Die Planung umfasst die Bearbeitung von Fragen, die sowohl das Unternehmen selbst betreffen als auch die Beziehungen des Unternehmens zu seiner Umwelt.

c) Die letzte Gruppe von Fragen beschäftigt sich mit dem Unternehmen selbst, d. h., es wird ein Blick auf die **Binnenstruktur** des Unternehmens geworfen. Ziel ist die Erarbeitung eines detaillierten Unternehmenskonzeptes.

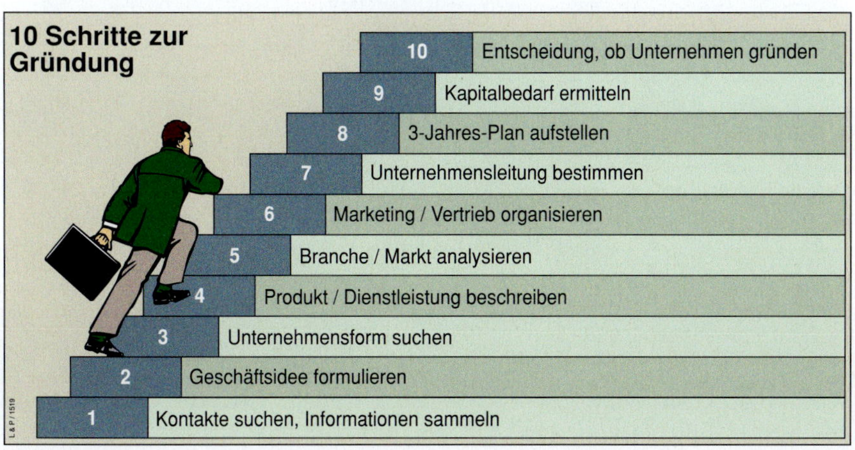

2. Aufgabenstellung

Deine Aufgabe ist es, ein Unternehmen zu „gründen" und dabei ein Gründungs- bzw. Unternehmenskonzept zu entwickeln. Für eine Unternehmensgründung sind viele Dinge erforderlich, zunächst aber eine tragfähige Produkt- bzw. Geschäftsidee.

In der Unternehmensgründungsphase könnt ihr in Gruppenarbeit in der folgenden Weise vorgehen:

a) Entwickelt eine Geschäftsidee oder die Idee für ein Produkt oder eine Dienstleistung. Nutzt kreative Techniken, um eine Idee zu entwickeln (z. B. Mind-Mapping).
b) Informiert euch gemeinsam mit den anderen Gruppenmitgliedern darüber, was bei einer Unternehmensgründung alles zu beachten ist. Dazu helfen die nachfolgenden Leitfragen auf S. 67.
c) Entwickelt einen Arbeitsplan für die Unternehmensgründung.
d) Stellt euer Unternehmenskonzept vor.
e) Zum Abschluss sollt ihr Expertinnen und Experten z. B. aus der Gründungsberatung der Industrie- und Handelskammer oder der Kreditabteilung einer Bank einladen und sie das Unternehmensgründungskonzept bewerten lassen. Die Überzeugungskraft eures Konzeptes wird z. B. in der (fiktiven) Erteilung eines Kredites deutlich werden.

Nutzt zur Bearbeitung dieser Aufgabe die in diesem Kapitel behandelten Themen als Informationsgrundlage.

Der Rat eines Experten sollte bei einer Existenzgründung nie fehlen.

3. Grundlegende Überlegungen

In Abwandlung eines weitverbreiteten Sprichwortes könnte man sagen: Unternehmer werden ist nicht schwer, Unternehmer sein dagegen sehr. Wie schätzt ihr diese Aussage ein? Folgende Frage ist entscheidend: Eigne ich mich zur Unternehmerin bzw. zum Unternehmer? Welche Überlegungen müsste man beispielsweise anstellen?

a) Zunächst braucht man eine Geschäfts- bzw. eine Produkt- oder Dienstleistungsidee.
   Womit wollt ihr den Markt erobern?
b) Wenn man ein Unternehmen gründet, verbindet man damit auch Wünsche und Ziele.
   Welche sind das?
c) Welche Gründe könnte es geben, dass Existenzgründer auch scheitern, dass also ihre Vorstellungen nicht wahr werden?
   Welche Möglichkeiten gibt es, Schwierigkeiten bei der Existenzgründung oder sogar ein Scheitern zu verhindern?
d) Welches sind also die einzelnen Schritte bei der Planung einer Unternehmensgründung?
   Wo kann ich mich über sie informieren?
e) Auch für Unternehmer gilt: Ohne Moos nichts los!
   Wie veranschlagt ihr die Kosten eures Unternehmens, die auf euch zukommen werden?
   Welchen Gewinn strebt ihr in den ersten Jahren an?

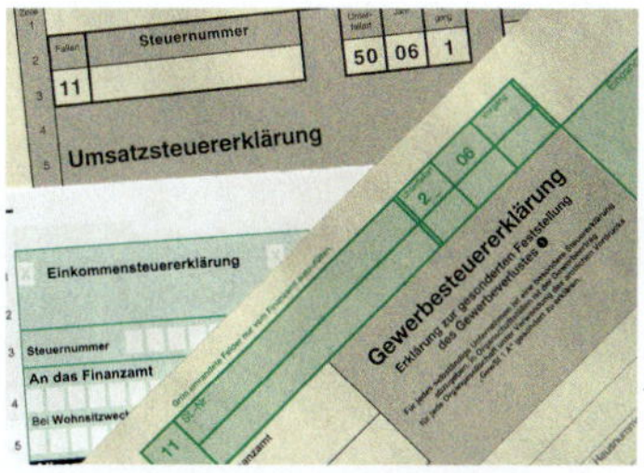

Der Staat – der „stille Teilhaber“

4. Unternehmensgründung

Jetzt wird es ernst. Ihr sollt jetzt mit der Planung der Unternehmensgründung und des Unternehmens beginnen. Welche Punkte sollte euer Gründungskonzept berücksichtigen? Macht einen ersten Entwurf für das Konzept.

a) Für welchen Standort des Unternehmens entscheidet ihr euch?
   Wie können Standorte analysiert und bewertet werden?
b) Für eine Unternehmensgründung wird Kapital benötigt.
   Wofür braucht ihr Geld?
   Welche Kapital- und Finanzquellen gibt es überhaupt?
c) Jedes Unternehmen hat eine Rechtsform.
   Was ist das?
   Welche Rechtsformen gibt es?
   Für welche entscheidet ihr euch und warum?
d) Ein Unternehmen hat Beziehungen zur Umwelt, z. B. müssen Vorschriften und Gesetze beachtet werden.
   Welche Anmeldeformalitäten und Vorschriften gibt es bei euer Unternehmensgründung?
e) Der Staat ist immer dabei – insbesondere wenn es um das Geld geht.
   Welche Steuern zahlt ein Unternehmen bzw. ein Unternehmer?

INFO

Unternehmen, die auf die Herstellung besonders **umweltfreundlicher Produkte und umweltschonender Produktionsprozesse** achten, haben die Möglichkeit, sich zertifizieren zu lassen. Mit einem solchen Zertifikat, beispielsweise nach der Umweltmanagementnorm ISO 14001, kann das Unternehmen nach außen dokumentieren, dass es ständig versucht, seine Umweltleistungen zu verbessern.

5. Das Unternehmen

a) Ein Unternehmen will natürlich auf dem Markt erfolgreich sein.
Welche Aspekte sind hier zu bedenken und welche Instrumente sind wichtig?

b) Innerhalb des Unternehmens muss die Organisation stimmen und die betrieblichen Abläufe müssen funktionieren. Das ist auch vom beschäftigten Personal abhängig.
Was muss bei der Einstellung des Personals beachtet werden?

c) Ein Unternehmen muss „umweltverträglich" sein – heute und in Zukunft.
Was bedeutet es, ein „umweltgerechtes Unternehmen" zu sein?

6. Das Unternehmenskonzept

Nachfolgend einige Fragen, mit denen ihr euch auseinandersetzen müsst, um eure Idee näher zu untersuchen.

a) **Geschäftsidee**
- Welche Dienstleistung bzw. welches Produkt wollt ihr anbieten?
- Welchen Nutzen hat euer Angebot?
- Was soll es kosten?

b) **Marktanalyse**
- Kennt ihr die Nachfrage für die Dienstleistung, die ihr anbietet, bzw. für euer Produkt?
- Wie groß ist der Markt?
- Wie wird sich die Auftragslage/die Nachfrage entwickeln?
- Welche Kundengruppen wollt ihr ansprechen?

Standort? Konkurrenz? Zielgruppe?

c) **Branchenanalyse**
- Kennt ihr eure Mitbewerber?
- Was wollt ihr besser machen als die Konkurrenz?
- Kennt ihr Überlegungen der Stadt/der Gemeinde für euren Standort, die Einfluss auf eure Geschäftsidee haben könnten?

d) **Kosten und Gewinn**
- Gibt es genügend Kundschaft am Standort?
- Wie ist die Verkehrsanbindung des Standortes?

e) **Rentabilitätsvorschau**
- Werdet ihr mit eurer Unternehmung ausreichend Gewinne erzielen können?
- Wie hoch sind die Kosten?
- Welches sind die größten Kosten, die bei eurer Unternehmensidee besonders in der Anfangsphase anfallen werden?

f) **Finanzierung/öffentliche Förderung**
- Habt ihr euren Kapitalbedarf bereits ermittelt? Wie viel Kapital benötigt ihr?
- Wie könnt ihr euch das notwendige Startkapital beschaffen?
- Wie viel Eigenkapital steht euch zur Verfügung?
- Besonders für die Gründungsphase kann man auf staatliche Unterstützung hoffen. Versucht herauszufinden, welche Mittel jungen Existenzgründern zur Verfügung gestellt werden könnten. Eine erste Anlaufstelle können die Ämter für Wirtschaftsförderung in eurer Stadt sein.

Personal?

g) **Genehmigung**
- Braucht ihr für euer Unternehmen besondere Genehmigungen?
- Wenn ja, welche?
- Benötigt ihr eine spezielle Zulassung?
- Wenn ja, welche?

h) **Personal**
- Wie viele Mitarbeiter hat euer Unternehmen?
- Welche Mitarbeiter wählt ihr aus? Welche Qualifikationen haben eure Mitarbeiter?
- Wer übernimmt welche Aufgaben im Unternehmen?

i) **Steuern/Abgaben**
- Welche Steuern und Abgaben sind zu zahlen? In welcher Höhe? Wo informiert ihr euch darüber?

Die Industrie- und Handelskammern beraten zu allen Fragen rund um die Existenzgründung.

IV Der Wirtschaftskreislauf

Der Wirtschaftskreislauf ist eine Methode zur Analyse wirtschaftlicher Zusammenhänge in einem Land. Ihr werdet mithilfe des Wirtschaftskreislaufs auch den Grundgedanken der Sozialproduktsberechnung erfassen und des Weiteren die Stellung der verschiedenen Akteure kennenlernen.

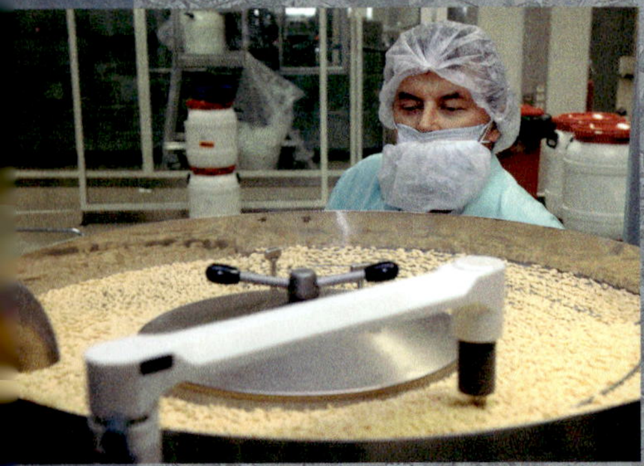

1 Wirtschaftliche Tätigkeiten und Wirtschaftskreislauf

Wirtschaftsprozesse sind Tauschprozesse

Bisher haben wir uns mit jugendlichen Konsumenten und ihrer Stellung in der Rechtsordnung, mit der Politik in der Kommune und mit den privaten Haushalten und den Unternehmen auseinandergesetzt. Dies haben wir an einem einzelnen Unternehmen, einem privaten Haushalt oder an einer Kommune versucht. Wir werden jetzt einen anderen Weg einschlagen, um wirtschaftliche Vorgänge näher zu untersuchen. Man könnte sagen, wir sehen uns die Wirtschaft aus der Vogelschau an und überlegen, was sich dann erkennen lässt. Dazu entwickeln wir eine Methode, die uns bei dieser Analyse hilft: den Wirtschaftskreislauf.

B „Na, Uwe, wie war dein Arbeitstag?“, fragt Susanne Mittendorf ihren Mann, der heute ungewöhnlich spät von der Arbeit nach Hause kommt.

Uwe Mittendorf sagt mit ziemlich genervter Stimme: „Ach, lass mich doch erstmal in Ruhe, was gibt es denn zu essen?“ Bevor seine Frau antworten kann, fährt er fort: „Ach, entschuldige, Susanne, es war heute ein ziemlich hektischer und blöder Tag und Ärger gab es in der Firma auch.“

„Komm, erzähl mal“, sagt Frau Mittendorf, die ihren Mann gut kennt und weiß, dass er sich gleich wieder beruhigen wird.

Uwe Mittendorf: „Bei uns ist heute eine wichtige Maschine ausgefallen und wir stehen unter Termindruck. Wenn wir die versprochenen Möbelteile nicht bis morgen ausliefern können, bekommen wir Ärger mit unserem Kunden. Und das ist überhaupt nicht lustig. Aber wir haben es schließlich hinbekommen. Die Sendung kann morgen rausgehen.“

Susanne Mittendorf: „Na, da habt ihr ja Glück gehabt. Heute habe ich übrigens die Kontoauszüge von unserer Bank bekommen. Wenn wir weiterhin die Absicht haben, unser Wohnzimmer zu verändern, wir wollen ja einen neuen Tisch, einen neuen Schrank und eine neue Stehlampe kaufen, dann werden wir ohne einen Kredit kaum auskommen. Erkundigst du dich morgen mal nach den Zinsen?“

Uwe Mittendorf: „Ja, das mache ich. Aber bevor ich es vergesse, wir haben heute im Betrieb auch eine gute Botschaft bekommen. Es gibt wieder Weihnachtsgeld wie früher und das macht bei mir schon einen Tausender aus!“

Uwe und Susanne Mittendorf

Produktion

In früheren Zeiten stellten die Menschen alles selbst her, was sie für ihr Leben benötigten. Man spricht von einer Selbstversorgungswirtschaft. Es gab nur einfache Formen der Arbeitsteilung zwischen Mann und Frau. Die wirtschaftlichen Vorgänge waren sehr überschaubar. Arbeitsteiligkeit heute hat eine ganz andere Qualität.

Wir brauchen nur ein kleines Experiment zu machen und uns vor das Käseregal in einem Supermarkt oder in einem Warenhaus zu stellen, die Obsttheke zu besuchen oder die Kleidungsetiketten anzuschauen: Obst aus Südafrika, Spanien und Italien; Kleidung aus China und Frankreich; Unterhaltungselektronik aus Japan usw. Ohne eine arbeitsteilige Weltwirtschaft würde unser Leben sehr viel gleichförmiger aussehen. Wir in Deutschland haben im Jahr 2010 Waren im Wert von über 806 Milliarden Euro eingeführt und Waren im Wert von 960 Milliarden Euro ausgeführt. Diese Zahlen belegen, in welchem hohen Maß Deutschland in die arbeitsteilige Weltwirtschaft eingebunden ist.

Dienstleistung nutzen

Menschen üben unterschiedliche Tätigkeiten aus: Essen, Trinken, ein Buch lesen, ins Kino gehen, in einer Fabrik arbeiten, eine Fahrradtour machen, eine Disko besuchen, Freunde treffen, an einer politischen Versammlung teilnehmen, eine Zeitung lesen, ein Haus kaufen usw. Hier setzen wir uns vor allem mit wirtschaftlichen Tätigkeiten auseinander. Im Wirtschaftsgeschehen lassen sich vier verschiedene Tätigkeiten unterscheiden:

Vermögensbildung

Wirtschaftsprozesse sind Tauschprozesse

a) Sachgüter und Dienstleistungen produzieren und verkaufen
Dies kann ebenso die Produktion von Autos sein wie die Produktion von Gartenzwergen, der Verkauf einer Urlaubsreise oder das Haareschneiden beim Frisör.
Zum Herstellen von Produkten und zur Bereitstellung von Dienstleistungen werden nicht nur Produkte von anderen Unternehmen benötigt, sondern auch menschliche Arbeitsleistungen, aber auch Räume, Werkshallen und Grundstücke, und natürlich Maschinen usw. Das heißt: Wir benötigen Produktionsfaktoren wie z. B. Boden, Kapital und Arbeit.

Kauf eines Autos

b) Einkommen empfangen und verwenden
Wofür wird produziert? Natürlich um Bedürfnisse zu befriedigen. Um Sachgüter kaufen und Dienstleistungen in Anspruch nehmen zu können, benötigt man in der Regel Einkommen.

c) Vermögen bilden und anlegen
Manche Personen kommen nie mit ihrem Einkommen aus, weil es tatsächlich zu niedrig ist oder weil sie vielleicht über ihre Verhältnisse leben. Andere wiederum sind in der Lage, von ihrem Einkommen etwas zu sparen, Aktien zu kaufen, einen Bausparvertrag abzuschließen usw.

Unterschiedliche Gewichte

d) Kredite kaufen und verkaufen
Für den Kauf einer neuen Küche oder die Erweiterung eines Unternehmens benötigt man einen Kredit, der bei einer Bank gekauft werden kann.

Durch diese vier unterschiedlichen wirtschaftlichen Tätigkeiten entstehen in einer Wirtschaft vielfältige Tauschprozesse. Da in unserer Volkswirtschaft viele Millionen Menschen irgendeine dieser wirtschaftlichen Tätigkeiten ausüben, ergibt sich daraus für den außenstehenden Betrachter ein verwirrendes und kompliziertes Gefüge von Tauschprozessen. Und wir stellen fest: Menschen haben unterschiedliche Interessen. Derjenige, der z. B. Güter produziert und sie an Konsumenten verkaufen will, möchte möglichst viel für seine Produkte erlösen und ein Konsument möchte für qualitativ gute Produkte möglichst wenig zahlen.

Wer sät …

1. Stelle einige Unternehmen aus dem Einzugsbereich deiner Schule zusammen und finde heraus, welche wirtschaftlichen Tätigkeiten vorrangig ausgeübt werden. ○

Ein Flugzeugmodell

Eine Fußgängerzone

Vertreter der privaten Haushalte und Unternehmen

Ein Stadtplanungsmodell

INFO

Um die verwirrende Vielfalt der wirtschaftlichen Vorgänge übersichtlich darzustellen, benötigen wir eine **Methode**. Allein schon die wirtschaftlichen Tätigkeiten einer Kleinstadt mit seinen wenigen Betrieben und Bewohnern wäre sonst kaum noch zu verstehen. Die Methode, mit der sich die wirtschaftlichen Beziehungen einer Volkswirtschaft verdeutlichen lassen, ist der **Wirtschaftskreislauf**.

Der Wirtschaftskreislauf: Der Grundgedanke

Modelle kennt ihr auch aus anderen Schulfächern wie Physik und Chemie. Wenn ihr z. B. ein Flugzeugmodell mit einem tatsächlichen Flugzeug im Original vergleicht, dann stellt ihr fest, dass das Modell zwar eine Anschauung und Vorstellung von einem wirklichen Flugzeug vermittelt, nicht aber das Original selbst ist.

Ähnliches gilt auch für das Stadtplanungsmodell: Damit können sich die Architekten ein Bild davon machen, wie ein neu zu bauender Stadtteil aussehen könnte.

Menschen schaffen sich sehr häufig Modelle, damit sie die Wirklichkeit besser erkennen und verstehen können. Man bedient sich sogenannter „Denkmodelle", z. B. um das komplizierte Wirtschaftsgeschehen besser zu begreifen und zu verstehen. Aber Vorsicht! Modelle haben auch ihre Tücken. Sie haben nämlich die Eigenschaft, nie die Wirklichkeit ganz zu erfassen. Sie werden nur für einen bestimmten Zweck und unter einer ganz bestimmten Sichtweise konstruiert.

Für ein besseres Verständnis wirtschaftlicher Vorgänge verwenden wir dazu das Modell des **Wirtschaftskreislaufs**. Mit seiner Hilfe werden nur die wirtschaftlichen Beziehungen, die Geldströme zwischen den Unternehmen, den privaten Haushalten und dem Staat dargestellt. Allerdings lassen sich die politischen Beziehungen in einem Staat dagegen mit dem Wirtschaftskreislauf noch nicht untersuchen.

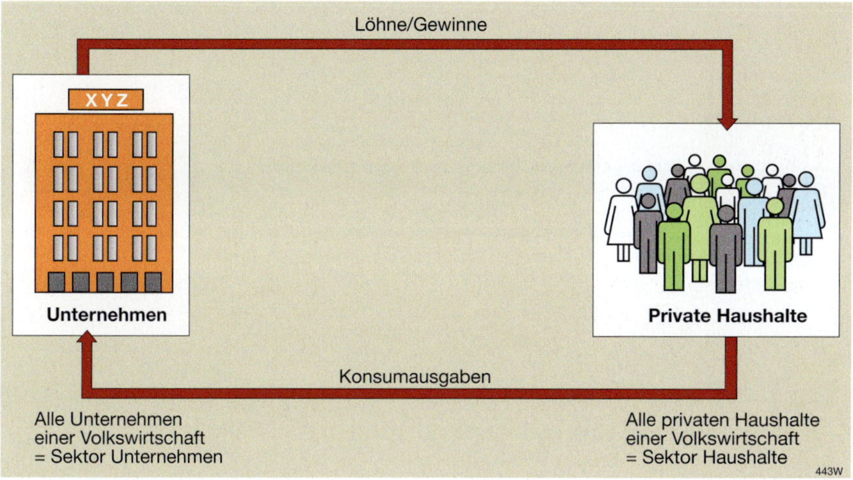

Einfacher Wirtschaftskreislauf

Die Methode, der „Wirtschaftskreislauf", ist eben nicht für alle Aufgaben geeignet, so wie eine Zange sich kaum für das Einschlagen eines Nagels eignet. Mit dem Wirtschaftskreislauf wollen wir die Vielzahl der wirtschaftlichen Vorgänge (produzieren, verkaufen, Einkommen erzielen und verwenden, Kredite kaufen, verkaufen) vereinfachen und übersichtlicher darstellen.

Hausmodell

Karikatur

1. Die Abbildung links zeigt ein Hausmodell. Welche Aufgaben kann dieses Modell für denjenigen erfüllen, der sich ein Haus bauen oder mieten will?

2. Inwiefern lässt sich das Hausmodell mit dem Modell des Wirtschaftskreislaufs vergleichen?

3. Welches Problem beim „Denken in Modellen" versucht die Karikatur zu verdeutlichen?

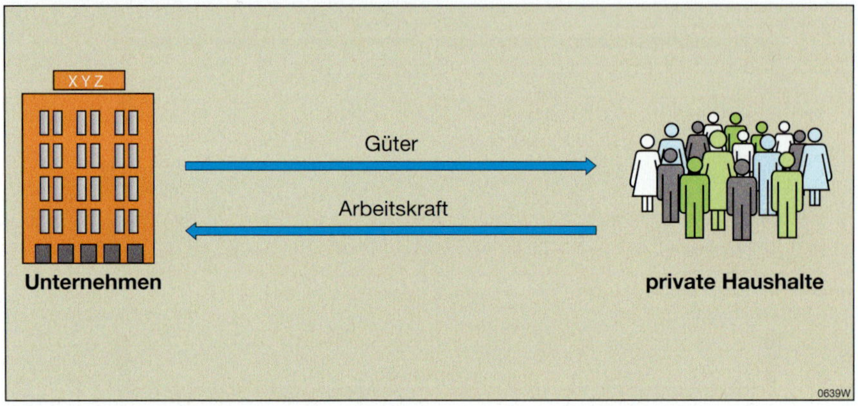

Güterstrom zwischen Unternehmen und privaten Haushalten

Das Grundmodell des Wirtschaftskreislaufs: Eine Wiederholung

Im Sektor Unternehmen werden Güter hergestellt, mit denen die Konsumenten ihre Bedürfnisse befriedigen können, wie z. B. Maschinen, Lebensmittel, Bekleidung, Autos. Oder die Unternehmen bieten Dienstleistungen an, wie z. B. der Friseur, Banken, Softwarefirmen oder eine Schnellreinigung.

Im Sektor private Haushalte verkaufen diese den Unternehmen ihre Arbeitskraft sowie Boden und Kapital. Boden, Arbeit und Kapital werden auch als volkswirtschaftliche Produktionsfaktoren bezeichnet. In Deutschland gibt es etwa 40 Millionen private Haushalte.

Für die von den Unternehmen gekaufte Arbeitskraft sowie für die Produktionsfaktoren Boden und Kapital zahlen die Unternehmen Löhne, Gehälter, Zinsen, Pachten, Mieten und Gewinne, die in die privaten Haushalte fließen.

Im Unternehmen „Textilfabrik“ werden Güter (Bekleidung) hergestellt.

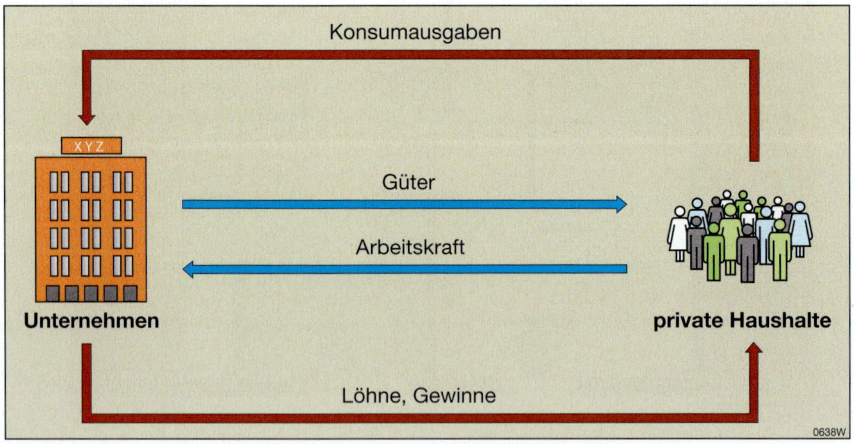

Geldströme und Güterströme zwischen Unternehmen und privaten Haushalten

Von dem Einkommen kaufen die privaten Haushalte die Güter.

Mit den in den Unternehmen erwirtschafteten Einkommen kaufen die Haushalte u. a. die von Unternehmen produzierten Güter. Damit fließt auch wieder ein Geldstrom von den Haushalten zurück in die Unternehmen. So kann der Kreislauf wieder von Neuem beginnen.

Das Grundmodell eines einfachen Wirtschaftskreislaufes ist jetzt entwickelt. Wir unterscheiden:

a) den **Geldstrom**:
   Das sind die Einkommen der privaten Haushalte und die Konsumausgaben, die davon bestritten werden.

b) den **Güter- und Leistungsstrom**:
   Das sind die Produktionsfaktoren Arbeit, Boden und Kapital, welche die privaten Haushalte den Unternehmen zur Verfügung gestellt haben. Von den Unternehmen fließt ein Güterstrom zu den privaten Haushalten.

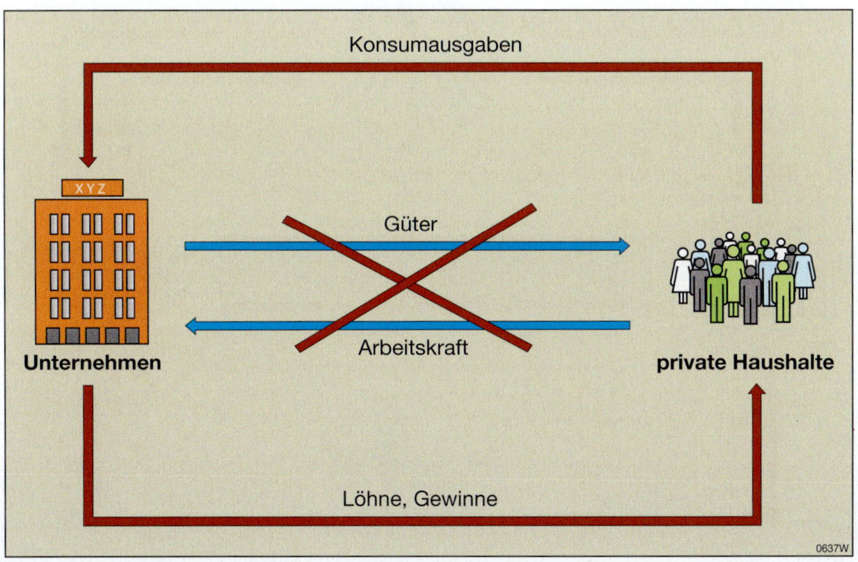

Das Grundmodell des einfachen Wirtschaftskreislaufs

1. Warum reicht es, zur Vereinfachung des Kreislaufbildes nur die Geldströme einzuzeichnen? ○

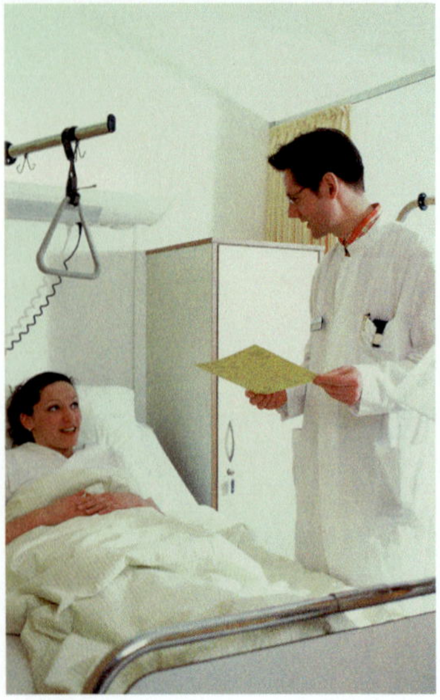

Krankenhaus

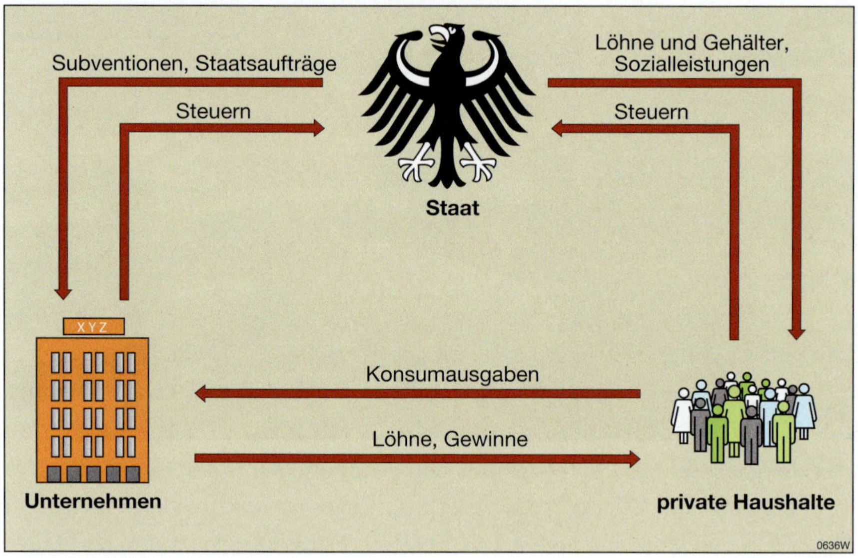

Das erweiterte Kreislaufmodell

Das erweiterte Kreislaufmodell

Die Abbildungen auf den Seiten 76 und 77 stellen das einfachste Grundmodell des Wirtschaftskreislaufs in seiner schrittweisen Entwicklung dar. Die wirtschaftlichen Vorgänge in einer Volkswirtschaft sind jedoch weitaus komplizierter, sodass wir unser Kreislaufbild noch erweitern müssen.

Der Staat ist der dritte große Sektor der Volkswirtschaft, der in vielfältiger Weise in das Wirtschaftsgeschehen eingreift. Als Staat werden hier die Kommunen, die Länder und der Bund verstanden.

1. Untersucht, welche Ströme zwischen den Unternehmen und Staat und privatem Haushalt und Staat fließen und bildet dazu Beispiele.
○

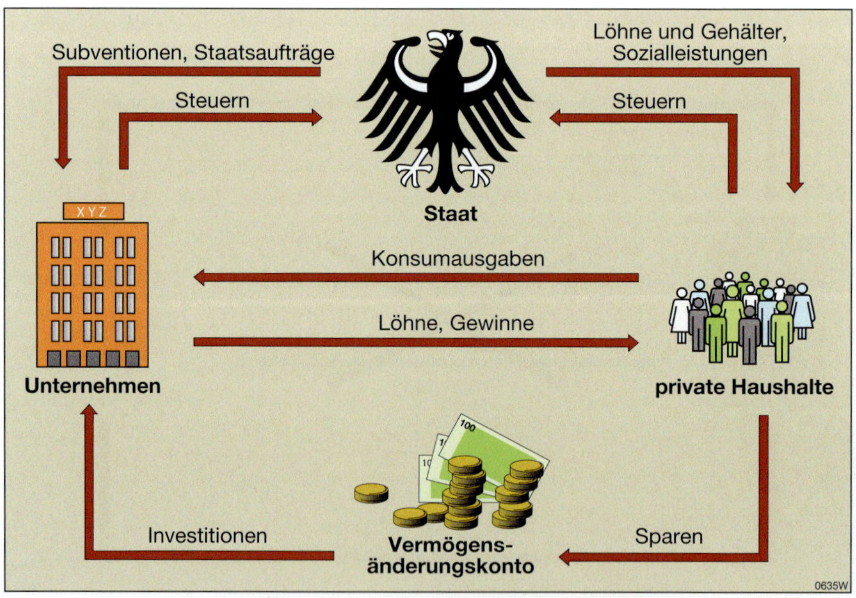

Wirtschaftskreislauf mit dem Sektor Vermögensänderungskonto

Bisher sind wir in unseren Kreislaufmodellen immer davon ausgegangen, dass z. B. die privaten Haushalte das Geld, was sie bekommen, auch in gleicher Weise wieder für Konsumausgaben verwenden. Aber manche Haushalte sind in der Lage etwas zu sparen. Sie legen sich ein Sparbuch an, kaufen Aktien usw. Man kann sich das für unsere Analyse so vorstellen, als ob die privaten Haushalte, der Staat oder die Unternehmen das gesparte Geld auf ein Konto der Volkswirtschaft einzahlen und dieses Geld dann später für Ausgaben verwenden. Ein privater Haushalt will sich z. B. ein Grundstück kaufen oder ein Haus bauen, ein Unternehmen z. B. alte Maschinen ersetzen. Um dieses alles tun zu können, müssen die Unternehmen und privaten Haushalte sparen, d. h. ein Vermögen bilden. Wir helfen uns im Denkmodell des Wirtschaftskreislaufs daher mit einem Konto, das wir als „Vermögensänderungskonto" bezeichnen. Konkret „liegt" natürlich das Geld nicht auf einem Konto der „Volkswirtschaft", sondern bei einer Bank oder Sparkasse. Aber Banken und Sparkassen sind auch Unternehmen. Das Konto zeigt, woher das Vermögen kommt und wofür es verwendet wird.

Zusammenfassend können wir festhalten: Mithilfe des Wirtschaftskreislaufs lassen sich wirtschaftliche Tauschprozesse vereinfacht und übersichtlich darstellen. Es lässt sich zeigen,

- welche Sektoren am wirtschaftlichen Geschehen beteiligt sind (z. B. die privaten Haushalte, der Staat, die Unternehmen),
- welche geldlichen Beziehungen zwischen diesen Sektoren bestehen,
- dass diese Sektoren unterschiedliche Interessen haben können,
- dass der Staat auf das wirtschaftliche Geschehen einer Volkswirtschaft z. B. mit seiner Steuerpolitik eingreifen kann.

Aber genauso deutlich wird, dass mit dem Wirtschaftskreislauf nicht alles erklärt werden kann. So werden nur die wirtschaftlichen Beziehungen, d. h. die Geldströme, gezeigt.

Wirtschaftliches Geschehen

1. Zeige am Modell des Wirtschaftskreislaufs mögliche wirtschaftliche Auswirkungen ◒
a) einer Erhöhung der Mehrwertsteuer,
b) einer Senkung der Sozialleistungen,
c) einer allgemeinen Erhöhung der Löhne und Gehälter.

2 Ein Lehrgang: Wir errechnen das Sozialprodukt einer Modell-Volkswirtschaft

Das Sozialprodukt oder: Was haben wir in einem Jahr erwirtschaftet?

Mit dem Grundgedanken des Wirtschaftskreislaufs kann man z. B. das Sozialprodukt eines Landes errechnen. Das Sozialprodukt ist eine wichtige Größe, weil damit gemessen werden soll, wie leistungsfähig eine Volkswirtschaft ist. Wollen wir das Sozialprodukt einer Volkswirtschaft, z. B. das der Bundesrepublik Deutschland, errechnen, müssen wir nach einem Maßstab suchen, mit dem man es messen kann. Soll es in einer Gewichtsgröße ausgedrückt werden – in Tonnen oder Kilogramm oder soll es in Meter oder Kilometer gemessen werden?

Die Industrieländer der Welt haben sich darauf geeinigt, den Wert des Sozialprodukts zu messen. Dieser wird durch die Preise ausgedrückt, die für Sachgüter und Dienstleistungen zu zahlen sind. In der Statistik heißt es dann: 2010 betrug das Bruttoinlandsprodukt in Deutschland 2 498,80 Milliarden Euro.

Dass der Wert der Güter als Maßstab genommen wird, ist sicherlich nicht überraschend. Wir haben bei der Konstruktion unseres Wirtschaftskreislaufmodells auf den Seiten 76 ff. ebenfalls besonderen Wert auf Geldströme gelegt. Nun könnte man einwenden, dass der Wert eines Produktes oder einer Dienstleistung, der durch den Preis ausgedrückt wird, keine absolut feststehende Größe sei. Das ist zwar richtig, aber entscheidend ist, was die Konsumenten für ein bestimmtes Gut auf den Märkten zahlen müssen, bzw. bereit sind zu zahlen.

Wer etwas messen will, muss ein Maß haben.

Der Mensch als Produzent

Der Mensch als Konsument

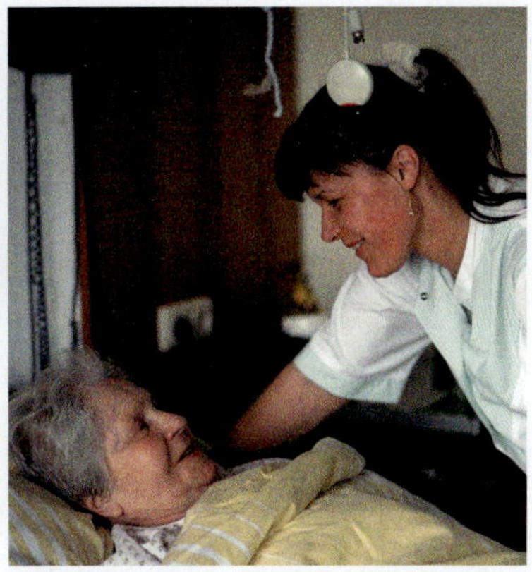

Der Mensch als Dienstleister

Wodurch erhalten Sachgüter und Dienstleistungen ihren Wert?

Wird der Wert des Sozialprodukts in Preisen, also in Geld, ausgedrückt, dann müssen wir wissen, wodurch Produkte oder Dienstleistungen ihren Wert erhalten.

Sachgüter und Dienstleistungen erhalten ihren Wert vor allem durch zwei Faktoren:

- durch die erforderliche **menschliche Arbeit** für die Erstellung eines Gutes: Güter können nur hergestellt werden, wenn Menschen arbeiten. Um Güter wie Autos, Brot, Medikamente oder Käse herzustellen, werden Maschinen und Werkzeuge benötigt. Entscheidend ist aber die menschliche Arbeitskraft, die Werte schafft, denn auch die Maschinen und Werkzeuge werden durch menschliche Arbeit hergestellt.
- Die hergestellten Güter muss jemand haben wollen, und zwar weil er sie braucht oder weil er glaubt, sie zu brauchen. Das heißt: Die **Nachfrage** der Konsumenten bestimmt wesentlich den Wert eines Produktes oder einer Dienstleistung. Ein Produkt, das niemand haben will, kann mit noch so viel menschlicher Arbeitskraft produziert worden sein, es wird sich nicht verkaufen lassen und beim Hersteller liegen bleiben.
  Ein Unternehmen könnte noch so sehr damit argumentieren, wie viel Mühe und Kosten mit der Produktion eines Gutes verbunden sein mögen. Konsumenten interessieren sich nicht für die Kosten der Unternehmen bei der Herstellung der Produkte, sondern für den Preis, den sie zu zahlen haben. Sie treffen ihre Entscheidung nicht nach dem Motto: Die Produkte von A sind zwar viel teurer als die von B, aber er hat sich doch viel Mühe gegeben.
  In der europäischen Landwirtschaft ist es manchmal ganz anders. Hier kaufen dann zwar nicht die Konsumenten, sondern der Staat landwirtschaftliche Produkte auf, um das Einkommen der Landwirte zu stützen. Das ist jedoch eine Ausnahme.

1. Stellt einige Tätigkeiten zusammen, die in einem landwirtschaftlichen Betrieb bei der Milchviehhaltung anfallen. ○

2. Stellt ebenfalls Tätigkeiten zusammen, die in einem Lebensmittelgeschäft anfallen, das Molkereiprodukte verkauft. ○

Wie fließen der Geldstrom und der Güterstrom zwischen diesen drei Unternehmen?

1. Stellt zusammen, welche Arbeiten in den einzelnen Unternehmen geleistet werden müssen. ○

2. Überlegt, wie die drei Unternehmen durch Pfeile so miteinander verbunden werden können, dass zu erkennen ist, welches Unternehmen an wen Geld für die gelieferte Ware bezahlt.
   a) Wie fließt der Geldstrom? ○
   b) Wie fließt der Güterstrom? ○

1. An der Herstellung einer Ware wie z. B. Joghurt sind normalerweise mehr als drei Unternehmen beteiligt. Wir haben in unserem Beispiel viele Zulieferfirmen nicht berücksichtigt. Überlegt und schreibt auf, welche weiteren Produkte von anderen Firmen noch erstellt werden müssen, damit du in einem Lebensmittelgeschäft Joghurt, Käse, Butter usw. einkaufen kannst. ◒

Eine Modell-Volkswirtschaft: Von der Milch zum Molkereiprodukt

Ein Beispiel aus der Landwirtschaft: Die Milch im Euter der Kuh ist zunächst wertlos. Sie wird nur dadurch wertvoll, dass sie
- gemolken und/oder weiterverarbeitet wird und
- die Verbraucher die Milch oder entsprechende Molkereiprodukte wie verschiedene Käsesorten, Joghurts usw. haben wollen.

Unsere Modell-Volkswirtschaft soll – so nehmen wir an – nur aus drei Unternehmen bestehen: einem landwirtschaftlichen Betrieb (U1), einer Molkerei (U2) und einem Lebensmittelgeschäft (U3). Wie wird nun das Sozialprodukt einer Volkswirtschaft errechnet?

Zwar gibt es in Deutschland Millionen von Unternehmen. Damit würde die Berechnung kompliziert werden. Aber für uns reicht die Einsicht schon aus, die wir mithilfe der drei genannten Unternehmen gewinnen werden.

In der Grafik auf Seite 84 gibt es einen Kasten „private Haushalte". Ihr versteht unter einem Haushalt eine Gemeinschaft von Personen (z. B. den Eltern Herrn und Frau Mertens, ihren Kindern Lukas und Clara, eventuell nahen Verwandten wie z. B. der Großmutter), die zusammen wohnen und eine gemeinsame Hauswirtschaft führen. Für unseren Fall stimmt das allerdings nur in etwa. Wir wissen, dass in den einzelnen Unternehmen Menschen arbeiten. Für diese Arbeit werden sie bezahlt, d. h. sie bekommen in den meisten Fällen Lohn und Gehalt, das auf ihr Konto überwiesen wird.

Aus den Unternehmen fließt nicht nur Geld für die geleistete Arbeit in die Haushalte, sondern auch für Kapital, Grund und Boden, der ihnen gehört und an Unternehmen verkauft oder ihnen zur Verfügung gestellt wird (Zinsen, Pacht, Mieten usw.).

Für die unternehmerische Tätigkeit („Unternehmertätigkeit“) erhält man ebenfalls Geld: den Gewinn. Auch dieses Geld fließt zunächst in die Haushalte, und zwar in die sogenannten Unternehmer-Haushalte. In die Haushalte fließen also nicht nur die Verdienste der abhängigen Arbeitnehmer (Arbeitnehmer-Haushalte), sondern auch die der Unternehmer für ihre unternehmerische Tätigkeit.

Das Geld, das von den Unternehmen in die „Haushalte“ fließt, gehört deshalb nicht allein den Arbeitnehmern, sondern teilweise auch z. B. den Unternehmen: Firma Molko, Firma Konsumi-Plus. In unserer Beispiel-Familie bilden Herr, Frau und Oma Mertens, Lukas und Clara einen Haushalt. Frau Mertens ist aber auch noch „Unternehmerin“, da sie eine Garage vermietet hat, für die sie monatlich 70 € bekommt.

Das heißt: Eine Person kann mehrere wirtschaftliche Aktivitäten durchführen und mehrere Aufgaben im Wirtschaftsprozess ausüben.

Zinseinkommen aus Sparguthaben bei einer Bank **(Kapitaleigner)**

Einkommen aus Beschäftigung in einem Unternehmen **(Arbeitnehmer)**

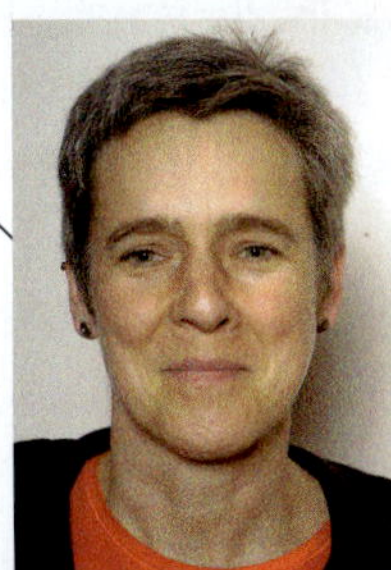

Mieteinnahmen durch Vermietung einer Garage **(Unternehmer)**

INFO

Merke:
Zu dem Oberbegriff „private Haushalte" gehören nicht nur Arbeitnehmer- sondern auch Unternehmerhaushalte!

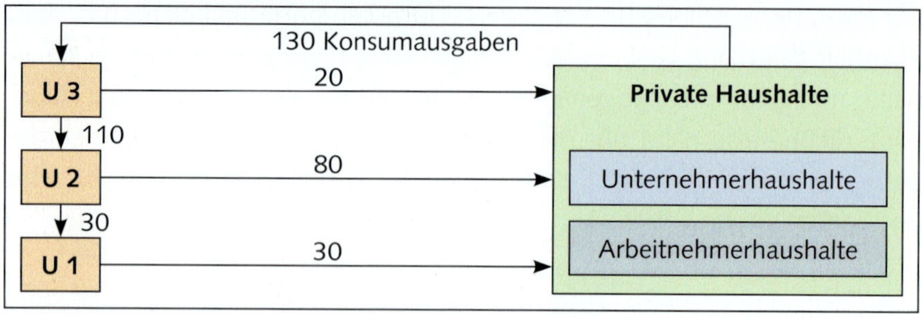

Wirtschaftskreislauf unserer Modell-Volkswirtschaft

Der Berechnungsvorgang des Sozialprodukts

Unser Maßstab, mit dem das Sozialprodukt gemessen werden soll, sind die Preise für Sachgüter und Dienstleistungen.
Und so sieht die Rechnung aus: Der Landwirt (Unternehmen 1) benötigt für die Produktion einer bestimmten Menge Milch 30 Geldeinheiten (GE). Damit deckt er seine Kosten ab, bezahlt seine Arbeit und macht auch etwas Gewinn. Der landwirtschaftliche Betrieb hat so eine Wertschöpfung von 30 GE erzielt, wie der Fachmann sagt. Diese Löhne und Gewinne fließen in die Haushalte (siehe die Grafiken auf den Seiten 84 und 85).

Die Molkerei Molko bekommt die Milch von Unternehmen 1 als **Vorleistung**. Aus der Milch werden jetzt Käse, Joghurt usw. produziert. Dafür sind wiederum Löhne zu zahlen. Außerdem will das Unternehmen für seine Leistung einen Gewinn erzielen. Deshalb verkauft es den Käse für 110 GE an das Lebensmittelgeschäft Konsumi-Plus. In diesem Preis sind die 30 GE des landwirtschaftlichen Betriebes enthalten. Die eigene Wertschöpfung der Molkerei beträgt also nur 110 GE – 30 GE = 80 GE. Diese Löhne und Gewinne fließen wieder zurück in die Haushalte.

Die Rechnung:
Wie hoch ist das Sozialprodukt in unserer kleinen Modell-Volkswirtschaft?
Dazu müssen wir die Wertschöpfungen der einzelnen Unternehmen zusammenzählen:

Unternehmen 1	=	30 GE
Unternehmen 2	=	80 GE
Unternehmen 3	=	20 GE
Sozialprodukt	=	130 GE

So wie in unserem Modell-Beispiel wird auch die Berechnung des Sozialprodukts für die Bundesrepublik vorgenommen.

Das Unternehmen 3, unser Lebensmittelgeschäft, kauft jetzt den Käse für 110 GE. Die 110 GE sind eine Vorleistung der Firma Molko. Für die eigene Verkaufsleistung will das Lebensmittelgeschäft natürlich ebenfalls Geld bekommen. Das Personal muss bezahlt werden, Energiekosten usw. fallen an, und einen Gewinn wollen auch sie erzielen. Deshalb wird der Käse an die Haushalte für 130 GE verkauft. Damit hat sich der Kreislauf geschlossen.

Die Wertschöpfung des Lebensmittelgeschäftes beträgt somit 130 GE – 110 GE = 20 GE.

Nach diesem Prinzip wird auch das Sozialprodukt in der Bundesrepublik und in vielen anderen Ländern errechnet. Dann sind es allerdings nicht nur drei Unternehmen, wie in unserer Modell-Volkswirtschaft, sondern Millionen von Unternehmen. Die Berechnung wird dadurch zwar schwieriger, der Grundgedanke bleibt aber der gleiche.

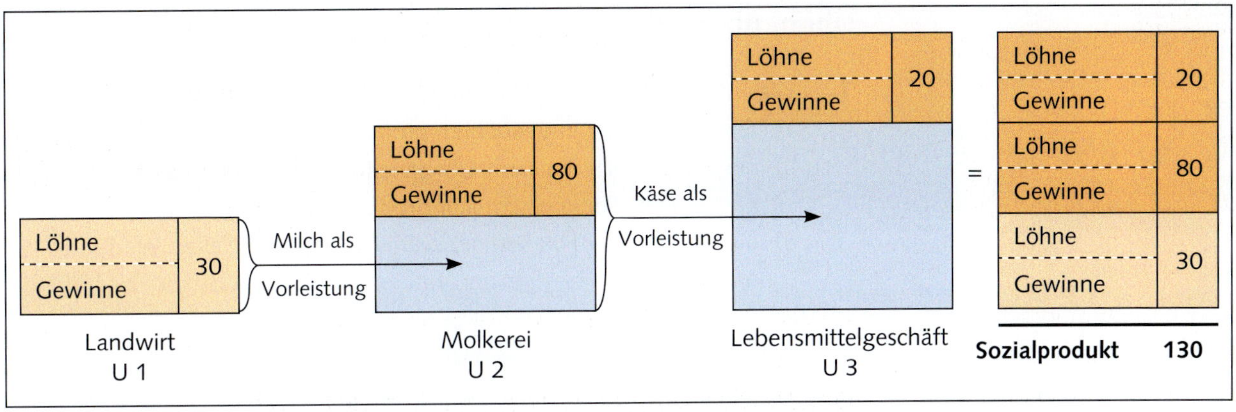

Eine andere Darstellung – das gleiche Ergebnis

Dieses Grundmodell lässt sich erweitern. So muss z. B. berücksichtigt werden, dass die Bundesrepublik exportiert und importiert. Der Staat erhebt Steuern, zahlt Subventionen, Renten, Arbeitslosengeld, Wohngeld usw. Wir müssen weiterhin berücksichtigen, dass sich die Maschinen und Anlagen abnutzen. Man nennt den Betrag, den wir für die jährliche Abnutzung der Maschinen, Gebäude und Fabriken aufwenden müssen, Abschreibungen. Und wir müssen berücksichtigen, dass Unternehmer Investitionen vornehmen.

Sind von dem Sozialprodukt keine Abschreibungen abgezogen worden, spricht man vom Bruttonationaleinkommen; wurden diese Abschreibungen jedoch abgezogen, spricht man vom Nettonationaleinkommen. Für unsere bisherigen Beispiele sind diese Unterscheidungen aber ohne Bedeutung.

Die Höhe des Sozialproduktes spielt in der politischen Diskussion eine wichtige Rolle: z. B. bei Tarifverhandlungen, bei Wahlen, bei der Einschätzung, ob es einer Wirtschaft gut oder schlecht geht oder bei der Frage, was muss getan werden, um das Sozialprodukt zu steigern.

Vorleistung von U1 für U2: Milch

INFO

Die Summe der Wertschöpfungen, die in einer Volkswirtschaft in einem bestimmten Zeitraum (ein Jahr) erzielt worden sind, nennt man das **Sozialprodukt**.

1. Warum muss bei beiden Grafiken (S. 84 und 85) das gleiche Ergebnis herauskommen? ○

2. Erkläre anhand von Beispielen, was unter Vorleistungen verstanden wird. ◒

3. Eine schwierige Frage: Manchmal findet man folgende Erklärung für das Sozialprodukt:
Das Sozialprodukt ist die Summe der Sachgüter und Dienstleistungen, die in einem Jahr erstellt werden. Was ist an dieser Aussage falsch? ◒

Üben, üben, üben

1. Was ist richtig? Das Sozialprodukt (Volkseinkommen) ist ○
a) die Summe aller in drei Jahren produzierten Güter.
b) die Summe aller in einem Jahr erzielten Wertschöpfungen.
c) die Summe aller in einem Jahr produzierten Güter.
d) die Summe aller von den deutschen Arbeitern erzielten Wertschöpfungen.

2. Was ist richtig? Vorleistungen sind ○
a) die Rohstoffe und Güter, die ein Unternehmen von einem anderen Unternehmen bekommen hat, um etwas zu produzieren.
b) die Maschinen, die ein Unternehmen einem anderen Unternehmen schenkt.
c) so wichtig, dass sie bei der Errechnung des Volkseinkommens zu den Wertschöpfungen der einzelnen Unternehmen gerechnet werden müssen.

3. Berechne für das folgende Modell-Beispiel das Sozialprodukt und zeichne es mithilfe der Grafik auf Seite 84 auf: ◒
Der Waldbesitzer (Unternehmen 1) verkauft Holz für 250 GE an den Holzgroßhandel (Unternehmen 2), der dieses Holz wiederum für 320 GE an eine Möbelfabrik (Unternehmen 3) verkauft. Die Möbelfabrik produziert Möbel und verkauft sie für 480 GE an den Möbelgroßhandel (Unternehmen 4). Dieser verkauft sie wiederum an den Möbeleinzelhandel (Unternehmen 5) für 570 GE. Die Haushalte kaufen die Möbel für 680 GE.

4. Berichtige das unten stehende Kreislaufbild, und errechne das Sozialprodukt. Eine kleine Hilfe: Die Zahlenangaben sind richtig, dafür ist jedoch etwas anderes falsch.

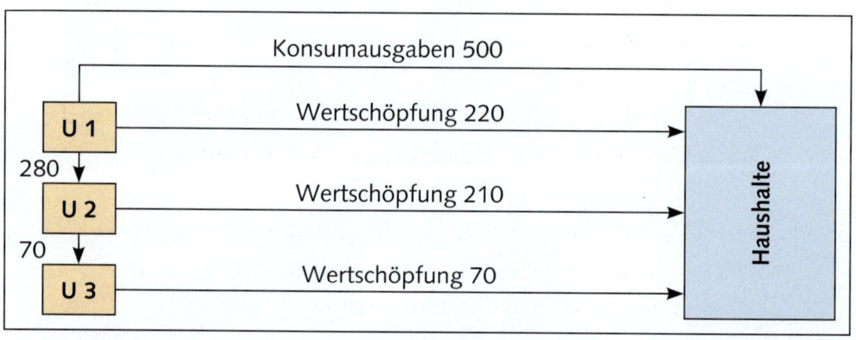

5. Unsere „Modell-Volkswirtschaft“ soll wieder aus drei Unternehmen bestehen: Unternehmen 1 ist eine Kfz-Werkstatt, Unternehmen 2 ist eine Lackiererei, Unternehmen 3 ist ein Händler für Kfz-Teile.

Herr Klaasen muss sein Auto reparieren lassen. Diese Unternehmen sind an der Reparatur beteiligt:

Kfz-Werkstatt (U1)

Lackiererei (U2)

Händler für Kfz-Teile (U3)

Herr Klaasen hat einen Autounfall auf der Autobahn gehabt. Dabei sind Blechschäden und Schäden am Motor entstanden. Wie sieht unsere „Modell-Volkswirtschaft“ jetzt aus?

a) Nehmt ein Blatt Papier.
b) Zeichnet die Unternehmen und die Haushalte.
c) Zeichnet die Geldströme, die innerhalb unserer „Modell-Volkswirtschaft“ für Warenlieferungen und Dienstleistungen fließen:
   - Unternehmen 1 bekommt von den Haushalten 1 880 GE,
   - Unternehmen 1 zahlt an Unternehmen 2 für Lackierarbeiten 280 GE,
   - Unternehmen 2 zahlt an Unternehmen 3 für einen unlackierten Kotflügel 130 GE.
d) Zeichnet die Geldströme, die als Löhne und Gewinne aus den Unternehmen an die Haushalte fließen.
e) Zeichnet den Geldstrom, der von den Haushalten zur Kfz-Werkstatt fließt.
f) Schreibt die entsprechenden Geldeinheiten an die Pfeile.
g) Wie hoch sind die Wertschöpfungen in den einzelnen Unternehmen?
h) Errechnet jetzt das Sozialprodukt unserer „Modell-Volkswirtschaft“.

6. Was hältst du von folgender Aussage?
„Je mehr Unfälle, umso höher das Sozialprodukt, umso höher der Wohlstand.“

7. Laut einer Statistik sind im Jahr 2008 413 524 Verkehrsteilnehmer verunglückt. Nehmen wir einmal an, dass jeder verunglückte Verkehrsteilnehmer Kosten von durchschnittlich 2 000 € verursacht hat. Bei den meisten Unfällen sind die Kosten sehr viel höher.

a) Welche Auswirkungen haben die Kosten dieser 413 524 verunglückten Verkehrsteilnehmer auf das Sozialprodukt von Deutschland? Denke auch daran, dass die Dienstleistung des Arztes, die evtl. bei einem Verkehrsunfall in Anspruch genommen werden muss, ebenfalls eine Wertschöpfung in der Volkswirtschaft darstellt.
b) Entwickle eine Grafik, mit der sich verdeutlichen lässt, welche Bereiche der Wirtschaft und welche sonstigen Berufsgruppen von der Abwicklung eines Verkehrsunfalls betroffen werden.

8. In vielen Statistiken wird behauptet, dass ein steigendes Sozialprodukt gleichbedeutend ist mit steigendem Wohlstand. Was hältst du von dieser Aussage, wenn sie so allgemein formuliert wird?

9. Lest die nebenstehende Situationsbeschreibung. Welche Konsequenzen hat die beschriebene Haushaltssituation für die Höhe des Sozialprodukts? Vergesst bei der Diskussion nicht die frühere Behauptung, dass man den Wohlstand einer Nation an der Höhe des Sozialprodukts messen will.

Situationsbeschreibung zu Aufgabe 9:
Eure Mutter versorgt den Haushalt. Sie kocht, wäscht, hilft euch bei den Hausaufgaben, sie hilft euch bei anderen Schwierigkeiten, die auftreten. Vor allem aber gibt sie euch Liebe, Geborgenheit, Schutz. Sie übernimmt vielfältige Managementaufgaben, die in einer Familie geregelt werden müssen: einkaufen, Essen vorbereiten, Pflege usw. Müsstet ihr für alles bezahlen, was eure Mutter euch an Diensten zur Verfügung stellt, dann käme sicherlich ein ganz erheblicher Betrag dabei heraus. Sie schafft „Werte“, die in den meisten Fällen viel höher zu schätzen sind als hergestellte Produkte. Eure Mutter hat nun aber keinen Marktpreis. Ihr habt sie nicht „eingekauft“ und ihr kennt auch nicht die einzelnen Kosten, nach denen man sie bewerten könnte. Die Tätigkeit eurer Mutter wird bei der Berechnung des Sozialprodukts nicht berücksichtigt.

V Der Staat im Wirtschaftsprozess

In diesem Kapitel findet eine vertiefende Auseinandersetzung mit der Stellung und Funktion der Wirtschaftsordnung statt. Es wird vor allem untersucht, was man unter einer Rechtsordnung versteht und wie rechtliche Regelungen unseren wirtschaftlichen Alltag beeinflussen – sei es als Konsumenten, Arbeitnehmer oder Unternehmer.

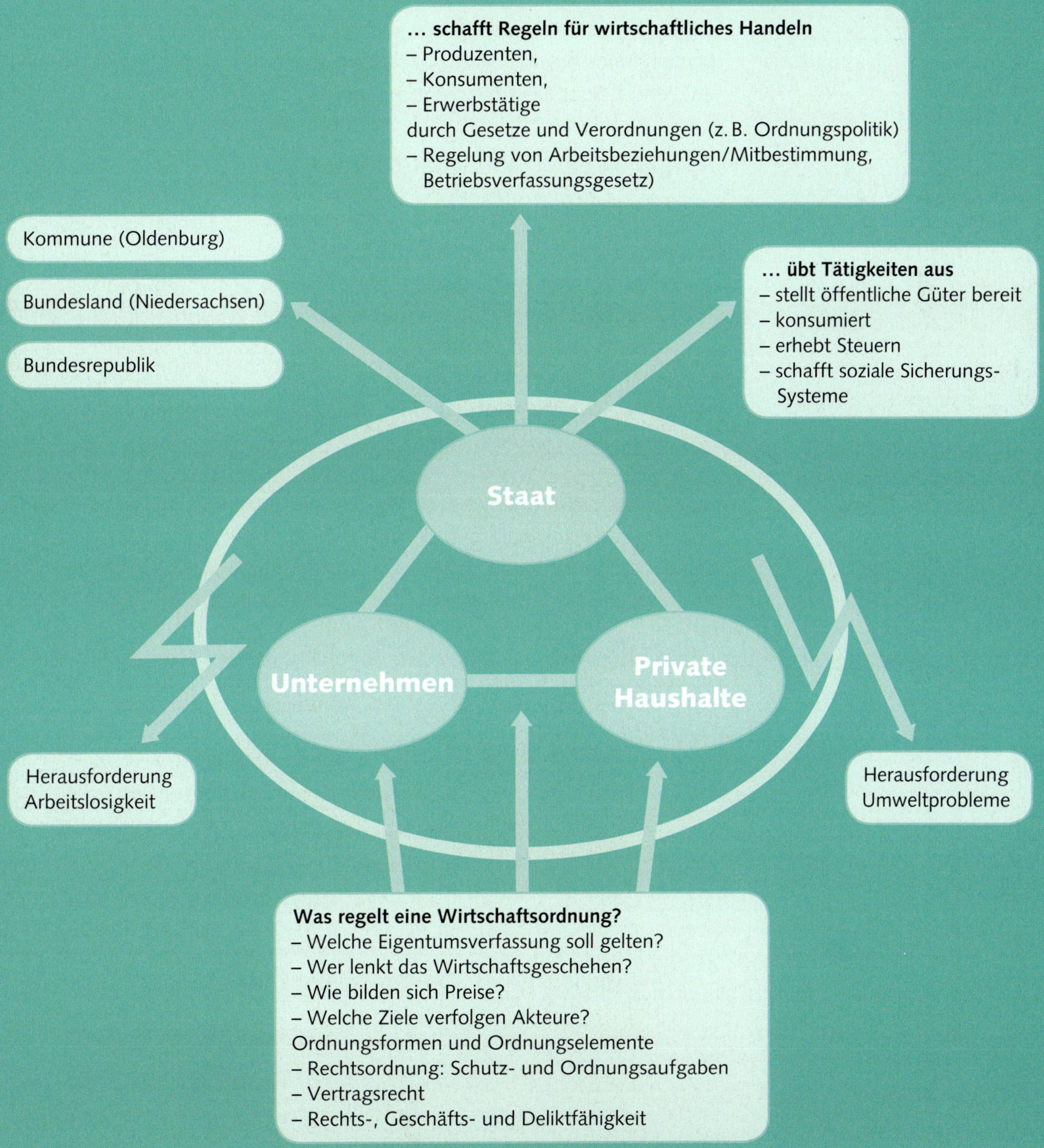

1 Strukturen und Wirtschaftsordnungen

INFO

Marktwirtschaftliche Ordnungen sind in der Regel charakterisiert durch:
- Privateigentum,
- dezentrale Planung und Lenkung auf Märkten,
- Preisbildung auf Märkten,
- betriebliche Ergebnisrechnung nach dem Gewinnprinzip.

Plan- bzw. zentralverwaltungswirtschaftliche Ordnungen sind in der Regel charakterisiert durch:
- Kollektiv-/Staatseigentum,
- zentrale Planung und Lenkung durch den Staat,
- staatliche Preisfestsetzung,
- betriebliche Ergebnisrechnung nach dem Planerfüllungsprinzip.

Verschiedene Staaten haben unterschiedliche Wirtschaftsordnungen. Diese kommen in jahrzehntelangen politischen Prozessen zustande. Grundsätzlich lassen sich z. B. marktwirtschaftliche von planwirtschaftlichen Ordnungen unterscheiden. In einer **marktwirtschaftlichen** Ordnung wie der Sozialen Marktwirtschaft der Bundesrepublik Deutschland soll das Wirtschaftsgeschehen grundsätzlich mithilfe von Märkten organisiert werden.

In **planwirtschaftlichen Ordnungen** liegt die Aufgabe der wirtschaftlichen Planung und Lenkung hingegen in den Händen des Staates. Dieser entscheidet zentral über das Wirtschaftsgeschehen.

Aufgaben einer Wirtschaftsordnung

In allen Wirtschaftsordnungen gibt es jedoch Regelungen zu folgenden Fragen:
- Welche Formen von Eigentum gibt es? Wem gehört also was?
- Wer regelt und lenkt mit welchen Mitteln das Wirtschaftsgeschehen?
- Wie werden Preise gebildet? Auf Märkten oder durch staatliche Festlegung?
- Nach welchen Prinzipien und im Rahmen welcher Regeln treffen Unternehmen ihre Entscheidungen?

Jede Wirtschaftsordnung hat ein eigenes Regelsystem, das die Handlungen von privaten Haushalten und Unternehmen beeinflusst. Man spricht in diesem Zusammenhang auch von den **Ordnungsformen** einer Wirtschaftsordnung, die sich unterschiedlich ausgestalten lassen.

Ordnungselemente und -formen *

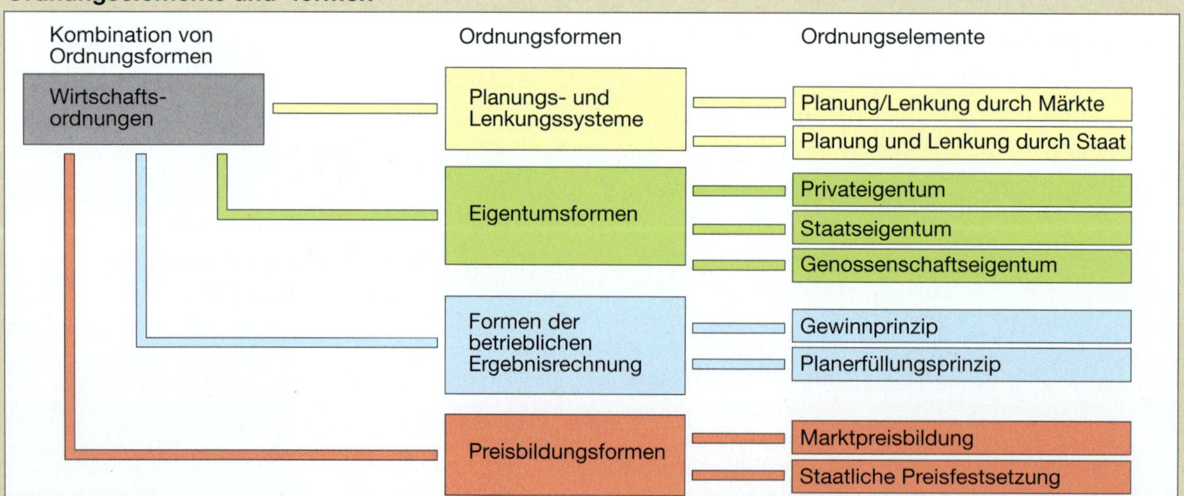

*) Die Übersicht beschränkt sich vereinfachend auf die Darstellung einiger wichtiger Ordnungsformen und Ordnungselemente.
Quelle: Bundeszentrale für politische Bildung. Informationen zur politischen Bildung
423W

Q **Robinson berichtet über den ersten Tag, den Freitag auf seiner Insel war:**

„Ich nahm die junge Ziege mit nach hause, zog ihr noch an demselben Abend das Fell ab und zerlegte sie, so gut ich konnte. Da ich jetzt einen geeigneten Topf besaß, kochte ich einige Stücke und machte eine vortreffliche Fleischbrühe. Nachdem ich von dem Fleisch gekostet hatte, gab ich meinem Diener [Freitag] davon, der sehr zufrieden damit war und es ganz nach seinem Geschmack fand. Er tat jedoch sehr verwundert, als er mich Salz zu dem Fleisch nehmen sah und erklärte mir durch Zeichen, das Salz tauge nicht zum Essen. Als er davon etwas in den Mund genommen hatte, schien ihm beinah übel zu werden, denn er spie unaufhörlich aus und spülte sich hinterher mit frischem Wasser den Mund. Hierauf aß ich einen Bissen Fleisch ohne Salz und spie dann ebenso oft aus wie er. Das änderte jedoch nichts, er konnte sich lange nicht daran gewöhnen, sein Fleisch oder seine Brühe zu salzen. Erst später tat er es, gebrauchte aber dann nur sehr wenig."

Quelle:
Defoe, Daniel: Robinson Crusoe, Düsseldorf, Albatros 2003, S. 233 f.

Q **Nachdem Robinson mithilfe seiner Waffen und Freitags Unterstützung später noch zwei weitere Gefangene befreien kann, stellt er fest:**

„Jetzt ist meine Insel also bevölkert. Ich dünkte mich reich an Untertanen und stellte oft selbstzufrieden die Betrachtung an, dass ich einem König gliche. Vor allem war das ganze Land mein unumschränktes Eigentum, sodass mir zweifellos das Herrscherrecht darüber zustand. Zweitens war mein Volk mir vollkommen untertan. Ich konnte mich als souveräner Herr und Gesetzgeber betrachten. Alle verdankten mir das Leben und alle waren bereit für mich zu sterben, wenn es die Not gebieten sollte. Merkwürdig ist dabei, dass ich nun drei Untertanen hatte, die sich zu drei verschiedenen Religionen bekannten: Mein Gefährte Freitag nämlich war Protestant, sein Vater ein Götzendiener und Menschenfresser und der Spanier ein Papist. Ich bemerke jedoch nebenbei, dass ich in meinem Reich völlige Gewissensfreiheit gestattete."

Quelle:
Defoe, Daniel: Robinson Crusoe, Düsseldorf, Albatros 2003, S. 266

Sitten, Brauch oder Rechtsnorm?

1. Nenne die Textaussagen in den Quellen, die sich auf Sitten und Bräuche oder Rechte beziehen. ○

2. Entscheide begründet, bei welchen der folgenden Aussagen es sich um eine Sitte bzw. Brauch oder um eine Rechtsnorm handelt: ●
- mit Messer und Gabel essen,
- Weihnachtsbaum schmücken,
- bei roter Ampel stehen bleiben,
- jemanden grüßen,
- Geburtstag feiern,
- regelmäßig zur Schule gehen.

Die Rangfolge von Rechtsnormen

In unserer Rechtsordnung gibt es eine Rangfolge der Rechtsnormen, d.h. eine Hierarchie von übergeordneten und untergeordneten Rechten. Grundsätzlich gilt: Untergeordnete Rechtsnormen dürfen nicht im Widerspruch zu übergeordneten Rechtsnormen stehen. Ein Beispiel zur Regelung des Schulwesens:

An oberster Stelle unseres Rechtssystems steht die Bundesverfassung (das Grundgesetz) und innerhalb der Rechtsordnung jedes Bundeslandes die Landesverfassung mit ihren Artikeln. In Artikel 70 Absatz 1 GG ist festgelegt: „Die Länder haben das Recht der Gesetzgebung, soweit dieses Grundgesetz nicht dem Bunde Gesetzgebungsbefugnisse verleiht." Im Grundgesetz nicht genannte Aufgaben sind also Sache der Bundesländer. Das Schulwesen ist dort nicht aufgeführt, daher gilt zunächst: „Schulrecht ist Landesrecht". Es gibt deshalb kein einheitliches Schulrecht in Deutschland, sondern 16 unterschiedliche in den einzelnen Bundesländern.

Welche Rechte und Pflichten Schüler, Lehrer und Eltern in niedersächsischen Schulen haben, wird durch das Land Niedersachsen im Niedersächsischen Schulgesetz festgelegt.

Solche Gesetze werden von den Landesparlamenten mit der Mehrheit der Stimmen der Abgeordneten beschlossen. Für deren Ausführung ist dann der Kultusminister zuständig. Das Parlament kann zusätzlich in einem Gesetz beschließen, dass der Kultusminister auch eigene Rechtsnormen erlassen darf. Diese nennt man dann Verordnungen. Die folgende Grafik veranschaulicht noch einmal die Rangfolge der Rechtsnormen in diesem Falle.

Landesverfassung

↓

Landesgesetze (z.B. Niedersächsisches Schulgesetz)
- werden vom Landesparlament verabschiedet
- dürfen nicht im Widerspruch zur Landesverfassung stehen
- Minister sind für ihre Umsetzung verantwortlich.

↓

Verordnungen
- werden von den Ministern festgelegt, wenn das Landesgesetz diese erlaubt
- regeln Detailfragen

INFO

Niedersächsischer Hausaufgabenerlass:
[...] 2. Hausaufgaben müssen aus dem Unterricht erwachsen und in den Unterricht eingebunden sein. Es dürfen nur solche Hausaufgaben gestellt werden, deren selbstständige Erledigung den Schülerinnen und Schülern möglich ist. Für die Vorbereitung und Besprechung von Hausaufgaben ist eine angemessene Zeit im Unterricht vorzusehen. Die Schule würdigt die bei den Hausaufgaben gezeigten Schülerleistungen angemessen und fördert auch auf diese Weise die Motivation der Schülerinnen und Schüler. Hausaufgaben dürfen jedoch nicht mit Noten bewertet werden.

3. Bei der Stellung von Hausaufgaben ist das Alter und die Belastbarkeit der Schülerinnen und Schüler sowie die Schülerteilnahme am Nachmittagsunterricht zu berücksichtigen. [...]

1. Nenne die wesentlichen Regelungen, die durch den Hausaufgabenerlass vorgegeben werden. ○

8. Erläutere die Aufgabe der Zahlungsbilanz. ◒

9. Beschreibe mithilfe des erweiterten Wirtschaftskreislaufes, welche Auswirkungen es hat, wenn die Importe
a) zurückgehen oder
b) ansteigen. ○

10. Ermittle ein Unternehmen in Niedersachsen, was weltweit aktiv ist und erstelle dazu ein Unternehmensporträt, das die internationale Verflechtung (z. B. Angebot an internationalen Dienstleistungen und Sachgütern, weltweite Niederlassungen) und evtl. Gründe für die Internationalisierung aufzeigt. ◒

11. Analysiere die Statistik und
a) berechne die Exportquote der deutschen Autoproduktion im Jahr 2008, d. h. den Anteil der exportierten Autos an der deutschen Gesamtproduktion. ◒
b) berechne, wie viel Prozent der exportierten Autos in der Europäischen Union verbleiben. ◒
c) beurteile in diesem Zusammenhang die Bedeutung des EU-Binnenmarktes für die deutschen Exporteure. ●

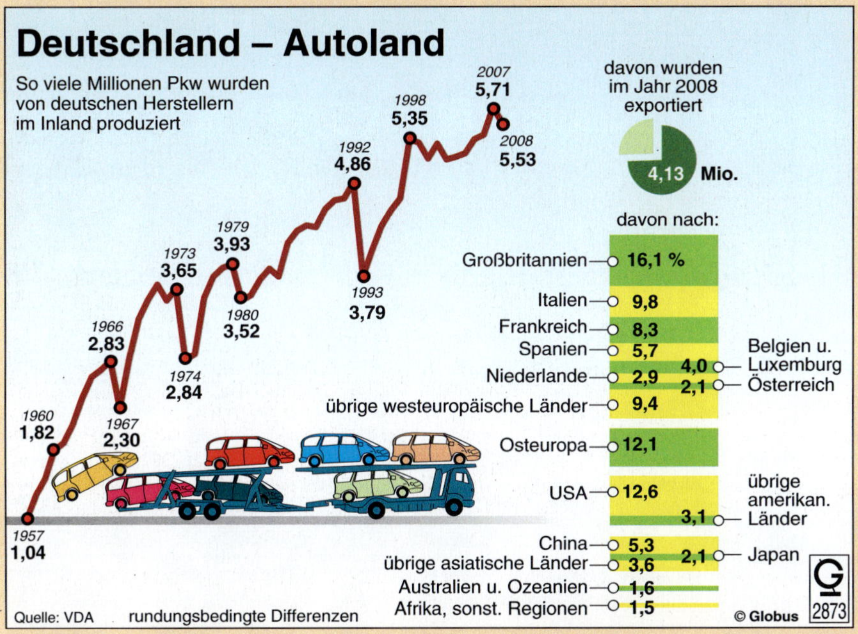

12. Beurteile die Bedeutung der inernationalen Wirtschaftsbeziehungen für eure Region. ●

13. Erkläre, welche Folgen ein Rückgang der Exporte für den regionalen Ausbildungs- und Arbeitsmarkt haben kann. ●

Google

Schuldnerberatung

VII E-Commerce und Kredite

Mit Geld, verschiedenen Zahlungsmöglichkeiten und Kreditangeboten kommt man fast täglich in Berührung. Welche Zahlungsmöglichkeiten gibt es beim Online-Shopping? Was ist dabei zu beachten? Was ist zu bedenken, wenn zukünftig ein Kredit benötigt wird? Welche Risiken sind zu berücksichtigen? Wie geht man bei einer möglichen Kreditaufnahme vor?

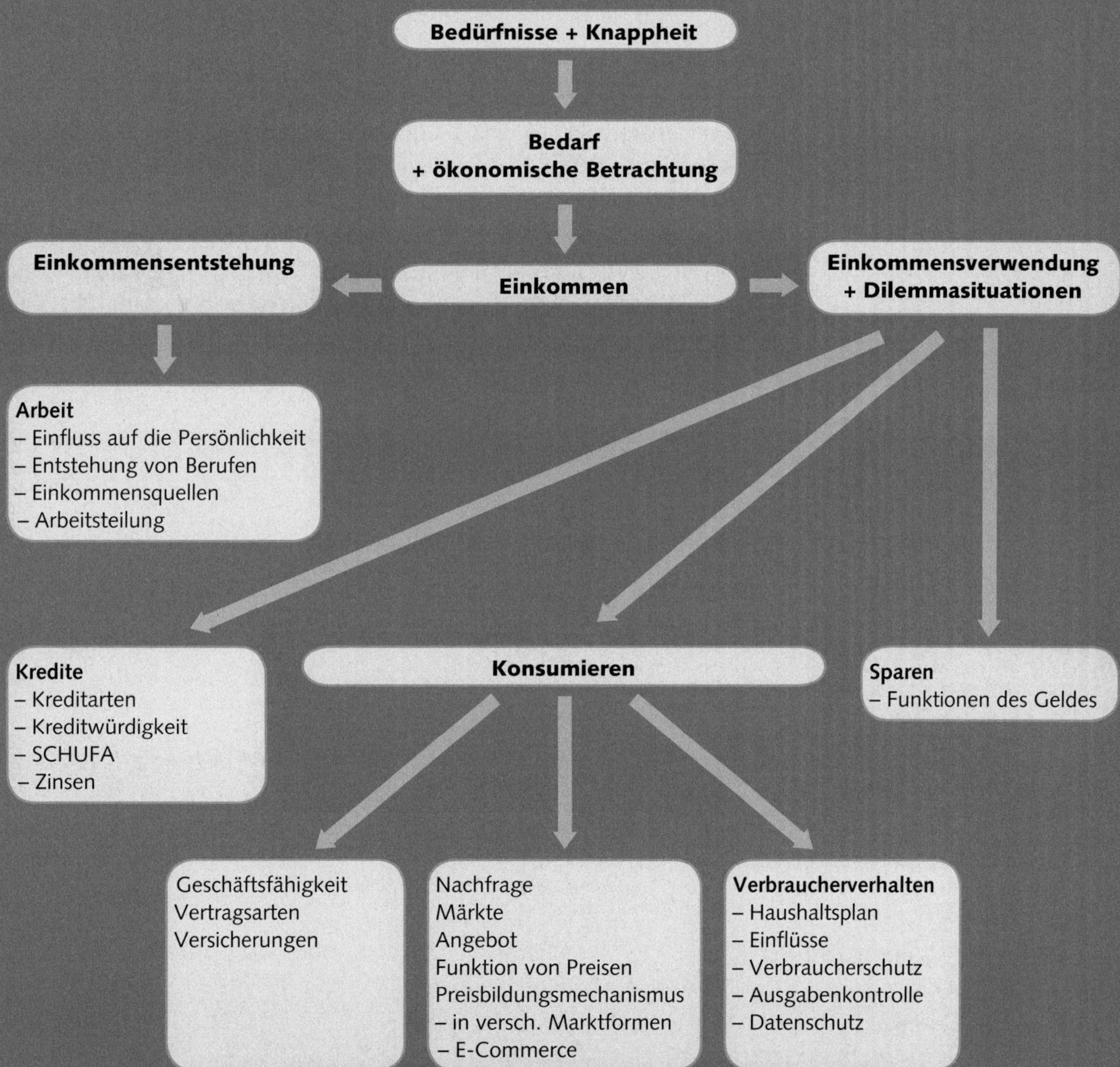

1 Ein neuer Marktplatz und seine Folgen: Einkaufen im Internet

Marktplatz Internet: E-Commerce

B Petra sitzt am Samstagabend ganz entspannt vor dem Fernseher und zappt durch die Programme. Zufällig schaltet sie dabei in eine Unterhaltungsshow, in der ein neuer MP3-Player vorgestellt wird. Wie gerne würde Petra sich den Player am Montag kaufen. Oder gibt es eine Möglichkeit, den Player schon heute im Internet zu bestellen? Wie teuer wird der Player sein? Und gibt es Preisunterschiede beim Kauf im Internet? Wie kann sie den Player bei einer Bestellung im Internet denn eigentlich bezahlen? Petra überlegt sich, wie sie nun am besten an den Player kommt.

E-Commerce

Alle Arten von Geschäften, die auf elektronischem Wege abgewickelt werden, werden unter dem Begriff E-Commerce zusammengefasst. Eine Anfrage per E-Mail oder der Kauf eines Artikels im Online-Shop fallen ebenso unter den Begriff E-Commerce wie Online-Banking oder der Kundenservice. Hinzu kommen Auktions- und Verkaufsplattformen, die in den letzten Jahren zunehmend an Bedeutung gewonnen haben. Von den etwa 55 Millionen Bürgern, die einen Internetzugang besitzen, kaufen bereits knapp 70 % der Bürger Waren oder Dienstleistungen im Internet ein. Und die Tendenz ist steigend.

INFO

Als **Verkaufsplattform** hat sich beispielsweise der Amazon Marketplace etabliert. Über diese Plattform kann man eigene Angebote zu Produkten einstellen, die bereits von Amazon angeboten werden. Sobald man sich bei Amazon registriert hat, ist es möglich, eigene Angebote einzugeben (mit Produktangaben wie Preis oder Zahlungsbedingungen). Wird das Produkt verkauft, so erhält man automatisch eine E-Mail. Dabei erfolgt die Zahlungsabwicklung komplett über Amazon. Kosten und Gebühren fallen für den Verkäufer erst nach dem erfolgreichen Verkauf an.

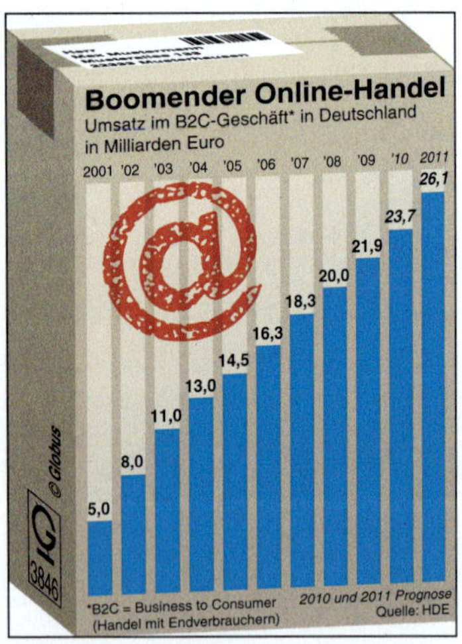

1. Beschreibe, wie sich das Verhalten der Konsumenten durch neue technologische Entwicklungen verändert hat. ○

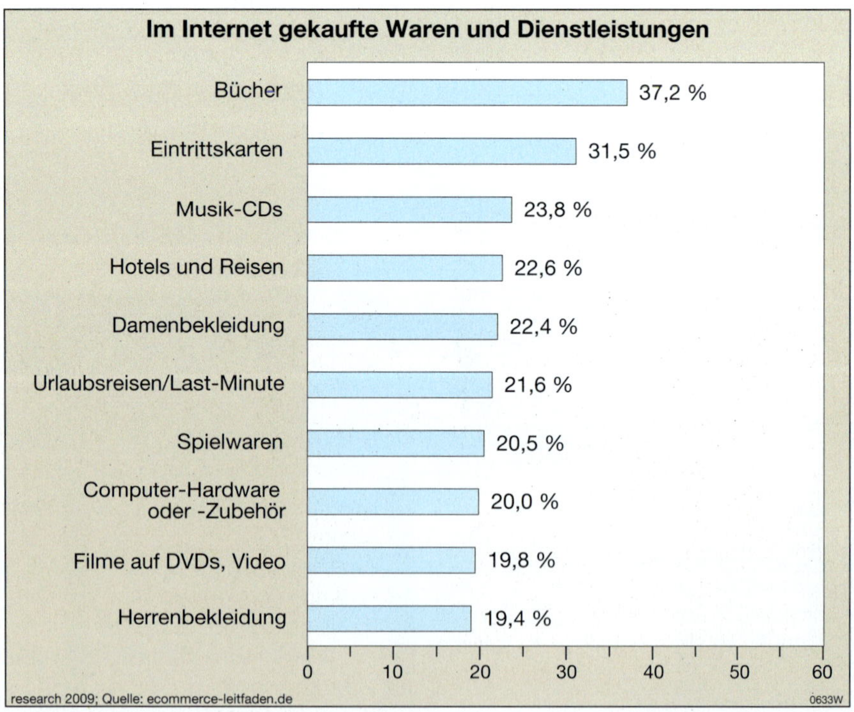

Vorteile und Nachteile des E-Commerce

Der Boom ist u. a. darauf zurückzuführen, dass das E-Commerce sowohl dem Anbieter als auch dem Konsumenten eine Vielzahl von **Vorteilen** bietet.

Vorteilhaft für den **Anbieter** ist, dass dieser für den Kunden jederzeit über das Internet erreichbar ist und das weltweit, 24 Stunden am Tag und 7 Tage die Woche. Direkt per Mausklick kann ein An- und Verkauf ohne zeitliche Verzögerung erfolgen. Weitere Absatzmärkte können erschlossen, eine größere Zielgruppe erreicht und der Umsatz gesteigert werden.

Die **Konsumenten** hingegen können unabhängig von den normalen Ladenöffnungszeiten im Internet einkaufen und dadurch Zeit und Kosten sparen. Durch Preisvergleiche kann schnell und unkompliziert das kostengünstigste Angebot gefunden werden.

Aber es kann auch zu **Schwierigkeiten** für Anbieter und Konsumenten kommen, die das E-Commerce mit sich bringt.

Für die **Anbieter** können Marktanteile leichter verlorengehen. Da die gesamte Kommunikation online abgewickelt wird, haben es die Anbieter mit anonymen, für sie unbekannten Kunden zu tun. Bei bestimmten Zahlungsarten muss der Händler außerdem ein gewisses Zahlungsrisiko in Kauf nehmen.

Die **Konsumenten** hingegen verzichten z. B. beim Online-Shopping auf einen persönlichen Kontakt mit den Beratern. Das Produkt wird in der Regel erst nach ein paar Tagen geliefert. Da dieses im Vorfeld nicht ausprobiert oder getestet werden konnte, kann es passieren, dass die Produkte Mängel aufweisen oder man auf einen unseriösen Anbieter trifft. Oder aber die vertragliche Leistung ist nicht oder nicht rechtzeitig erbracht worden.

INFO

Preisunterschiede beim E-Commerce

Die Preise für bestimmte Produkte im Internet können, abhängig vom **Anbieter**, sehr unterschiedlich sein. Daher wird ein Preisvergleich, beispielsweise auch über Informationsplattformen, empfohlen. Preisunterschiede entstehen aber auch noch durch weitere Faktoren: Preise können abhängig vom **Kaufzeitpunkt** variieren. Je nachdem, ob an einem Wochentag, am Wochenende oder in bestimmten Monaten Produkte gekauft werden, gibt es Preisunterschiede. Da beispielsweise viele Nachfrager am Wochenende die Zeit finden, online zu shoppen, kann es vorkommen, dass bestimmte Produkte am Wochenende im Onlineshop teurer sind, als wenn diese in der Woche bestellt werden.

Im Internet bestellen …

… und anliefern lassen

1. Erläutere, warum durch das E-Commerce für die Anbieter Marktanteile leichter verlorengehen können. ◒

2. Stelle die Vor- und Nachteile gegenüber, die das E-Commerce den Konsumenten bietet und beurteile deinen persönlichen Nutzen. ●

E-Commerce und Datenschutz

Beim E-Commerce spielt Datenschutz eine große Rolle. Zum einen legen insbesondere die Bürger zunehmend Wert darauf, dass die rechtlichen Erfordernisse zum Datenschutz von den Händlern eingehalten werden. Zum anderen wird verlangt, dass sorgsam mit den persönlichen Daten des Konsumenten umgegangen wird.

So ist der Händler dazu verpflichtet, genau aufzuzeigen, in welchem Umfang und für welche Zwecke personenbezogene Daten des Kunden gespeichert und verwendet werden. Dadurch soll der Käufer vor einer ungewollten und unzulässigen Erhebung seiner Daten geschützt werden. Lediglich die Daten, die zur Abwicklung z. B. eines Kaufvertrags notwendig sind, dürfen ohne vorherige Einwilligung des Kunden weiterverarbeitet werden. Die Daten dürfen auch nur mit einer ausdrücklichen Zustimmung des Kunden weitergegeben werden. Dabei darf es sich nicht um eine versteckte Regelung im Rahmen der Allgemeinen Geschäftsbedingungen (AGB) handeln.

Mit der Umsetzung einer Europäischen Richtlinie ins deutsche Recht wurden die Voraussetzungen geschaffen, um zum einen den Schutz der Verbraucher, aber auch mehr Rechtssicherheit sowie eine Reduzierung der rechtlichen Hindernisse im grenzüberschreitenden E-Commerce zu erreichen.

Widerrufsrecht beim E-Commerce:
Seit Juni 2010 gelten neue Regelungen zum Widerrufs- und Verbraucherrecht beim E-Commerce. Zum Schutz der Käufer ist darin u. a. vermerkt, dass es zukünftig keine Rolle mehr spielt, ob ein Onlinehändler seine Ware im eigenen Internetshop oder beispielsweise über eine Internetauktion anbietet. Für den Käufer besteht in jedem Fall ein Widerrufsrecht von 14 Tagen.

1. Erläutere, warum der Datenschutz beim E-Commerce notwendig ist.

Zahlungsverfahren beim E-Commerce

Beim Kauf einer Ware oder Dienstleistung im Internet begegnen sich der Verkäufer und der Käufer nicht persönlich. Daher kann das Geld auch nicht einfach über der Ladentheke persönlich übergeben werden. Aber wie kommt nun der Verkäufer zu seinem Geld?

Je nach Anbieter können die Zahlungsmöglichkeiten, die man für die im Internet erworbenen Waren und Dienstleistungen wählen kann, unterschiedlich sein (vgl. rechts stehende Abbildung). Häufig werden dabei die klassischen Zahlungsarten per Rechnung, per Bankeinzug, per Vorkasse oder per Nachnahme angeboten. Aber auch elektronische Bezahlverfahren, wie die Zahlung per Kreditkarte oder das Internet-Bezahlsystem, beispielsweise PayPal, werden genutzt.

Die Grundlage der **Überweisung** bildet der Überweisungsauftrag der Person, die einmalig einen Betrag zahlen muss. Dabei ist die Überweisung ein Auftrag an eine Bank, vom Konto des Zahlungspflichtigen eine Geldsumme auf das Konto des Zahlungsempfängers zu übertragen. Diesen Vorgang führt der Zahlungspflichtige in der Regel am eigenen PC durch, entweder direkt über das Internet oder mithilfe einer Software seiner Bank.

Im Gegensatz zur Überweisung lässt der Zahlungsempfänger mit einer **Einzugsermächtigung** für Lastschriften den fälligen Betrag über seine Hausbank vom Girokonto des Zahlungspflichtigen einziehen. Die Beträge können einmalig oder regelmäßig in wechselnder Höhe fällig sein, z.B. für die Telefonrechnung. Der Zahlungspflichtige hat den Vorteil, dass er selbst keinen Zahlungsvorgang veranlassen muss und er selbst auch an keine Termine für Zahlungen denken muss. Er hat lediglich dafür zu sorgen, dass auf seinem Konto ausreichend Geld ist, damit die Lastschrift auch von der Bank eingelöst werden kann.

Häufig wird beim Online-Shopping die Zahlung mit **Kreditkarte** verlangt. Karteninhabern wird mit der Kreditkarte „Kredit" gewährt, da das Geld für den Einkauf mit der Kreditkarte häufig erst ein paar Tage später vom Konto abgebucht wird.

PayPal

PayPal ist ein Anbieter für direkte und sichere Online-Zahlungen. Dem Empfänger wird der Betrag sofort gutgeschrieben, sobald der Käufer gezahlt hat. Versendet der Verkäufer das bezahlte Produkt nicht oder der Artikel entspricht nicht der Beschreibung, so springt der Käuferschutz bei PayPal ein. Das bedeutet, dass der vollständige Kaufpreis und die Versandkosten erstattet werden. Dieses gilt für alle Einkäufe im Internet, die über PayPal bezahlt werden.

1. Nimm Stellung dazu, welche Zahlungsverfahren du beim Einkaufen im Internet bevorzugen würdest und begründe deine Meinung.

Anzeige (Finanzierung von Elektronikgeräten)

Produktionsbetrieb

Straßenbaustelle

2 Der Kauf eines Kredits

Kredite: Ein wichtiger Bestandteil des Wirtschaftens

Banken vergeben Kredite. Dies ist eines ihrer wichtigsten Geschäftsfelder.
- **Unternehmen** benötigen Kredite, um z. B. Maschinen zu kaufen oder in die Erforschung und Entwicklung neuer Produkte zu investieren.
- Der **Staat** benötigt Kredite, um damit öffentliche Vorhaben zu finanzieren. Hierzu zählt der Bau von Schulen, Straßen oder Krankenhäuser und auch deren Sanierung.
- Die Mitglieder der **privaten Haushalte** nehmen auch Kredite auf. Die Gründe sind vielseitig. Man kann sehr große Vorhaben wie einen Hausbau mit einem Kredit finanzieren, aber auch kleinere Anschaffungen wie einen neuen Fernseher.

Diejenigen, die Geld verleihen, werden als Kreditgeber bezeichnet. Wer einen Kredit in Anspruch nimmt, ist ein Kreditnehmer.

Grundbegriffe „rund um den Kredit“

Wer einen Kredit aufnimmt, muss an die Bank nicht nur den geliehenen Betrag zurückzahlen, sondern darüber hinaus auch Zinsen zahlen. Die Rückzahlung des Kredits ohne Zinsen bezeichnet man als **Tilgung**. Wie viele Zinsen der Kreditnehmer zahlen muss, hängt vom sogenannten Zinssatz ab.

Der **Zinssatz** ist der Preis für die Überlassung von Geld, den der Kreditnehmer an den Kreditgeber zahlen muss. Er wird in Prozent ausgedrückt und in der Regel pro Jahr (man schreibt p. a.) angegeben. Bei Zinsen wird zwischen Nominal- und Effektivzinssatz unterschieden.

Der **Nominalzins** ist der auf einen Kredit bezogene Prozentsatz, mit dem der Kredit verzinst wird.

Der **Effektivzins** berücksichtigt die tatsächlich anfallenden Kosten für einen Kredit. Er beinhaltet neben dem Nominalzins auch die Bearbeitungsgebühren (meistens zwischen 1 und 3 % der Kreditsumme) oder die Provision. Bei Kreditangeboten in der Werbung muss der Zinssatz als effektiver Jahreszins angegeben werden. Verlangt die Bank, dass eine Restschuldversicherung zwingend abgeschlossen werden muss, damit der Kredit vergeben werden kann, müssen die Kosten für diese Versicherung in den effektiven Jahreszins eingerechnet werden.

Eine **Restschuldversicherung** wird mit einer Versicherungsgesellschaft abgeschlossen. Falls der Kreditnehmer z. B. wegen Krankheit, Arbeitslosigkeit oder Tod den Kredit nicht zurückzahlen kann, springt diese Versicherung ein. Es gibt je nach Versicherungsvertrag Ausnahmen, bei denen die Versicherung nicht zahlen muss.

Arbeitslosigkeit: Die Restschuldversicherung springt ein.

Die **Höhe der Zinsen** ist von vielen Faktoren abhängig. Dazu gehören u. a. die Art des Kredits und die Laufzeit. Die Höhe der Zinsen hängt auch von weiteren Faktoren ab. So unterscheiden sich die Konditionen bei Zinsen und Gebühren nach der persönlichen Lebenssituation des Kreditnehmers. Die genauen Konditionen eines Kredits lassen sich daher nicht direkt aus den Angaben in der Werbung ablesen. Es ist notwendig, Kreditangebote von verschiedenen Banken einzuholen und zu vergleichen.

Zwar sind die Kreditkosten meistens niedriger, wenn die Laufzeit kürzer ist, allerdings steigt damit auch die monatlich zu zahlende Rate. Bei der Kreditaufnahme sollte daher genau darauf geachtet werden, dass die Ratenhöhe den finanziellen Spielraum nicht zu stark einschränkt. Die Ratenzahlungen fallen nämlich nicht nur über wenige Wochen an. Kreditverträge haben meistens eine Laufzeit über viele Monate bis hin zu mehreren Jahren. Während dieser Zeit müssen die Raten jeden Monat bezahlt werden. Das gilt auch, wenn sich die Einnahmesituation geändert hat. Wenn der Kreditnehmer z. B. seinen Arbeitsplatz verliert oder eine unerwartet teure Autoreparatur bezahlen muss, sind die Raten trotzdem weiterhin zu zahlen.

Der Kreditvertrag

Kreditverträge können schriftlich, aber auch elektronisch abgeschlossen werden. Im Vertrag werden die Kredithöhe, die Laufzeit, die Kosten und die Sicherheiten für den Kredit geregelt. Der Kreditnehmer muss die vereinbarten Ratenzahlungen leisten. Er hat aber bei Verbraucherkrediten die Möglichkeit, den Kredit vorzeitig zu kündigen und die Summe auf einmal zurückzuzahlen. In einem solchen Fall darf der Kreditgeber allerdings eine Vorfälligkeitsentschädigung fordern.

Kreditarten

Als Kreditnehmer hat man die Wahl zwischen verschiedenen Kreditarten. Die Art des Kredits ist abhängig davon, was finanziert werden soll und ob kurzfristige, mittelfristige oder langfristige Vorhaben finanziert werden sollen. Folgende Kreditarten werden unterschieden:

Dispositionskredit
Wer ein regelmäßiges Einkommen hat, kann bei seiner Bank einen Dispositionskredit für sein Girokonto beantragen. Das Girokonto kann dann bis zu einem bestimmten Höchstbetrag überzogen werden, also ins „Minus" (Soll) gehen. Für einen Dispositionskredit gibt es keinen festen Rückzahlungstermin. Stattdessen wird das Minus auf dem Konto immer wieder mit den laufenden Einnahmen ausgeglichen. Nachteilig ist, dass beim Dispositionskredit mit hohen Zinsen zu rechnen ist, die meistens zwischen 12 und 15 % liegen. Daher bietet sich dieser Kredit eher für kurzfristige finanzielle Engpässe an.

Ratenkredit
Ein Ratenkredit eignet sich, wenn für größere Anschaffungen Geld benötigt wird. Für diese Kreditart wird eine bestimmte Kreditsumme, ein fester Zinssatz und eine monatliche Rückzahlungsrate vereinbart. Der Ratenkredit hat in der Regel eine Laufzeit von maximal 72 Monaten.

Immobilienkredit
Für den Kauf eines Grundstücks, einer Wohnung oder eines Hauses eignet sich ein Immobilienkredit. Meistens muss schon eine bestimmte Summe angespart worden sein, um diesen Kredit zu erhalten. Das angesparte Geld wird als Eigenkapital bezeichnet. Den übrigen Teil der benötigten Summe verleiht dann die Bank an den Kunden, damit die Immobilie gekauft werden kann. Als Sicherheit dient häufig die gekaufte Immobilie. Da für Immobilien hohe Summen als Kredit aufgenommen werden, haben Immobilienkredite in der Regel eine lange Laufzeit von 20 oder 30 Jahren.

1. Nenne pro Kreditart zwei Beispiele, die mit einem entsprechenden Kredit finanziert werden könnten. ○

Dispo für kurzfristige Engpässe

Ratenkredit für größere Anschaffungen

Immobilienkredit

Die Aufnahme eines Ratenkredits

Der Weg zum Ratenkredit

1. Schritt: Was wird benötigt?

Vor der Aufnahme eines Ratenkredits sollte genau überlegt werden, wie viel Geld benötigt wird. Auch kann noch einmal überlegt werden, ob ein Ratenkredit sinnvoll ist oder ob es auch möglich ist, die Summe zusammenzusparen.

2. Schritt: Informieren

Vor dem ersten Kontakt mit dem Kreditgeber sollten schon Informationen zum angestrebten Kredit eingeholt werden. Unabhängige Informationen bieten u. a. die Stiftung Warentest und die Verbraucherzentralen an.

3. Schritt: Erstellung eines Haushaltsplans

Es ist notwendig, sich einen genauen Überblick über die eigenen monatlichen Einnahmen und Ausgaben zu machen. Entsprechende Fragen des Beraters müssen ehrlich beantwortet werden.

4. Schritt: Ermittlung der Ratenhöhe

Bei der Ermittlung der Ratenhöhe sollte genau überlegt werden, wie hoch sie monatlich sein darf. Höhere Raten bedeuten zwar weniger Zinsen, schränken allerdings auch die finanziellen Spielräume stärker ein.

5. Schritt: Sicherheit

Welche Sicherheiten kann man der Bank anbieten?

6. Schritt: Termin vereinbaren

Beim Vereinbaren eines Termins bei der Bank sollte gefragt werden, welche Unterlagen mitgebracht werden sollen.

Beratungsgespräch in einer Bank

1. Nenne verschiedene Anbieter von Finanzinformationen und beschreibe deren Interessen. ○

2. Beurteile die Aussagekraft der Finanzinformationsquellen in Bezug auf dein Ziel, ein gutes Kreditangebot zu finden. ●

3. Beschreibe, was bei einer Kreditaufnahme auf jeden Fall zu bedenken ist. ○

4. Recherchiere im Internet und beantworte die folgenden Fragen:
  a) Nenne die Angaben, die in einem Kreditvertrag gemacht werden müssen. ○
  b) Benenne die Punkte, auf die der Bankberater den Kunden auf jeden Fall aufmerksam machen sollte. ○

Firmenzentrale der SCHUFA in Wiesbaden

Die SCHUFA

1927 wurde die erste „Schutzgemeinschaft für allgemeine Kreditsicherung", kurz SCHUFA, gegründet. Seit 2000 sind die vorherigen acht SCHUFA-Gesellschaften in der SCHUFA HOLDING AG vereint. Jeder, der ein Girokonto besitzt, ist bei der SCHUFA registriert. Die SCHUFA ist eine Gemeinschaftseinrichtung von Wirtschaftsunternehmen, die ihren Kunden Geld- oder Warenkredite gewähren, wie Banken und Sparkassen, Telekommunikationsunternehmen, Versandhäuser, Internetverkäufer, Vermieter und Kreditkartengesellschaften. Ziel der SCHUFA ist es, ihre Vertragspartner vor Kreditausfällen zu schützen.

Alle Kundendaten, die bei der Kreditvergabe eine Rolle spielen, wie persönliche Daten, Angaben über bereits getätigte Kreditgeschäfte und Angaben über das Zahlungsverhalten der jeweiligen Person, werden deshalb an die SCHUFA gemeldet, wo sie bei Bedarf von anderen Unternehmen angefordert werden können. Ausgenommen sind Auskünfte über Einkommens- und Vermögensverhältnisse.

Die SCHUFA entnimmt auch Angaben aus öffentlichen Verzeichnissen und amtlichen Bekanntmachungen. Hierzu zählen Eintragungen wie ein Haftbefehl zur Erzwingung der eidesstattlichen Versicherung oder die Eröffnung eines privaten Insolvenzverfahrens. So können z. B. Banken, bevor sie einen Ratenkredit einräumen, feststellen, ob der Kunde schon bei anderen Geldinstituten Kredite oder Kreditlimits hat und ob er diese problemlos zurückzahlt.

Für den Kreditnehmer kann das einerseits ein Vorteil sein, da durch die SCHUFA-Auskunft seine Kreditwürdigkeit schnell und unbürokratisch zu beweisen ist. Andererseits kommt es nicht selten vor, dass die eingetragenen Daten falsch bzw. veraltet sind. Das kann etwa dann passieren, wenn ein der SCHUFA gemeldetes Darlehen nicht tatsächlich in Anspruch genommen wurde oder wenn ein Kredit mittlerweile abbezahlt ist, ohne dass die SCHUFA davon unterrichtet wurde. Wenn ein beantragter Kredit also ohne Angabe von Gründen nicht gewährt wurde, ist es sinnvoll, bei der SCHUFA Einsicht in die gespeicherten Daten zu nehmen.

INFO

Die verschiedenen Unterlagen können bei der SCHUFA unter www.meineschufa.de angefordert werden.

Am 1. April 2010 trat eine Änderung des Bundesdatenschutzgesetzes in Kraft. Seit diesem Zeitpunkt muss die SCHUFA die gespeicherten persönlichen Daten offenlegen. Sie muss auch erklären, nach welchen Maßstäben die Kreditwürdigkeit von Konsumenten beurteilt wird. Bankkunden können einmal pro Jahr ihre Daten bei der SCHUFA kostenlos abrufen. Sie können sich diese per Post zuschicken lassen. Die Daten sollten genau angesehen werden. Verbraucher haben nämlich die Möglichkeit, fehlerhafte Einstufungen korrigieren zu lassen.

Was ist zu tun, wenn Angaben in der SCHUFA stehen, die nicht korrekt sind?

Ein falscher Eintrag bei der SCHUFA kann die Kreditwürdigkeit verschlechtern. Dazu kann es z. B. kommen, wenn ein Kunde bei der Bank die Konditionen für einen Kredit erfragen möchte und der Bankmitarbeiter bei der SCHUFA-Anfrage das falsche Merkmal angibt. In solchen Fällen sollte sich der Kunde an die SCHUFA wenden, damit diese sich um die Korrektur der Daten kümmert. Falls dieser Weg erfolglos ist, sollte sich der Kunde direkt an das Unternehmen (z. B. die Bank) wenden, welches für den falschen Eintrag verantwortlich ist.

Welche Angaben werden wann gelöscht?

Die SCHUFA speichert Daten positiver und negativer Art, die durch Vertragspartner gemeldet bzw. aus öffentlichen Schuldnerverzeichnissen der Amtsgerichte entnommen werden. Diese Daten unterliegen je nach Zugehörigkeit unterschiedlichen Fristen. Werden Angaben über Giro- und Kreditkartenkonten ab Mitteilung über die Auflösung des Kontos gelöscht, unterliegen Angaben über Kredite und Informationen aus Schuldnerverzeichnissen einer Frist von drei Jahren. Nach dieser Frist werden die Angaben gelöscht.

Was ist eigentlich Scoring?

Das Score-Verfahren wurde von der SCHUFA 1996 eingeführt. Score ist das englische Wort für Punktzahl. Bei diesem Verfahren wird mathematisch berechnet, wie hoch das Risiko z. B. für ein Kreditunternehmen ist, einen Kredit an eine Privatperson zu vergeben. Durch dieses Verfahren versucht die SCHUFA die Möglichkeit nachteiliger Vertragsverläufe vorauszusagen. Dazu werden Angaben aus Millionen anonymisierter Kreditverträge berücksichtigt und daraus eine Einteilung in speziellen Personengruppen ermittelt. Die Klassifizierungen werden ständig auf ihre Gültigkeit überprüft.

INFO

Anonymisieren bedeutet, dass aus den Kreditverträgen vor der Auswertung die Namen und Adressen der Kreditnehmer gelöscht werden.

Ein Score ist also nichts anderes als die streng systematisierte und kontrollierte Erfahrung aus sehr großen Fallzahlen. Man geht davon aus, dass bei gleichartigen Merkmalskombinationen auch in Zukunft mit einer ähnlichen Risikoverteilung zu rechnen ist wie in der Vergangenheit.

Die SCHUFA weist ihre Scores immer in einer Ziffer zwischen 0 und 1 000 aus. Je niedriger die Ziffer ist, desto höher ist das Risiko von Vertragsstörungen wie z. B., dass Kreditraten nicht zurückgezahlt werden.

Der errechnete und den Kreditgebern zur Verfügung gestellte Score stellt nur eine Momentaufnahme dar und wird daher nicht im SCHUFA-Datenbestand gespeichert. Eine Score-Auskunft wird den Vertragspartnern auch immer nur im Zusammenhang mit einer vollständigen Auskunft übermittelt, damit der Vertragspartner alle Angaben bei seiner Kreditentscheidung nutzen kann und auch nutzen muss.

1. Beschreibt, welche Zwecke die SCHUFA für ihre Vertragspartner, wie für die Verbraucher, erfüllt. ○

2. Stelle dar, welches Verfahren die Vertragspartner bei ihren Kreditentscheidungen unterstützt und notiere die Merkmale dieses Verfahrens. ○

Das erste eigene Auto

B Anna hat vor vier Monaten ihre Ausbildung zur Tischlerin abgeschlossen und arbeitet nun in ihrem alten Ausbildungsbetrieb. Vor einem Monat hat sie endlich ihre Führerscheinprüfung bestanden und möchte sich nun ein Auto kaufen. Sie hat 2500 Euro gespart. Leider reicht das nicht für ihr Traumauto. Daher hat sie sich entschieden, zusätzlich einen Kredit über 2500 Euro aufzunehmen.

Sie verdient netto 1054 Euro. Sie wohnt mit ihrem Freund zusammen. Ihr Anteil für die Wohnung beläuft sich auf 250 Euro. Für Lebensmittel gibt sie weitere 120 Euro aus. Telefon und Handy machen rund 30 Euro im Monat aus. Hinzu kommen Kosten für das Auto, die sie sich allerdings mit ihrem Freund teilen wird. Dafür veranschlagt sie zunächst 200 Euro. Hobbys und Freizeit kosten sie ca. 50 Euro im Monat. Für Kleidung veranschlagt sie 65 Euro im Monat.

Anna hat noch nie einen Kredit aufgenommen und möchte sich daher zunächst darüber informieren, was alles bei einer Kreditaufnahme zu bedenken ist. Hierfür hat sie zahlreiche Möglichkeiten. Die verschiedenen Banken bieten zahlreiche Informationen an. Aber auch andere Institutionen, wie die Stiftung Warentest oder die Verbraucherzentralen, stellen wichtige Informationsquellen dar.

Anna an ihrem Arbeitsplatz

1. Erstelle einen Haushaltsplan und berechne, wie viel Geld Anna noch am Ende des Monats übrig bleibt. ◒
2. Nenne die maximale monatliche Rate, die du Anna empfehlen würdest. Begründe deine Antwort. ●
3. Recherchiere verschiedene Angebote für den Kredit, den Anna benötigt. ◒

Von der Beantragung bis zur Auszahlung des Ratenkredits

Der Kreditantrag
Der Antragsteller versichert im Kreditantrag, dass seine Angaben richtig und vollständig sind. Er erklärt sich in der Regel auch damit einverstanden, dass die Bank Auskünfte bei der SCHUFA über ihn einholt.

Die Kreditfähigkeit wird geprüft
Kreditfähig sind diejenigen Personen, die wirksam Kredite abschließen können. Darunter fallen z. B. diejenigen, die nach dem Bürgerlichen Gesetzbuch (BGB) uneingeschränkt geschäftsfähig sind. Wer einen Kredit abschließen möchte, muss also mindestens volljährig sein.

Die Kreditwürdigkeit wird geprüft
Es wird zwischen wirtschaftlicher und persönlicher Kreditwürdigkeit unterschieden. Bei der wirtschaftlichen Kreditwürdigkeit geht es darum, ob der Antragsteller die finanziellen Möglichkeiten hat, den Kredit zurückzuzahlen. Hierzu werden z. B. Einkommensnachweise herangezogen. Bei der persönlichen Kreditwürdigkeit geht es um die persönliche Zuverlässigkeit. Hierbei wird z. B. untersucht, wie sich der Antragsteller in der Vergangenheit verhalten hat.

Kreditzusage
Der Kreditnehmer erhält die Zusage über den Betrag. Er ist damit verpflichtet, den Betrag und die Zinsen zum vereinbarten Zeitpunkt zurückzuzahlen.

Der Kredit wird bereitgestellt
Der Betrag kann z. B. auf dem Girokonto gutgeschrieben werden.

Beantragung eines Ratenkredits

INFO

Bei einer **Bürgschaft** verpflichtet sich der Bürge, einen Kredit zurückzuzahlen, den ein anderer abgeschlossen hat, für den Fall, dass er ihn nicht selbst tilgen kann. Der Bürge ist meist eine Privatperson.

Information

Durchführung

1. Ladet einen Bankberater in die Schule ein und führt mit ihm das Rollenspiel durch.

2. Nenne die Unterlagen, die Anna mit zum Gespräch nehmen sollte.

3. Notiere, was du außerdem bei einem Beratungsgespräch bedenken solltest.

4. Recherchiere unter www.test.de und ww.vzbv.de. Beantworte die Fragen, die unter 6. gestellt wurden.

Rollenspiel

1. Informationsphase

Anna möchte einen Kredit aufzunehmen. Sie hat sich im Internet über Ratenkredite informiert und einen Termin bei einer Bank vereinbart.

2. Vorbereitungsphase

Anna wird alleine zum Gespräch fahren und hat die notwendigen Unterlagen dabei.

Diejenigen, die nicht beim Rollenspiel mitspielen, sollten dieses aufmerksam verfolgen und beobachten, ob die folgenden Punkte im Beratungsgespräch beachtet wurden:

- Der Ratenkredit wird in Monatsraten zurückgezahlt. Zusammensetzung der monatlichen Raten (Tilgung, Zinsen, Gebühren)
- Angabe des effektiven Jahreszinses
- Restschuldversicherung: Welche Kosten entstehen und welche Risiken werden durch die Restschuldversicherung abgesichert?
- Inhalt des Kreditantrags
- Einverständniserklärung zum SCHUFA-Verfahren
- Prüfung der wirtschaftlichen und persönlichen Kreditwürdigkeit
- Kreditzusage
- Bereitstellung des Kredits
- Entscheidung: Wurde Anna vom Berater zur Entscheidung gedrängt? Wurden „Androhungen“ wie schlechtere Konditionen bei einer späteren Entscheidung gemacht?

3. Rollenspielphase

Ein Schüler/eine Schülerin und ein Bankberater führen das Rollenspiel durch. Die anderen Schülerinnen füllen den Beobachtungsbogen aus.

4. Diskussionsphase

Die Klasse diskutiert die Beobachtungen, die während des Rollenspiels gemacht wurden. Hierbei sollte vor allem überlegt werden, welche Punkte der Bankberater angesprochen hat und wie er sich bei Fragen von Anna verhalten hat. Welche Punkte hätte Anna noch ansprechen sollen?

5. Ergebnisphase

Die Ergebnisse der Diskussion werden z. B. an der Tafel gesammelt.

6. Generalisierungsphase

Welche Schlussfolgerungen können aus dem Rollenspiel getroffen werden? Wie sollte man sich in einem Beratungsgespräch verhalten?

7. Transferphase

Die Schülerinnen und Schüler wenden die gewonnenen Kenntnisse an.

Risiko Überschuldung

Jeder, der einen Kredit aufnimmt, **verschuldet** sich. Das ist im Grunde nicht schlimm, sondern kann in manchen Situationen ein notwendiges Instrument sein. Zum Beispiel ist es für die meisten Menschen nicht möglich, ein Haus zu kaufen, ohne dafür einen Kredit aufzunehmen. Eine Verschuldung birgt allerdings auch Risiken. Wer seinen Zahlungsverpflichtungen, wie beispielsweise den Kreditraten, Versicherungsbeiträgen etc. aus dem laufenden Einkommen trotz Einschränkungen nicht mehr nachkommen kann, gilt als **überschuldet**.

Mögliche Anzeichen einer Überschuldung können Mietrückstände oder auch die Stundung (die vorübergehende Aussetzung) von Kreditraten sein. Die Gründe, weshalb eine Person in eine Überschuldung gerät, sind unterschiedlich. Neben unvorhergesehenen Ereignissen wie Krankheit oder Arbeitslosigkeit kann auch eine mangelnde Fähigkeit im Umgang mit Geld die Ursache einer Überschuldung sein. Ist eine Person in eine Überschuldung geraten oder wünscht generell Hilfe in finanziellen Angelegenheiten, so kann sie sich bei den ortsansässigen Schuldnerberatungsstellen Rat holen. Dort kann sich die betreffende Person auch über das Insolvenzverfahren informieren. Bei diesem Verfahren ist der Schuldner nach einer Frist von 6 Jahren schuldenfrei. allerdings muss er in dieser Frist strenge Auflagen erfüllen. In dieser Zeit darf er von dem Geld, das er erhält, nur so viel behalten, wie er für das Nötigste braucht.

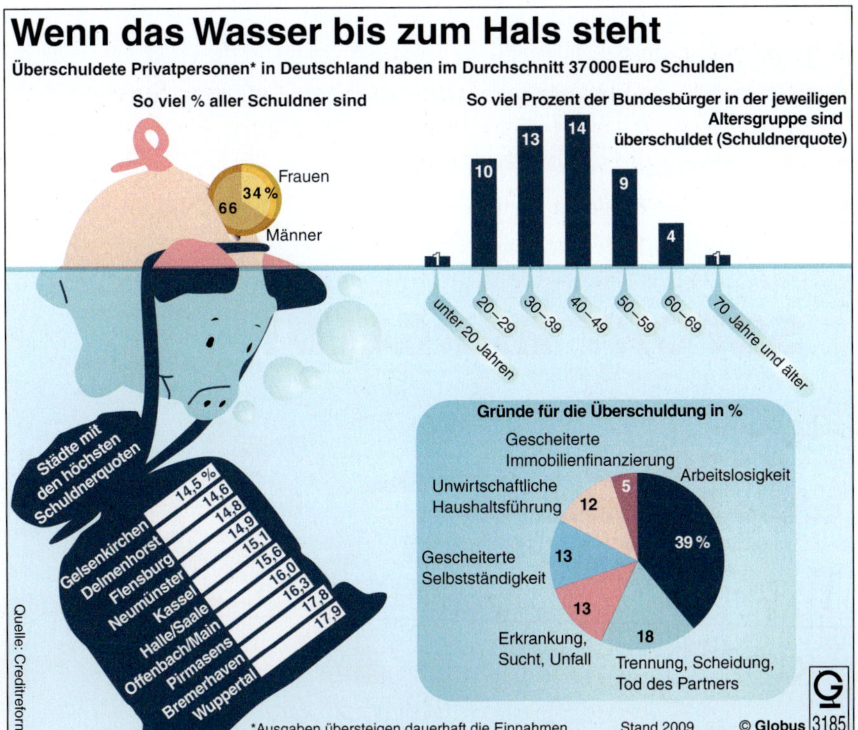

1. Führt ein Expertengespräch mit einem Schuldnerberater durch und ermittelt die Voraussetzungen für ein Privatinsolvenzverfahren sowie dessen Ablauf.

Am Ende dieses Kapitels solltet ihr wissen, was beim Einkaufen im Internet berücksichtigt werden sollte und was bei einer Kreditaufnahme zu beachten ist.

Mit den folgenden Aufgaben könnt ihr euer Wissen überprüfen:

1. Erkläre mit eigenen Worten, was der Begriff „E-Commerce" bedeutet. ◒
2. Ordne die verschiedenen Zahlungsarten beim E-Commerce danach, welche Verfahren risikoreicher sind als andere. Beginne mit dem für den Käufer sichersten Zahlungsverfahren. ◒
3. Erläutere den Unterschied zwischen einer Überweisung und einer Lastschrift/Einzugsermächtigung. ◒
4. Benenne drei wesentliche Faktoren, die Auswirkungen auf die Höhe der Zinsen für einen Kredit haben können. ○
5. Beschreibe das Score-Verfahren der SCHUFA. ○
6. Jan möchte einen Handyvertrag abschließen. Erläutere, was der Abschluss eines Handyvertrages mit der SCHUFA zu tun hat. ◒
7. Diskutiert, warum E-Commerce bei den Bürgerinnen und Bürgern zunehmend an Bedeutung gewonnen hat. ●
8. Beschreibe, welche Arten von Geschäften zum E-Commerce gehören. ○
9. Frauke hat sich am Wochenende in einem Onlineshop eine DVD bestellt. Am Dienstag entdeckt sie die DVD im gleichen Onlineshop für 3 Euro weniger. Beurteile den Preisunterschied. ●

10. Wer eine Finanzdienstleistung in Anspruch nehmen möchte, sollte vor dem Vertragsabschluss einige Überlegungen und Vorbereitungen treffen.

a) Erläutere, welche Schritte vor dem Abschluss eines Finanzdienstleistungsvertrages zu berücksichtigen sind.
b) Beschreibe die wesentlichen Punkte, die ein Kunde in einem Beratungsgespräch für eine Kreditaufnahme beachten sollte.
c) Erkläre, warum es sinnvoll ist, mehrere Banken für ein Beratungsgespräch aufzusuchen.
d) Beurteile, ob es ratsam ist, einen Urlaub mit einem Kredit zu finanzieren.
e) Erörtere die Möglichkeiten und die Risiken einer Kreditaufnahme.

11. Unterscheide die Begriffe Verschuldung und Überschuldung.

12. Inga: „Die SCHUFA nutzt dooch nur den Banken. Für die Kunden bringt die SCHUFA nur Nachteile mit sich." Nimm Stellung zu Ingas Aussage.

13. Recherchiere auf den Internetseiten der Stiftung Warentest (www.test.de) und der Verbraucherzentralen (www.vzbv.de), wie zuverlässig die Zinsangaben in der Werbung für Kredite sind. Bewerte, ob Anna den Kredit zu dem auf dem Plakat dargestellten Zinssatz bekommt.

14. Benenne die wesentlichen Merkmale der drei Kreditarten Dispositionskredit, Ratenkredit und Immobilienkredit.

15. Erläutere den Unterschied zwischen Kreditwürdigkeit und Kreditfähigkeit.

16. Stelle den Unterschied zwischen Nominalzins und Effektivzins heraus.

VIII Unternehmen: Ort der Existenzsicherung

In diesem Kapitel erfahrt ihr etwas über
- Strukturwandel und die Einflussfaktoren darauf,
- Rechtsformen von Unternehmen,
- eine Unternehmenserkundung zum Thema Organisation,
- Rechnungswesen und Arbeitsbewertung,
- Einstellungsvoraussetzungen und das Kompetenzprofil,
- den Berufsausbildungsvertrag,
- Rechte und Pflichten in der Ausbildung,
- Leitbilder und unterschiedliche Ziele in Unternehmen.

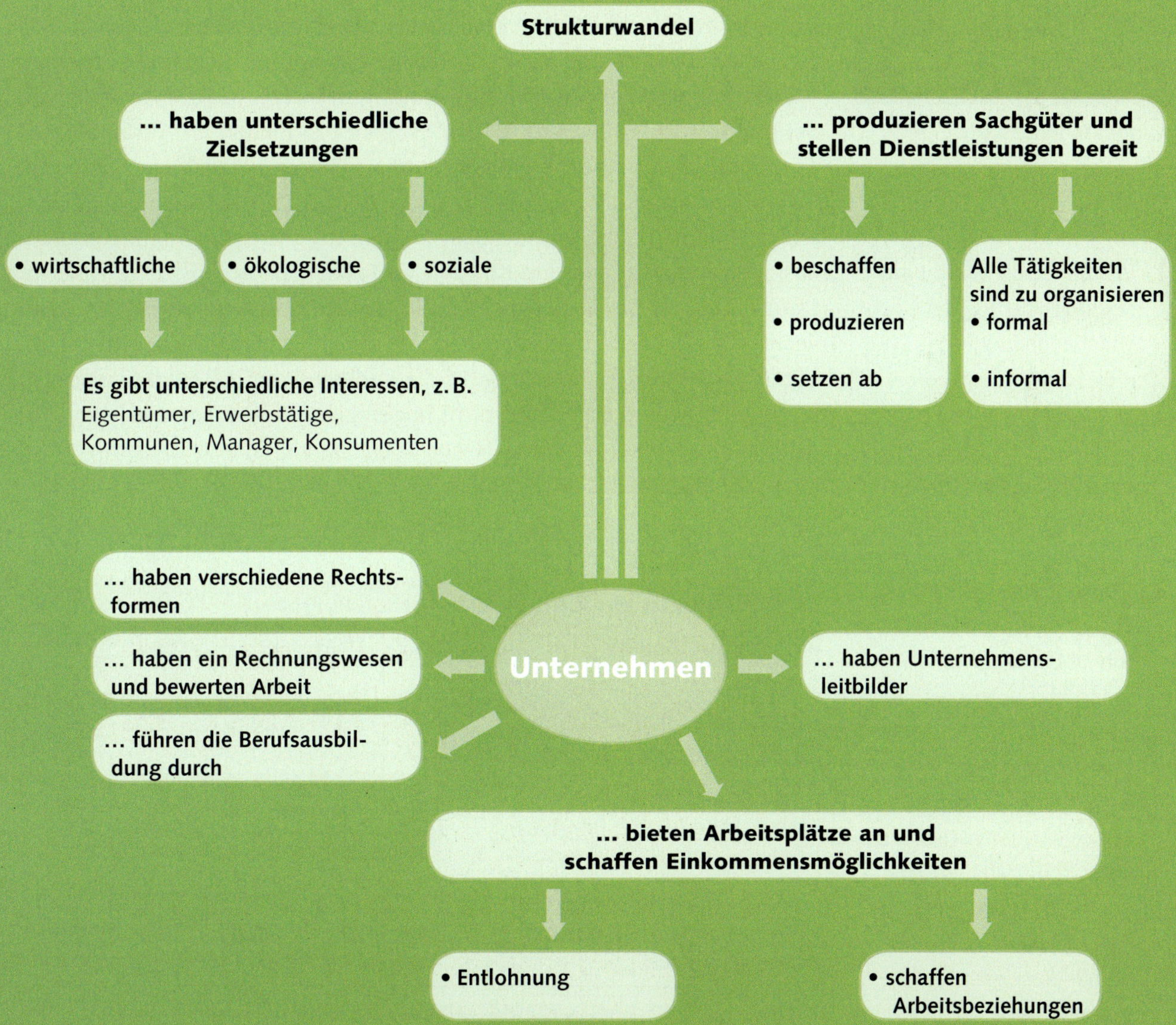

Beispiel für Strukturwandel: Industriezweige fallen weg, …

… andere Industriezweige entwickeln sich am gleichen Standort.

1. Warum ist die Wirtschaftsstruktur einer Region einem Wandel unterworfen? ○

2. Warum ist für eine kontinuierliche wirtschaftliche Entwicklung ein Strukturwandel notwendig? ○

3. Was sind die wesentlichen Ursachen für einen Strukturwandel in der Wirtschaft? ○

4. Ermittelt, wie sich die Beschäftigungsstruktur in verschiedenen Wirtschaftsbereichen nach dem Jahr 2004 entwickelt. Nutzt dazu Analysen des Statistischen Bundesamtes im Internet. ◒

1 Strukturwandel

Was ist Strukturwandel?

Veränderungsprozesse, die im Hinblick auf Arbeit und Beruf und für die Unternehmen von Bedeutung sind, werden als Strukturwandel bezeichnet.

In der Marktwirtschaft ist die Wirtschaftsstruktur eines Landes oder einer Region keine gleichbleibende Größe. Die wirtschaftliche Entwicklung und der technische Fortschritt bewirken, dass bestimmte Branchen im Laufe der Zeit schrumpfen, andere neu hinzukommen. Typische Beispiele hierfür sind der Schrumpfungsprozess der Stahlindustrie oder des Schiffsbaus sowie die rasante Entwicklung der Kommunikationstechniken. Dieser ständige Wandel ist für das wirtschaftliche Wachstum und somit für die Erhaltung und Steigerung des Lebensstandards wichtig.

Der technische Fortschritt ist eine der wichtigsten Ursachen für den Strukturwandel. So können durch neue Produkte, neue Technologien oder neue Werkstoffe bestehende Branchen verdrängt werden. Auch Veränderungen bei den Rohstoffpreisen (z. B. Öl), billigere Produktion im Ausland (z. B. Textilindustrie), politische Entscheidungen (Wiedervereinigung, Öffnung Osteuropas) führen zu einem wirtschaftlichen Strukturwandel. Solche Entwicklungen haben große Auswirkungen auf die Beschäftigung. Durch das Schrumpfen ganzer Industriezweige fallen viele Arbeitsplätze weg. In Deutschland ist der Strukturwandel im Zusammenhang mit der Wiedervereinigung besonders einschneidend. In den neuen Bundesländern musste „über Nacht" eine Anpassung an die Bedingungen der Marktwirtschaft vollzogen werden. Das betraf nicht nur einzelne Industriezweige, sondern die gesamte Wirtschaft. Immer, wenn es zu dauerhaften Verschiebungen im inneren Aufbau eines Wirtschaftsbereichs kommt, spricht man von Strukturwandel.

Erwerbstätige nach Wirtschaftsbereichen in Prozent

Wirtschaftsbereich	1882	1925	1950*	1990*	2010
Primärer Wirtschaftsbereich: Land- und Forstwirtschaft Tierhaltung und Fischerei	43,4	30,5	24,6	3,5	2,1
Sekundärer Wirtschaftsbereich: Industrie, Bergbau, Energie, Bauwirtschaft	33,7	41,4	42,9	36,6	24,4
Tertiärer Wirtschaftsbereich: Handel, Banken, Verkehr, Verwaltung	22,8	28,1	32,5	59,9	73,5

*1950–1990 = früheres Bundesgebiet

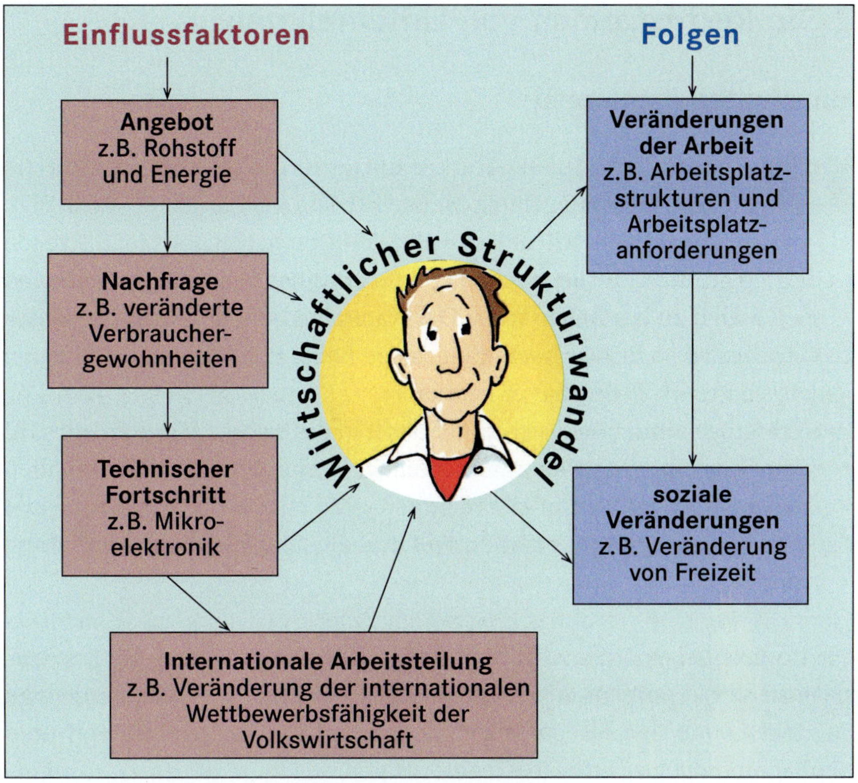

Einflussfaktoren und Folgen des wirtschaftlichen Strukturwandels

Strukturwandel ist eine dauerhafte Verschiebung in bestimmten Bereichen von Wirtschaft und Gesellschaft im Laufe der Zeit.
Geht z. B. die Arbeitszeit der Erwerbstätigen zurück, wächst damit die frei verfügbare Zeit. Dies fördert die Entwicklung der Freizeitindustrie (Sportartikel, Auslandsreisen usw.), aber auch eine mögliche Veränderung des Verhaltens der Menschen. Was macht der Mensch mit seiner Freizeit? Verbringt er sie vor dem Fernsehschirm oder entwickelt er neue Hobbys? Schaut er sich Sportsendungen im Fernsehen an oder treibt er selbst Sport?

Ein weiteres Beispiel: Wird der Anteil der älteren Menschen an der Gesamtbevölkerung immer größer, dann zeugt dies vom guten Gesundheitszustand der Bevölkerung und von einer besseren medizinischen Versorgung, also vom medizinischen Fortschritt. Andererseits steigen die Ausgaben für die soziale Sicherung der Menschen in unserer Gesellschaft. Die Ausgaben für die Altersversorgung steigen, immer weniger Menschen müssen mit ihrer Arbeit und ihren Abgaben die soziale Sicherheit garantieren.

Wir sehen: Der Strukturwandel hat mehrere Gesichter. Was sich für einige Menschen als Vorteil herausstellen kann, bedeutet für andere eine Belastung.

INFO

Beispiele für Strukturwandel:

- 40 % aller Erwerbstätigen arbeiteten vor 100 Jahren noch in der Landwirtschaft. Heute sind es nur noch etwas mehr als 2 %. Im Dienstleistungsbereich waren dagegen damals nur 23 % beschäftigt. Heute sind es über 72 %.
  Man sagt: Die **Struktur der Erwerbstätigkeit** hat sich verändert.
- 1950 waren in der Bundesrepublik 14 % der Menschen 60 Jahre und älter. Durch die erhöhte Lebenserwartung sind es heute schon mehr als 21 %.
  Man sagt: Die **Altersstruktur der Gesamtbevölkerung** hat sich verändert.
- Die privaten Haushalte müssen für Nahrung und Genussmittel immer weniger aufwenden. 1960 waren es 36 % ihres Einkommens, heute sind es weniger als 25 %. Die Ausgaben für Verkehrszwecke und Nachrichtenübermittlung stiegen im gleichen Zeitraum von 10 auf 16 %.
  Man sagt: Die **Struktur der Konsumnachfrage** hat sich verändert.
- Auch die Arbeitszeit der Menschen hat sich stark verändert. Arbeiteten sie 1950 durchschnittlich 48 Wochenstunden, so sind es heute durchschnittlich 38 Wochenstunden.
  Man sagt: Die **Struktur der Arbeitszeit** hat sich verändert.

2 Die Rechtsformen von Unternehmen

Malermeister Krüger

Einzelunternehmungen

B Endlich mein eigener Herr sein! Das ist die Überlegung, die Herr Krüger, Meister in einem Malereibetrieb, seit Längerem beschäftigt. Um das zu erreichen, will er sich selbstständig machen und einen eigenen Betrieb gründen. Er überlegt sich, dass er es vor allem mit Privatleuten als Kunden zu tun haben wird. Der Kapitalbedarf zur Gründung dieses Betriebes ist nicht sehr hoch. Eine ganze Reihe von Geräten sowie einen gebrauchten VW-Bus hat er bereits.
Herr Krüger entschließt sich zum Schritt in die Selbstständigkeit, obwohl er im Falle einer Insolvenz mit seinem gesamten Privatvermögen haftet. Dieses Risiko will er auf sich nehmen, weil er in der Selbstständigkeit einen höheren Nutzen sieht. Er will deshalb eine **Einzelunternehmung** gründen.

Die Vorteile bei einer Entscheidung für ein Einzelunternehmen können beispielsweise die größere unternehmerische Freiheit und der relativ geringe Kapitalaufwand sein. Nachteile können die Haftung, auch mit dem privaten Kapital, und die beschränkte Kreditbasis sein.

Einzelunternehmungen sind die weitaus häufigste Unternehmensform. Über 70 % aller Unternehmen sind Einzelunternehmen. Sie herrschen vor im Einzelhandel, im Handwerk und in der Landwirtschaft. Der Weg in die Selbstständigkeit führt nicht nur über das Einzelunternehmen, es gibt rechtlich auch andere Formen.

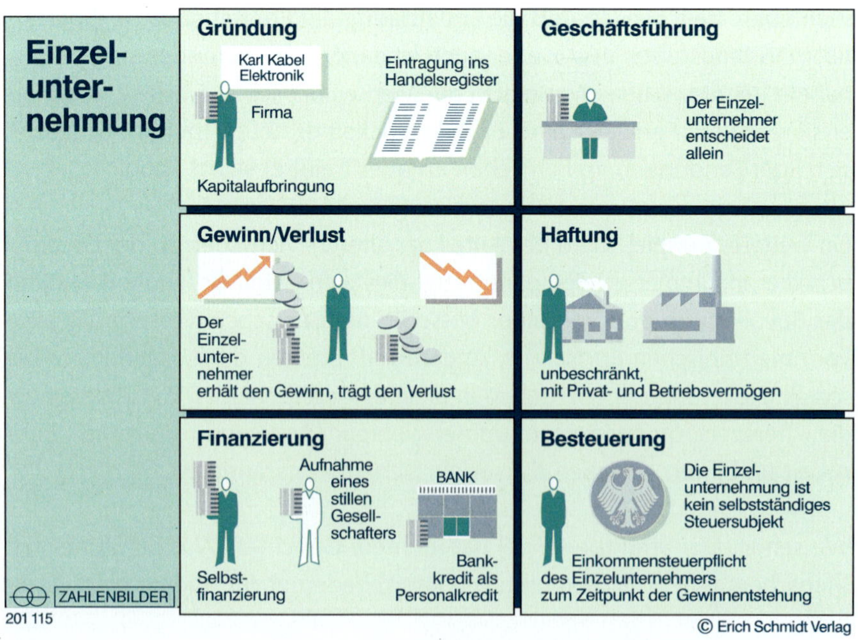

1. Worauf kommt es Herrn Krüger bei der Wahl der Rechtsform für sein Unternehmen an? Vergleicht die Überlegungen von Herrn Krüger mit der Darstellung der Vor- und Nachteile der Rechtsform der Einzelunternehmung. ○

Personengesellschaften

B Nach einiger Zeit will Herr Krüger den Betrieb erweitern, weil er einen großen Auftrag erhält. Dafür sind eine Aufstockung des Personals, eine Erweiterung der Geschäftsräume, die Vergrößerung des Fuhrparks und die Ausweitung des Material-, Geräte- und Werkzeugbestandes notwendig. Keine Bank ist bereit, ihm den dafür notwendigen Kredit zur Verfügung zu stellen.
Herr Krüger beschließt, sich mit einem Partner zusammenzutun. Damit wird eine andere Rechtsform für das Unternehmen notwendig.

Der neue Betrieb wird nun als **OHG** (offene Handelsgesellschaft) geführt. Die beiden Einzelunternehmer sind Gesellschafter der OHG.
Die Gesellschafter haben im Gesellschaftsvertrag festgelegt, dass sich der eine um den technischen Betriebsablauf kümmern will und der andere die kaufmännische Verantwortung für den Betrieb trägt. Bei der OHG haften beide mit ihrem gesamten Vermögen. Keiner von beiden hat seine Selbstständigkeit aufgegeben, aber die Entscheidungsspielräume des Einzelnen sind geringer geworden. Die Gründung der neuen Gesellschaft mit diesen Regelungen wird im Handelsregister veröffentlicht, damit Kunden und Lieferanten über die Geschäftsverteilung informiert sind.
Insgesamt bedeutet der Eintrag in das Handelsregister einen großen Rechtsschutz, insbesondere für die Geschäftspartner, da man auf die Richtigkeit der Eintragungen oder Bekanntmachungen vertrauen darf. Ein Eintrag ins Handelsregister ist nicht nur bei Neugründung eines Unternehmens nötig, sondern z. B. auch bei einer Verlegung des Unternehmenssitzes an einen anderen Ort oder bei einer Errichtung einer Zweigniederlassung.

INFO

Die Einzelunternehmung weist große Ähnlichkeiten mit der **Personengesellschaft** auf. Neben der OHG gibt es noch die KG (Kommanditgesellschaft) und andere wie die Stiftung privaten Rechts, die Gesellschaft bürgerlichen Rechts sowie die stille Gesellschaft als Personengesellschaften.

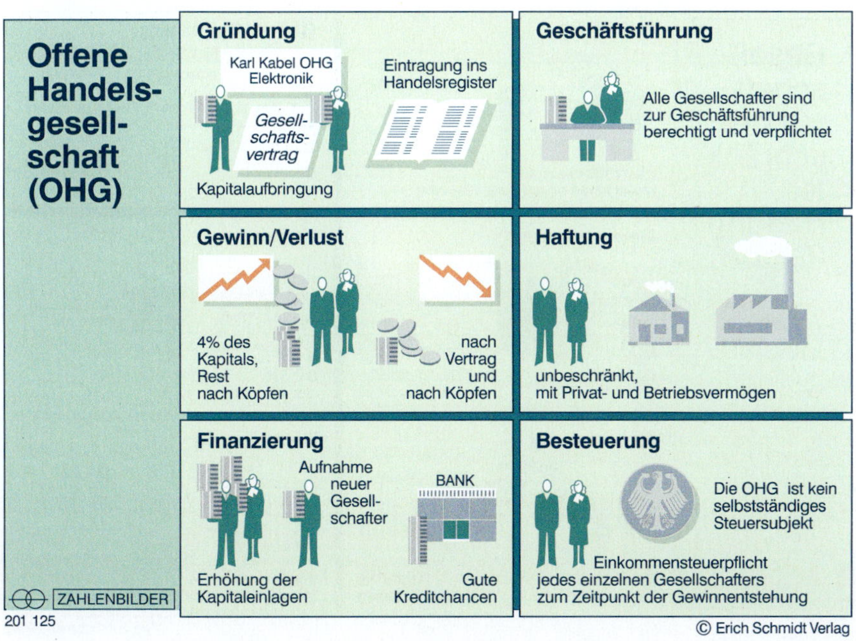

INFO

Vorteile der Personengesellschaft:
- große unternehmerische Freiheit,
- Fremdkapital kann leichter beschafft werden.

Nachteile der Personengesellschaft
- unbeschränkte Haftung,
- eventuell Abstimmungsprobleme zwischen den Gesellschaftern.

Die Gründung einer Kapitalgesellschaft

INFO

Aktiengesellschaft
Nicht vorgestellt ist die Aktiengesellschaft. Dies ist eine Kapitalgesellschaft mit einem Grundkapital von mindestens 50 000 €. Die Kapitalanteile werden frei an der Börse gehandelt. Kapitalgeber und Geschäftsführung sind streng getrennt. Die Aktionäre haften nicht persönlich.

B Frau Siegel will sich in der Möbel- und Fensterherstellung betätigen. Sie erwartet größere Aufträge von Baufirmen und Möbelhäusern. Es liegt auf der Hand, dass sie für solch ein Unternehmen viel Personal, viele Geräte, Maschinen und entsprechende Geschäfts- und Produktionsräume braucht. Mit anderen Worten: Der Kapitalbedarf dieses Unternehmens ist, verglichen mit dem des Einzelunternehmens, sehr viel höher. Bei der Höhe der Aufträge möchte Frau Siegel für sich auch das Risiko der Haftung beschränken.
Sie entschließt sich, eine **GmbH** (Gesellschaft mit beschränkter Haftung) zu gründen. Eine Erbschaft von 25 000 € will sie als Stammkapital in die Unternehmung einbringen. Zudem hat sie einige Bekannte als Gesellschafter für die neue Firma gewonnen. Da sie die Fachfrau ist, wird sie im Gesellschaftervertrag zur Geschäftsführerin bestimmt. Der Vorteil der GmbH ist, dass die Haftung auf die Gesellschafteranteile beschränkt ist.

Für die privaten und öffentlichen Unternehmen gibt es eine ganze Reihe von Vorschriften, die durch Gesetze vorgegeben werden. Um zu wissen, welche Vorschriften für ein Unternehmen gelten, muss bei der Gründung auch eine Entscheidung über die Rechtsform des Unternehmens getroffen werden. Die Rechtsform regelt wichtige Fragen eines Unternehmens, z. B. wer in welcher Höhe für Verluste haftet, wie der Gewinn aufgeteilt wird, wer das Unternehmen führt oder wie das Unternehmen besteuert wird.
Die **GmbH** ist eine sehr häufige Unternehmensform. Sie beschränkt das Risiko des Unternehmers, da er nicht mit seinem gesamten Privatvermögen haftet, sondern lediglich mit dem Gesellschaftsvermögen.

© Erich Schmidt Verlag

Genossenschaften

Die Genossenschaften entstanden im vorigen Jahrhundert. Sie wurden vor allem von Handwerkern und Landwirten gegründet, um sich gegenüber den Großbetrieben zu behaupten. Ihr Zweck war der günstige Einkauf von Rohstoffen und Werkzeugen sowie der Verkauf der Produkte. Das konnte erreicht werden, weil durch den Zusammenschluss der Mitglieder größere Mengen nachgefragt und angeboten werden konnten. Dadurch wurden bessere Preise erzielt.
Seit der Gründung der Genossenschaften haben sich ganz unterschiedliche Arten herausgebildet:
- Konsumgenossenschaften wie z. B. die coop eG
- Kreditgenossenschaften wie die Volks- und Raiffeisenbanken,
- Einkaufsgenossenschaften für den Großeinkauf von Rohstoffen, Maschinen und Waren, z. B. für Friseure,
- Produktionsgenossenschaften zur Verarbeitung der von den Mitgliedern erzeugten Produkte, z. B. Molkereien, Winzergenossenschaften,
- Wohnungsgenossenschaften zum Bau und zur Bewirtschaftung günstiger Wohnungen für ihre Mitglieder,
- Agrargenossenschaften zur gemeinsamen Bewirtschaftung von landwirtschaftlichen Nutzflächen. Diese Form gibt es vor allem in den neuen Bundesländern. Sie sind aus den Landwirtschaftlichen Produktionsgenossenschaften (LPG) aus der Zeit der DDR entstanden.

Eingetragene Genossenschaften (eG) sind auch wie Kapitalgesellschaften juristische Personen. Grundlage für die Arbeit einer Genossenschaft ist das Statut bzw. die Satzung.

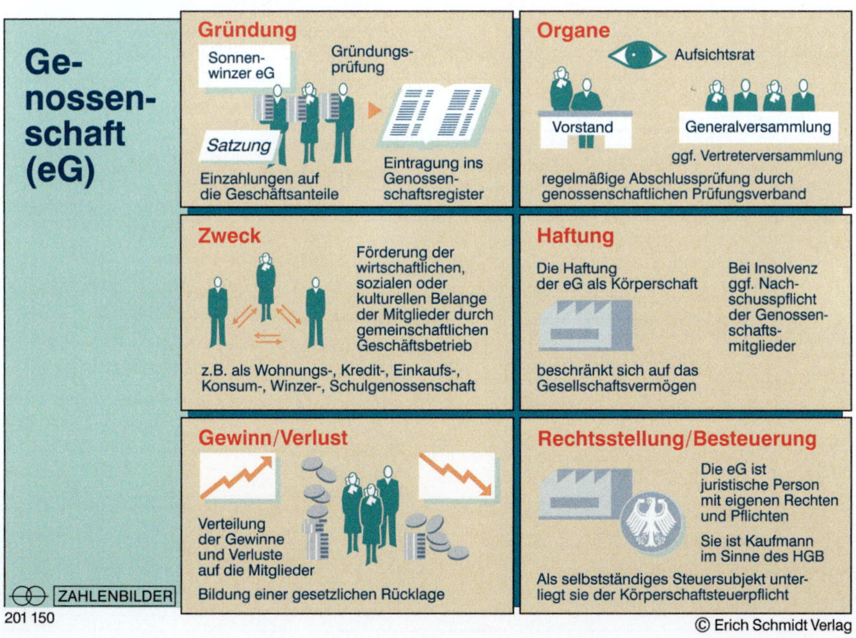

INFO

Natürliche Personen sind alle Menschen, sie haben Rechte und Pflichten. Eine **juristische Person** ist eine Personenvereinigung. Sie hat durch die gesetzliche Anerkennung ebenfalls Rechte und Pflichten.

1. Ermittelt drei Arten von Genossenschaften in eurer Region.

2. Worin bestehen die Besonderheiten der Agrargenossenschaften? Erforscht die Entwicklungsgeschichte einer Agrargenossenschaft in eurer Region.

INFO

Aufbauorganisation:
Gestaltung der betrieblichen Strukturen: Leitungsstrukturen (Weisungssystem), Organisationsformen (Art der Aufgabengliederung).

Ablauforganisation:
Gestaltung der betrieblichen Abläufe

3 Unternehmenserkundung

In einem Unternehmen gibt es unterschiedliche Formen der Organisation. Wir kennen die Aufbauorganisation und die Ablauforganisation. Die Aufbau- und Ablauforganisation sind zwei Seiten der Medaille „Organisation". Sie lässt sich als die formelle Organisation bezeichnen, weil sie durch Zielsetzungen und Regelungen gekennzeichnet sind.

Des Weiteren gibt es noch die informelle Organisation, die sich aus den sozialen Beziehungen zwischen den Unternehmensmitgliedern ergibt.

Ein **Organigramm** (auch Organisationsplan, Organisationsschaubild oder Stellenplan genannt), ist die grafische Darstellung der Aufbauorganisation. Aus dem Organigramm sind die organisatorischen Einheiten sowie deren Aufgabenteilung und die Kommunikationsbeziehungen zu erkennen. Es wird dabei zwischen dispositiven (die leitenden, lenkenden, planenden, organisierenden) und operativen (die technischen, organisatorischen, ausführenden) Aufgaben und Tätigkeiten unterschieden. In dem Beispiel, das in der Grafik dargestellt wird, sind Absatzplanung, Entwicklung und Beschaffung dispositive und Produktion, Lager/Versand und Verkauf die operativen Aufgaben.

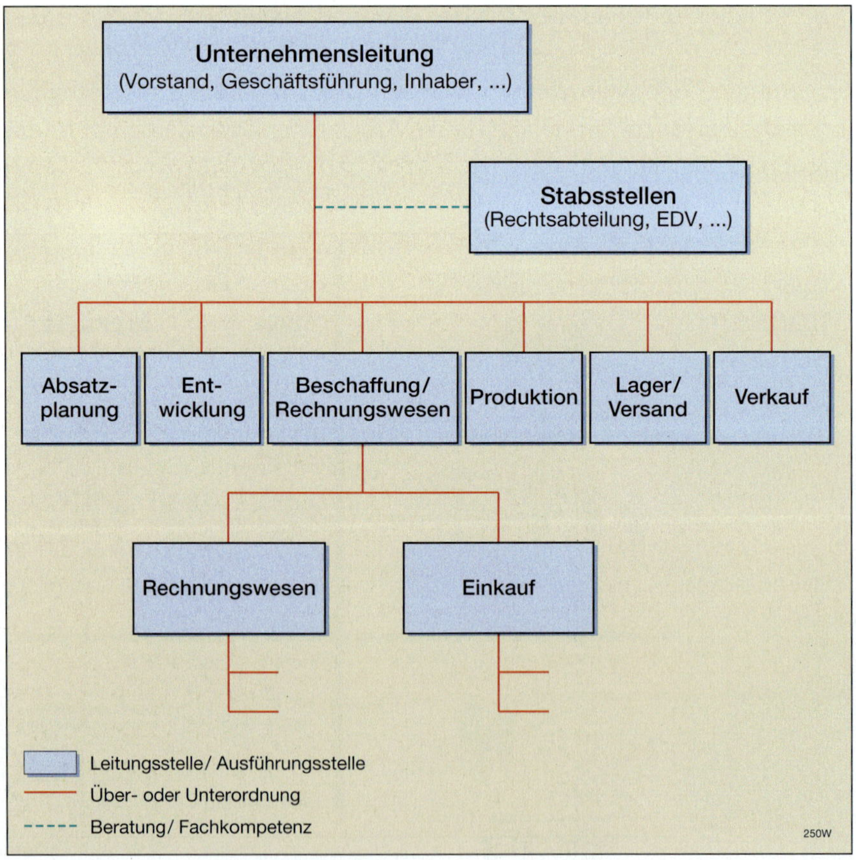

In der Aufbauorganisation sind die für den betrieblichen Leistungsprozess notwendigen Aufgaben auf verschiedene Stellen verteilt. Dabei sind die Verantwortungs- und Kompetenzbereiche klar festgelegt. Je nach Branche und den besonderen Gegebenheiten entsteht durch die unterschiedlichen Aufgaben im Unternehmen ein hierarchisches Organigramm, welches das „organisatorische Ganze“ bildet. Das Bild kann als ein typisches Organigramm gesehen werden. Der Grundaufbau ist bei vielen Unternehmen ähnlich. Er unterscheidet sich aber nach der speziellen Situation eines Unternehmens, beispielsweise ob zur Dienstleistungsbranche oder Industrie gehört, oder nach der Rechtsform (siehe S. 156–159). Dadurch entstehen unterschiedliche Organigramme.

Wenn ein Unternehmen beispielsweise eine Rechtsabteilung und eine EDV-Abteilung hat, dann beraten diese Abteilungen die Unternehmensleitung (siehe Stabsstellen im Organigramm). Zwischen der Unternehmensleitung und der operativen und dispositiven Ebene kann eine weitere Ebene eingebaut werden, die noch einmal nach Sparten gegliedert ist. Sparten können sein: Produkte/Produktgruppen oder Kunden-/Zielgruppen oder auch Regionen. Dies wäre eine andere Art der Aufgabengliederung als in dem Beispiel. Unternehmensleitung, Stabsstellen und die einzelnen Aufgabenbereiche nennt man Instanzen. In jeder Instanz befinden sich Stellen; und Stellen wiederum sind Arbeitsplätze und Berufe: Geschäftsführer, Jurist, Informatiker, Industriekaufmann, Buchhalter, Ingenieur, Mechatroniker u. a.

Der Organisationsbegriff kann verschiedenartig gebraucht werden:
- funktionell: Schaffung von Regeln und Strukturen
- instrumentell: eine Organisation ist ein Instrument, mit dem Ziele erreicht werden
- institutionell: eine Organisation hat Regeln, ist eine Institution

1. a) Informiert euch am Beispiel von Unternehmen z. B. aus dem Handwerk, der Industrie und dem Dienstleistungsbereich: Welches sind die in der Organisation vorhandenen Glieder (Entscheidungs-, Ausführungs-, Beratungsebenen) und wie sind ihre Schnittstellen (Organigramm)?

b) Wählt ein Unternehmen aus und bereitet eine Erkundung vor. Bereitet euch auf rechtliche und organisatorische Fragen vor.

c) Die Auswertung sollte am Beispiel des Vergleichs der Organigramme erfolgen, die ihr aus der Erkundung mitbringt.

d) Entwickelt einen Kriterienkatalog für die Erkundung eines Arbeitsplatzes.

Maschinenbau

Tischlerei

Bäckerei

4 Rechnungswesen und Arbeitsbewertung

Rechnungswesen

Das betriebliche Rechnungswesen hat eine Kontroll- und eine Dispositionsaufgabe. Die Kontrollaufgabe besteht darin, z. B. über Erfolg oder Misserfolg des ganzen Unternehmens oder einzelner Unternehmensteile Aufschluss zu gewinnen. Die Dispositionsaufgabe besteht darin, die Bereitstellung der Produktionsfaktoren zu lenken und die Erreichung kurzfristiger, mittelfristiger und langfristiger Ziele zu planen. Insgesamt besteht das betriebliche Rechnungswesen aus vier Teilaufgaben:

Buchführung
Aufgaben: Erfassung des Vermögens, der Schulden, der Aufwendungen und der Erträge, des Kapitals und dessen Veränderung. Ergebnis: Jahresabschluss (Bilanz, Gewinn- und Verlustrechnung).

Kosten- und Leistungsrechnung
Aufgaben: Ermittlung der Selbstkosten als Basis für die Preiskalkulation, Kontrolle der Wirtschaftlichkeit, Bewertung von Lagerbeständen, Erfassung aller Kosten und Leistungen einer Abrechnungsperiode.

Betriebsstatistik
Aufgaben: Auswertung der Zahlen der Buchführung und Kosten- und Leistungsrechnung und Vergleichs mit Daten früherer Perioden, Bereitstellung von Daten für Kontrolle, Planung und Disposition.

Planung
Aufgaben: Abschätzung von zukünftigen betrieblichen Entwicklungen. Grundlagen für Entscheidungen, um Ziele des Betriebes zu erreichen.

1. Informiere dich in Schulbüchern oder im Internet (z. B. unter www.wirtschaftslexikon24.net) über den Begriff Lohnformen. Kläre folgende Begriffe und stelle sie in einer grafischen Übersicht zusammen: Zeitlohn, Leistungslohn, Monatslohn und Stundenlohn, Beteiligungslohn, Prämienlohn und Akkordlohn.

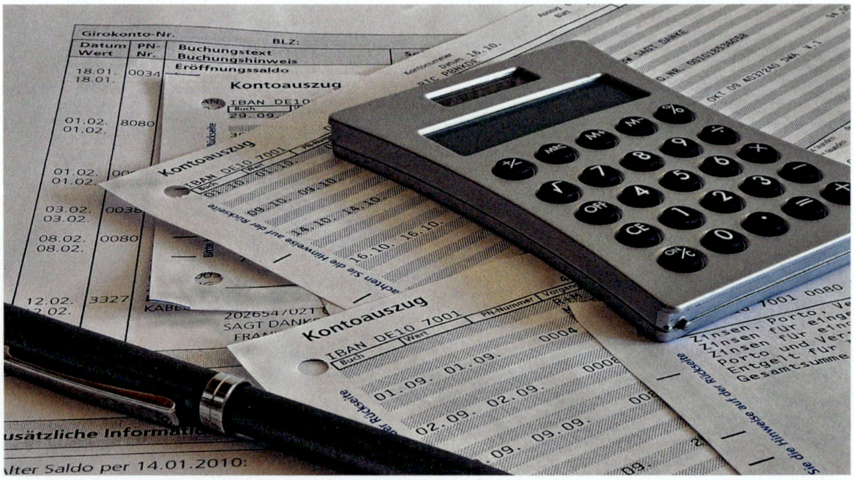

Aufgaben des Rechnungswesens: Kontrolle

Beispiele für Ecklohnarbeit

Arbeitsbewertung

Entlohnung soll leistungsgerecht sein. Sie soll sich beispielsweise
- nach dem Können der/des Einzelnen richten,
- nach der Verantwortung, die er bzw. sie zu tragen hat,
- nach den körperlichen und geistigen Arbeitsbelastungen,
- nach den Arbeitsanforderungen, die an jemanden gestellt werden,
- nach den Umgebungseinflüssen, denen jemand ausgesetzt ist.

Um Arbeitsaufgaben, die in einem Betrieb anfallen, vergleichen zu können, ist es notwendig, sie zu bewerten, denn sonst fühlen sich die Einzelnen ungerecht behandelt. Es gibt zwei Methoden der Arbeitsbewertung:
- die summarische Arbeitsbewertung,
- die analytische Arbeitsbewertung.

Die summarische Arbeitsbewertung

Es werden Lohn- und Gehaltsgruppen gebildet, die inhaltlich so beschrieben werden, dass der Schwierigkeitsgrad der Arbeiten jeder Gruppe deutlich wird. Häufig werden auch besondere Aufgaben, Arbeits- und Verantwortungsbelastungen aufgenommen. Ergänzt werden die Beschreibungen durch Richtbeispiele.

Jede Lohngruppe besitzt einen bestimmten Lohnschlüssel, das ist ein bestimmter Prozentsatz bezogen auf den Ecklohn. Ecklohn ist die Lohngruppe 7 mit dem Lohnschlüssel 100 (siehe Beispiel in der Randspalte). Bei Lohntarifverhandlungen wird aus diesem Grund auch nur über den Ecklohn verhandelt.

Die Lohn- und Gehaltsgruppenmethode ist relativ leicht anzuwenden, wenn die Merkmale der einzelnen Stufen exakt beschrieben und die Richtbeispiele umfassend sind. Andernfalls kann es bei der Einordnung der Arbeiten in die Gruppen zu Fehlurteilen und Lohnstreitigkeiten kommen.

Die Lohngruppenkataloge, die Bestandteil der Rahmentarifverträge sind, werden dann in den Betrieben wie folgt angewendet: Die Anforderungen eines Arbeitsplatzes werden unter Beteiligung des Betriebsrates bestimmt und dann einer Gruppe zugeordnet. Dieses Lohn- bzw. Gehaltsgruppenverfahren wird in vielen Tarifverträgen, insbesondere im öffentlichen Dienst angewendet.

Beispiel Lohngruppenbeschreibung Metallindustrie

Lohngruppe V
Arbeiten, die umfassende Sach- und Arbeitskenntnis und Fertigkeiten voraussetzen, wie sie durch eine Sonderausbildung und entsprechende Erfahrung erreicht werden.
90,5 % des Ecklohnes

Lohngruppe VI
Arbeiten, die ein Spezialkönnen voraussetzen, das entweder durch eine abgeschlossene zweijährige Ausbildung oder eine Ausbildung wie in der vorhergehenden Lohngruppe mit zusätzlicher längerer Erfahrung erreicht wird.
94,5 % des Ecklohnes

Lohngruppe VII
Facharbeiten, die ein Können voraussetzen, das durch eine fachentsprechende, ordnungsgemäß abgeschlossene Ausbildung erreicht wird, oder Arbeiten, deren Ausführung gleichwertige Spezialfähigkeiten und Spezialkenntnisse erfordern, auch wenn sie nicht durch eine fachentsprechende, ordnungsgemäß abgeschlossene Ausbildung erworben sind.
100 % (Ecklohn)

Lohngruppe VIII
Schwierige Facharbeiten, die besondere Fertigkeiten und langjährige Erfahrungen voraussetzen.
110 % des Ecklohnes

Lohngruppe IX
Besonders schwierige oder hochwertige Facharbeiten, die an das fachliche Können und Wissen hohe Anforderungen stellen und große Selbstständigkeit und hohes Verantwortungsbewusstsein voraussetzen.
120 % des Ecklohnes

Quelle:
J. Hentze, Personalwirtschaftslehre, Bern 1990, S. 64 f.

INFO

Die **analytische Arbeitsbewertung** vollzieht sich, sofern die Methode festliegt, in folgenden Schritten:

1. Schritt:
Beschreiben der Arbeit bzw. des Arbeitsplatzes

2. Schritt:
Bestimmung der Anforderungen nach Art und Höhe

3. Schritt:
Ermitteln des Gesamtarbeitswertes

4. Schritt:
Zuordnung der Löhne und Gehälter zu den Gesamtarbeitswerten

Quelle:
J. Hentze: Personalwirtschaftslehre 2, 4. Aufl., Bern 1990, S. 70

Die analytische Arbeitsbewertung beruht auf dem „**Genfer Schema**". Nach ihm werden unterschieden:

1. Geistige Anforderungen
   - Kenntnisse
   - Belastungen
2. Körperliche Anforderungen
   - Geschicklichkeit
   - Muskelbelastung
3. Verantwortung
   - für sich selbst
   - für andere
4. Arbeitsbedingungen

1. Welches sind die wesentlichen Unterschiede zwischen summarischer und analytischer Arbeitsbewertung?

Die analytische Arbeitsbewertung

Bei dieser Methode wird nicht der Arbeitsplatz, sondern die **Arbeitsaufgabe** nach der Höhe der Beanspruchung einzeln bewertet. Man ermittelt für die Arbeitsaufgabe einen Arbeitswert, dem nach einer Arbeitswerttabelle ein Arbeitswertlohn zugeordnet wird.

Wie errechnet sich nun der Arbeitswert? Zunächst werden der Arbeitsplatz und das Arbeitssystem genau beschrieben. Mithilfe dieser Arbeitsbeschreibung wird nun die Arbeitsaufgabe in Teilanforderungen – z. B. nach dem Genfer Schema – zerlegt.

Jede Teilanforderung wird dann nach einem Punktesystem bewertet, das zwischen Betriebsrat und Unternehmen ausgehandelt wird. Diese Punkte werden mit dem sog. „Wichtefaktor" multipliziert. Die Wichtefaktoren werden in der Regel von Fachleuten durch Schätzung festgelegt und spiegeln das Verhältnis (die Wichtigkeit) der Anforderungen zueinander wider. Das Ergebnis der Multiplikation ergibt die Teilarbeitswerte, aus denen der Arbeitswert errechnet wird. Es gilt der Grundsatz: Je höher der Arbeitswert, desto höher der Lohn.

Beide Verfahren unterscheiden sich hinsichtlich der Genauigkeit und hinsichtlich des Aufwands, den sie verursachen. Die summarische Arbeitsbewertung ist einfacher durchzuführen. Die analytische Arbeitsbewertung wird auch bei der Bestimmung von Lohngruppen herangezogen, weil das Verfahren genauer und gerechter zu sein scheint.

Vereinfachte Zusammenstellung der Ergebnisse der Arbeitsbewertung für die Tätigkeit „Wickelstrecken" einer Spinnerei

Anforderungsart	*Arbeitswertzahl (gewichtet)*	
Können:	Arbeitskenntnisse	5,0
	Arbeitsgeschicklichkeit	10,0
		15,0
Verantwortlich für:	Betriebsmittel/Erzeugnis	5,0
	Sicherheit anderer	7,0
	Arbeitsablauf	5,0
		17,0
Belastung durch:	Muskelarbeit	22,0
	Arbeitsvermögen	10,0
	Aufmerksamkeit	4,0
	Nachdenken	–
		36,0
Umgebungseinflüsse:	Schmutz/Staub	4,0
	Lärm/Erschütterung	3,0
	eigene Unfallgefahr	2,5
		9,5
Summe Punkte (Arbeitswert):		77,5

Lohngruppe lt. Anforderungsmittel
75,5 – 80,0 = IV
Lohngruppe, zzt. gültig IV

Einstellungsvoraussetzungen

Unternehmen bieten für junge Menschen Ausbildungsplätze und -möglichkeiten an. Der Übergang von der Schule in die Ausbildung stellt jedoch Anforderungen.
Das Problem der Jugendarbeitslosigkeit scheint überwunden zu sein. Das Bundesinstitut für Berufsbildung (BIBB) stellt die Situation folgendermaßen dar:

Q […] Die immer noch zu hohe Zahl erfolgloser Lehrstellenbewerber/-innen bei einem sich bereits heute abzeichnenden Fachkräftemangel wirft für das Berufsbildungssystem in Deutschland neue Fragen auf: Wie gut sind die Jugendlichen auf die neuen Herausforderungen vorbereitet? Wie gelingt ihnen der Einstieg in eine Berufsausbildung? Mit welchen Erwartungen oder Ängsten reagieren sie auf Veränderungen? Aber auch: Wie können sich Unternehmen auf den zu erwartenden Wettbewerb um Auszubildende vorbereiten? […]

Quelle:
BIBB, Bonn, Pressemitteilung 07/2011 vom 22.02.2011

Mit dem Begriff „Ausbildungsreife" werden die Anforderungen an Jugendliche und die erwarteten Eigenschaften und Qualifikationen der Jugendlichen, die aus dem Bildungssystem in das Ausbildungssystem wechseln, beschrieben.

Ausbildungsmarktlage in den Berichtsjahren 2009 und 2010

		2009	2010	Vorjahresvergleich absolut	Vorjahresvergleich in %
Neue Ausbildungsverträge	Deutschland	564307	560073	-4234	-0,8%
	West	465309	469410	+3101	+0,7%
	Ost	98998	91663	-7335	-7,4%
Ausbildungsplatzangebot	Deutschland	581451	579582	-1869	-0,3%
	West	479809	484254	+4445	+0,9%
	Ost	101642	95328	-6314	-6,2%
Ausbildungsplatznachfrage	Deutschland	657071	644648	-12423	-1,9%
	West	546687	543001	-3686	-0,7%
	Ost	110384	101647	-8737	-7,9%
Angebote je 100 Nachfrager (Angebots-Nachfrage-Relation)	Deutschland	88,5	89,5	+1,4	
	West	87,8	89,2	+1,4	
	Ost	92,1	93,8	+1,7	

Deutschland West Ost

Quelle: Bundesinstitut für Berufsbildung, Erhebung zum 30.September 2010;Bundesagentur für Arbeit (inkl. der Daten der zugelassenen kommunalen Träger (zkT) 251W

Quelle:
http://www.bibb.de/de/wlk31794.htm

Q Ursprünglich stand Ausbildungsreife für die zertifizierte Fähigkeit eines ausbildenden Betriebs. Mit der Zeit hat sich jedoch der Bedeutungsgehalt hin zu den Kompetenzen der Jugendlichen verschoben. Darüber, was „ausbildungsreif" jedoch konkret bedeutet und welche Merkmale einen ausbildungsreifen Jugendlichen auszeichnen, herrscht Uneinigkeit. […]

[…] handelt es sich bei der Ausbildungsreife um eine allgemeine Voraussetzung, die Jugendliche befähigt, eine Berufsausbildung aufzunehmen und erfolgreich zu beenden. Das Konzept der Ausbildungsreife setzt sich, so die Expertengruppe, aus den folgenden fünf Merkmalsbereichen zusammen:
- Schulische Basiskenntnisse (z. B. Rechtschreibung, mathematische Grundkenntnisse)
- Psychologische Leistungsmerkmale (z. B. Sprachbeherrschung, Befähigung zur Daueraufmerksamkeit)
- Physische Merkmale (altersgerechter Entwicklungsstand und gesundheitliche Voraussetzungen)
- Psychologische Merkmale des Arbeitsverhaltens und der Persönlichkeit (z. B. Zuverlässigkeit, Kritikfähigkeit)
- Berufswahlreife (Selbsteinschätzungs- und Informationskompetenz) […]

1. Führt eine Internetrecherche durch. Ermittelt, was unter den Begriffen Berufseignung und Vermittelbarkeit verstanden wird. Bei der Recherche kann mit diesen Begriffen gearbeitet werden, es kann auch mit „Ausbildungspakt" gesucht werden, oder die Seiten der Arbeitsagentur oder bmwi (Bundesministerium für Wirtschaft und Technologie) durchsucht werden.

Erstellung eines Kompetenzprofils

Deine Interessen, Erwartungen und Fähigkeiten beeinflussen deine Berufswahl in entscheidendem Maße. Deshalb solltest du ganz ehrlich zu dir selber sein, und dich aber auch von anderen genauso ehrlich einschätzen lassen. Die Ergebnisse einer solchen Einschätzung kannst du dann unterschiedlich darstellen, um dir einen Überblick zu verschaffen. Zur Einschätzung dieser Bereiche kannst du einen Selbsterkundungsbogen ausfüllen bzw. von Freunden, Eltern, Bekannten usw. ausfüllen lassen.
Du kannst aber auch einen Kompetenzstern als Persönlichkeitsprofil anlegen, der wie folgt aussehen könnte:

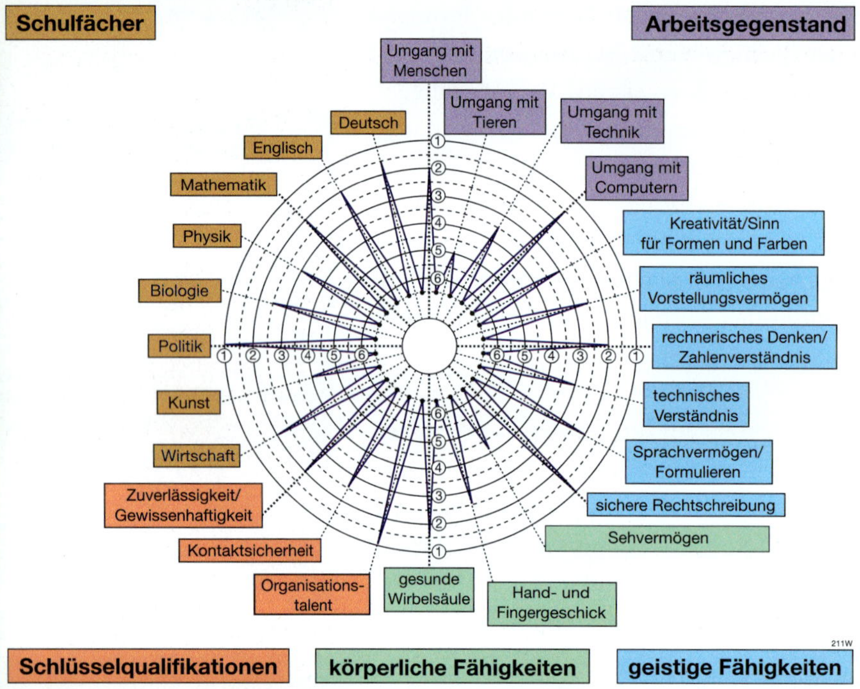

Markiere jeweils auf den Strahlen, die von innen nach außen führen, gemäß der Schulnoten von 1 bis 6, wie gut du dich zu den einzelnen Punkten einschätzt (auch Zwischennoten sind möglich). Verbinde dann diese Punkte mit den Punkten am Innenkreis, sodass – wie im Beispiel – ein wirklicher „Stern" entsteht.

Quelle:
nach: Praxis 9 Arbeit – Wirtschaft – Technik Hauptschule Bayern 9/M9, Braunschweig 2006, Seite 29

Eine weitere Möglichkeit wäre, deine Fähigkeiten mithilfe einer Kompetenzkurve darzustellen, die wie folgt aussehen könnte:

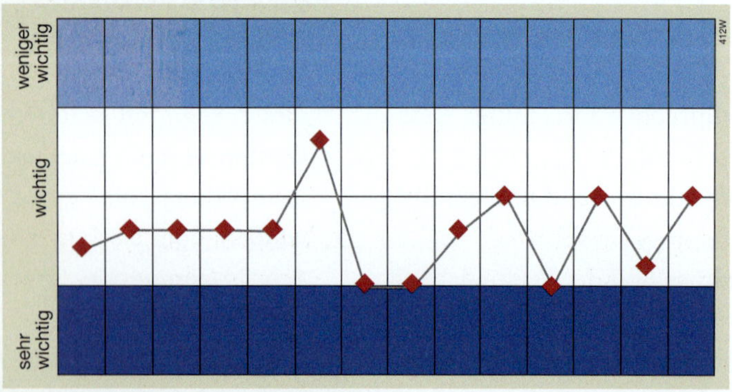

1 Fähigkeit, zu planen und zu organisieren
2 Umstellungsfähigkeit (wechselnde Aufgaben)
3 Schriftliches Ausdrucksvermögen
4 Sprachliches Ausdrucksvermögen
5 Rechnerische Fähigkeiten
6 Verhandlungsgeschick
7 Verschwiegenheit, Taktgefühl
8 Denken in Zusammenhängen
9 Befähigung zum Umgang mit Menschen
10 Einfühlungsvermögen in andere Menschen
11 Bereitschaft und Fähigkeit zu Teamarbeit
12 Akzeptieren von/Bereitschaft zu Alleinarbeit
13 Ertragen von Stress (Arbeitsspitzen)
14 Gepflegtes Äußeres

5 Rechte und Pflichten in der Ausbildung

Der Berufsausbildungsvertrag

Wenn ihr einen Ausbildungsplatz gefunden habt, müsst ihr euch auf eure neue Rolle als Auszubildende vorbereiten. Dazu gehört, dass ihr euch mit den rechtlichen Grundlagen als Auszubildende auseinandersetzt.

Das Wichtigste zu Beginn der Ausbildung ist der Abschluss eines Ausbildungsvertrages. Er unterliegt den Bestimmungen des Berufsbildungsgesetzes (BBiG). Er enthält die Rechte und Pflichten der Auszubildenden.

Ausbildungsordnungen
Die Ausbildung wird inhaltlich und zeitlich durch eine Ausbildungsordnung geregelt und enthält:
- Name des Ausbildungsberufs,
- Dauer der Ausbildung,
- praktische Fertigkeiten und theoretische Kenntnisse, die erlernt werden müssen,
- Ausbildungsplan, nach dem das Lernen sachlich und zeitlich gegliedert ist,
- Inhalte der Zwischen- und Abschlussprüfungen.

Der **Ausbildungsvertrag** wird zwischen dem Auszubildenden und dem ausbildenden Betrieb geschlossen. Darin wird z.B. festgehalten, in welchem Beruf ausgebildet wird, die sachliche und zeitliche Gliederung der Ausbildung, Beginn und Dauer der Ausbildung, ergänzende Ausbildungsmaßnahmen, Dauer der Ausbildungszeit, Dauer der Probezeit, Höhe der Ausbildungsvergütung, Dauer des Urlaubs und die Möglichkeit der Kündigung.

Arbeitnehmer und Auszubildende haben verschiedene Pflichten und Rechte. Dazu gehören als **Pflichten** des Auszubildenden, dass die Arbeit erledigt wird, Treue und Gehorsam dem Arbeitgeber gegenüber, Verschwiegenheit und Unbestechlichkeit sowie die Einhaltung des gesetzlichen und vertraglichen Wettbewerbsverbots.
Im Gegenzug besteht das **Recht** des Auszubildenden auf Beschäftigung, Vergütung, Fürsorge, Urlaub und Zeugnis.

Überwachung der Ausbildung
Die Kammern haben u. a. folgende Aufgaben:
- Festsetzung, welche Betriebe für eine Ausbildung geeignet sind,
- Entscheidung über die Zulassung zur Abschlussprüfung,
- Überwachung und Förderung der Berufsausbildung,
- Schlichtung von Streitigkeiten zwischen Auszubildenden und Ausbildenden.

INFO

Überwachung der Ausbildung
Die Überwachung der Ausbildung hat der Staat der jeweilig zuständigen **Kammer** übertragen. Alle Betriebe sind Pflichtmitglieder einer Kammer. Die Kammern sind berufsständische Körperschaften, die im Auftrag der angeschlossenen Betriebe gemeinsame Anliegen vertreten und im Auftrag des Staates für die Einhaltung von gesetzlichen Vorschriften in den Betrieben sorgen; so z. B. auch für die Einhaltung der Ausbildungsvorschriften und des Jugendarbeitsschutzgesetzes. Einige Kammern sind euch dem Namen nach sicher bekannt: etwa die Industrie- und Handelskammern (IHK), die Handwerkskammern oder die Ärztekammern.

1. Informiert euch bei der IHK und/oder Handwerkskammer über die Ausbildungsordnung für euren Wunschberuf.

Jugendarbeitsschutz

Die Sozialgesetzgebung in Deutschland begann 1839 mit dem Verbot der Arbeit für Kinder unter neun Jahren, allerdings beschränkt auf Arbeit in Fabriken. Für Kinder bis 16 Jahre galt ein Maximalarbeitstag von 10 Stunden, einschließlich von 1,5 Stunden Pause je Tag.

Heute gilt der Jugendarbeitsschutz für Jugendliche unter 18 Jahre. Kernpunkt sind auch heute Arbeitszeitregelungen. Um die Heranwachsenden noch besser zu schützen, dürfen sie keine gefährlichen und zu schweren Arbeiten zugeteilt bekommen. Pflicht ist der Besuch des Berufsschulunterrichts, für den Jugendliche von der Arbeit freigestellt werden müssen.

Meinungsverschiedenheiten in der Berufsausbildung

Berufsausbildungsvertrag und Jugendarbeitsschutzgesetz schützen einerseits die Auszubildenden, andererseits nennen sie aber auch Pflichten, die die Jugendlichen zu erfüllen haben.
Treten zwischen Ausbildenden und Auszubildenden Streitigkeiten auf, so gibt es für die Jugendlichen grundsätzlich zwei Möglichkeiten, zu ihrem Recht zu kommen: innerhalb des Betriebes und außerhalb des Betriebes.
Möglichkeiten der Behandlung von Problemen innerhalb des Betriebes sind Gespräche mit dem Ausbilder, der Betriebsleitung, dem Ausbildenden, der Jugendvertretung im Betrieb, dem Betriebsrat.
Außerhalb des Betriebes kann man sich an die Kammern, aber auch an Arbeitnehmervertretungen wenden.

1. Das Bild zeigt Kinderarbeit in einer Glasbläserei.
   a) Beschreibt das Bild.
   b) Nennt mögliche Schäden, die die Kinder vermutlich davon getragen haben.
   c) Beschreibt, auf welche Art und Weise die Kinder ihre Tätigkeiten gelernt haben.

6 Leitbilder für das Zusammenleben in Unternehmen

Viele Unternehmen stellen sich selbst und ihre Zielsetzungen in Form eines Leitbildes vor, z. B. auf der Homepage der Firma.

Ein Leitbild enthält z. B Aussagen des Unternehmens zu den Grundregeln des Umgangs miteinander. Es dokumentiert aber auch das im Laufe der Jahre gewachsene Selbstverständnis eines Unternehmens (d. h. wie sieht sich das Unternehmen selbst) ebenso wie die Unternehmensziele.

Alle Mitarbeiter sollen darauf verpflichtet werden, sich an diesem Leitbild zu orientieren – sie können sich auch Vorgesetzten gegenüber darauf berufen, wenn sie sich beispielsweise ungerecht behandelt fühlen.

Zur partnerschaftlichen Zusammenarbeit in unserem Unternehmen

1. Eine Unternehmenskultur, die sich durch ein partnerschaftliches Verhalten am Arbeitsplatz auszeichnet, bildet die Basis für ein positives Arbeitsklima und ist zugleich eine wichtige Voraussetzung für den wirtschaftlichen Erfolg unseres Unternehmens. Toleranz und Chancengleichheit sind prägender Bestandteil eines guten Arbeitsklimas. Respekt im Umgang miteinander ist Teil jeder partnerschaftlichen Zusammenarbeit. Alle Beschäftigten sind verpflichtet, den Grundsatz der partnerschaftlichen Zusammenarbeit zu wahren, insbesondere die Persönlichkeit und Würde jedes Beschäftigten zu respektieren. Die Beschäftigten haben ihr Verhalten an diesem Grundprinzip auszurichten.
   Benachteiligungen und Belästigungen aus Gründen der Rasse oder wegen der ethnischen Herkunft, des Geschlechts, der Religion oder Weltanschauung, einer Behinderung, des Alters oder der sexuellen Identität sind Verstöße gegen unseren Grundsatz der partnerschaftlichen Zusammenarbeit.

2. Jeder Betriebsangehörige, der sich aus Gründen der Rasse oder wegen der ethnischen Herkunft, des Geschlechts, der Religion oder Weltanschauung, einer Behinderung, des Alters oder der sexuellen Identität benachteiligt fühlt, hat das Recht zur Beschwerde. Das Führen einer Beschwerde führt nicht zu Nachteilen.

3. Ein nicht gerechtfertigter Verstoß gegen unseren Grundsatz der partnerschaftlichen Zusammenarbeit kann zu arbeitsrechtlichen Konsequenzen bis hin zur Kündigung führen.

1. Untersuche den Auszug aus dem Unternehmensleitbild nach den dir wesentlich erscheinenden Aussagen und notiere diese. ◒

2. Überlege und begründe schriftlich, welche Zielsetzungen mit einem Unternehmensleitbild innerbetrieblich angestrebt werden und welche Wirkungen ein Unternehmensleitbild für die außerbetriebliche Öffentlichkeit haben kann. ●

3. Suche im Internet nach zwei weiteren Unternehmensleitbildern und stelle Gemeinsamkeiten und Unterschiede heraus. ◒

Der Eigentümer eines Unternehmens im Gespräch mit einer Managerin.

Und die Manager?

Unternehmen können ihre Zielsetzungen nur realisieren, wenn ihre vielfältigen Tätigkeiten im Wirtschaftsprozess zielgerichtet umgesetzt werden und koordiniert ablaufen können. Dies ist im Kern die Aufgabe der Unternehmensführung oder des Managements. Die Hauptfunktion des Managements ist die Steuerung aller für ein Unternehmen notwendigen Aufgaben. Dazu gehört die Kombination der menschlichen Arbeitskraft mit den Betriebsmitteln und den Werkstoffen zu planen, zu organisieren und zu kontrollieren.

Manager- und Eigentümerunternehmen

Wird ein Unternehmen direkt vom Eigentümer geführt oder geleitet, spricht man von einem Eigentümerunternehmen. Stehen ihm Manager vor, die im Auftrag des Eigentümers Unternehmensentscheidungen treffen, handelt es sich um ein Managerunternehmen.

Die **Eigentümer** haben in der Regel einen persönlichen Bezug zum Unternehmen und haften mit ihrem persönlichen Vermögen für Verbindlichkeiten des Unternehmens. Sie sind also – aus eigenem Interesse – bestrebt, dass das Unternehmen langfristig besteht und Gewinne für sie und die Mitarbeiter abwirft.

Auch **Manager** sind bei ihren Führungsaufgaben an der Erzielung von Gewinnen interessiert, u. a. weil die Höhe ihres Gehalts in vielen Fällen z. B. vom Ergebnis des Unternehmens abhängig ist. Doch kann sich der persönliche Bezug zum Unternehmen aufgrund der fehlenden eigenen Haftung anders gestalten. Wenn das Unternehmen in einer Krise steckt, reagiert ein Gesellschafter eventuell anders als ein Manager, der mit einem Arbeitsvertrag an das Unternehmen gebunden ist. Ein solcher Vertrag kann schließlich jederzeit aufgekündigt werden.

Man spricht deshalb den Eigentümerunternehmern zumeist einen gewissenhafteren und risikoloseren Führungsstil zu als den Managerunternehmern.

Manager können z. B. ein Unternehmen wechseln, weil sie in einem neuen Unternehmen bessere Arbeitsmöglichkeiten, größere Entscheidungsspielräume oder auch ein höheres Einkommen in Aussicht haben. Die persönlichen Ziele von Managern müssen nicht immer mit den Zielen der Eigentümer eines Unternehmens übereinstimmen. Selbstverständlich gibt es aber viele Manager, die sich so mit dem Unternehmen identifizieren, als ob sie Miteigentümer wären.
Die Stellung eines Managers in einem Unternehmen ist nicht nur von den Zielen des Unternehmens selbst abhängig, sondern auch von seinen persönlichen Zielen. Man spricht bei dem Verhältnis zwischen einem Eigentümer und einem Manager von einem sogenannten „Prinzipal-Agent-Verhältnis".

INFO

Prinzipale = Auftraggeber. Bei ihnen liegt die Entscheidungsmacht.

Agenten = Auftragnehmer. In diesem Fall sind dies die Manager.

1. Suche nach Beispielen für Unternehmen, die von ihren Eigentümern geführt werden und die von Managern geführt werden. ○
2. Welche Vorteile und welche Nachteile ergeben sich aus der Führung eines Unternehmens durch den Eigentümer oder durch Manager? Erstelle eine Übersicht. ◒

Unterschiedliche Ziele von Unternehmern und Beschäftigten

Vier verschiedene Personen erzählen von ihren Zielen:

1. Der Eigentümer des Unternehmens

„Es gibt zwei wichtige Ziele: Arbeitsplätze sichern bzw. neue Arbeitsplätze schaffen und das weitere, sehr legitime und notwendige Ziel: Wir müssen Gewinne machen. Das erste Ziel kann nur erfüllt werden, wenn ein Unternehmen Gewinn macht, d. h. wenn es erfolgreich ist.
Entscheidungen müssen heute schnell getroffen werden, denn der Kunde erzählt uns genau, was er haben möchte und warum er ein Produkt kauft oder auch nicht. Und darauf müssen wir zügig reagieren.
Viele Unternehmer sind gerade in den letzten Jahren aufgefallen als „Wegrationalisierer" von Arbeitsplätzen. Es kann niemand Freude daran haben, tausend Arbeitsplätze abzubauen. Man muss unterscheiden: Was ist eine Sicherungsmaßnahme für den Bestand von Arbeitsplätzen und was ist unternehmerische Fantasielosigkeit, die es natürlich auch gibt."

2. Eine Abteilungsleiterin

„Ich habe hier zwar viel Verantwortung, dafür werde ich aber auch nicht schlecht bezahlt. Vor allem gefällt es mir, dass ich doch viel Freiheit habe, meine Arbeit zu gestalten. Im letzten Quartal konnte ich 6 % mehr in meiner Abteilung verkaufen als im vergleichbaren Monat des Vorjahres. Der Wettbewerb zwischen den Abteilungen ist schon ziemlich stark, aber wir müssen uns natürlich auch an vergleichbaren Häusern ausrichten. Und alle Mitarbeiter darauf einzuschwören ist nicht immer ganz leicht."

3. Eine Verkäuferin

„Es gibt hier doch ein ganz gutes Arbeitsklima und ich bin gerne mit meinen anderen Kollegen/innen zusammen. Meine Abteilungsleiterin ist ganz nett, aber sie verlangt auch viel. Und wenn es nicht so richtig läuft, dann kann sie ganz schön nervig werden. Ich verstehe das ja, aber sie verdient schließlich gut und dafür kann sie auch mehr tun. Manchmal ist die Arbeit schon ziemlich anstrengend, den ganzen Tag auf den Beinen, die Kunden sind alles andere als immer freundlich. Ich darf jedoch keine Launen haben, es sind ja unsere Kunden oder solche, die es werden sollen. Wenn ich mich falsch verhalte, dann kommt er oder sie nie wieder in unseren Laden."

4. Die Leiterin eines Museums

„Als Heimatmuseum dürfen wir, wie alle Betriebe der öffentlichen Hand, keinen Gewinn erzielen. Die Eintrittsgebühren decken nur einen kleinen Teil der Kosten. Unser Ziel ist, durch eine anschauliche Präsentation der Ausstellungsstücke viele Einwohner mit der Vergangenheit unserer Stadt bekannt zu machen. In der Zeitung wird viel über unsere Veranstaltung berichtet. Das ist wie „kostenlose" Werbung."

Eigentümer

Abteilungsleiterin

Verkäuferin

Museumsleiterin

1. Lest die einzelnen Situationen sorgfältig durch und entscheidet dann, wer welche Situationen als Rollenspieler vertreten will.

2. Stellt Kriterien für die Beobachtung des Rollenspiels zusammen.

3. Spielt das Rollenspiel, bei dem die einzelnen Teilnehmer ihre Ziele bei ihren beruflichen Tätigkeiten deutlich machen sollen, und wertet die Ergebnisse aus.

Am Ende dieses Kapitels sollst du Einstellungsvoraussetzungen, die Unternehmen für die Vergabe oder Besetzung von Ausbildungsstellen haben, ermitteln können. Du sollst ebenfalls ein Kompetenzprofil beschreiben und wichtige Elemente des Ausbildungsvertrags benennen können. Du sollst Faktoren kennen, die den Strukturwandel in der Wirtschaft beeinflussen. Des Weiteren sollst du Rechtsformen von Unternehmen nennen und vergleichen können, wichtige Aufgaben des Rechnungswesens erläutern und die Schritte einer Unternehmensgründung beschreiben können. Darüberhinaus solltest du Unternehmensleitbilder kennenlernen.

Folgende Aufgaben helfen dir, deine Kompetenzen zu überprüfen:

1. Ein Organigramm zeigt sichtbar wichtige Spielregeln der Organisation eines Unternehmens. Es ist Grundlage, wenn über Veränderungen der Organisationsspielregeln diskutiert und entschieden wird. Das Management und die Mitarbeiter nutzen es als Grundlage der Kommunikation nach außen und innen. Die Bedeutung des Organigramms und seine Wirkung auf Kunden, Geschäftspartner oder Mitarbeiter darf deshalb nicht unterschätzt werden. Es ist so etwas wie die Landkarte des Unternehmens.
Welche Veränderungen der „Spielregeln" in einem Unternehmen könnten mithilfe von Organigrammen diskutiert werden? Bilde Beispiele. ○

2. Mit Organigrammen bilden Organisationen im Allgemeinen und Unternehmen im Besonderen ihre Struktur ab. Mit Kästchen, Kreisen, Pfeilen und Linien werden Zusammenhänge zwischen einzelnen Einheiten wie Abteilungen oder Mitarbeitern aufgezeigt. Die Verbindungen stehen dabei meistens für:

- Wer ist für wen und für was verantwortlich?
- Wer ist wessen Vorgesetzter oder Untergebener?
- Wie verlaufen die Kommunikationswege?

a) Beschreibt mithilfe der obigen Fragen das Beispielorganigramm auf S. 160. ◒
b) Versucht gemeinsam ein Organigramm eurer Schule zu zeichnen. ◒
c) Sucht im Internet Beispiele für Organigramme von Krankenhäusern, Stadtverwaltungen und Vereinen. ◒

3. Eine Erkundungsaufgabe: Findet bei unterschiedlichen Unternehmen der Region heraus, welche Einstellungsvoraussetzungen sie für die Vergabe von Ausbildungsplätzen haben. Experten sind auch Vertreter der Kammern: IHK (Industrie- und Handelskammer), HWK (Handwerkskammer), LWK (Landwirtschaftskammer). ◒

4. Erkundet, wie Unternehmensvertreter oder auch Vertreter der Kammern zu dem Problem stehen, dass es immer noch eine zu hohe Zahl erfolgloser Lehrstellenbewerber/-innen gibt, obwohl sich bereits heute ein Fachkräftemangel abzeichnet.
Ist das für die Berufsausbildung, die ihr anstrebt, ein Problem? ◒

5. Betrachte die folgende Grafik „Zukunft der Arbeit" und fasse ihre Aussage zusammen. ○

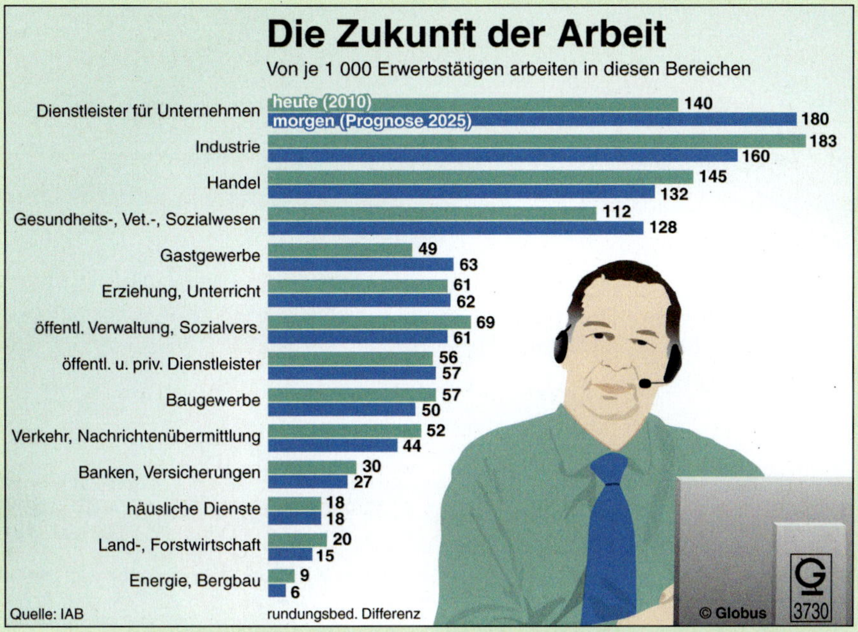

6. Auf S. 155 werden Beispiele für Strukturwandel genannt:
- Wandel der Beschäftigung in den Wirtschaftssektoren.
- Demografischer Wandel.
- Wandel der Ausgabenstruktur der privaten Haushalte.
- Wandel der Arbeitszeit.

a) Erläutert kurz an einem Beispiel die unterschiedlichen Formen von Strukturwandel. ◒

b) Strukturwandel bringt Vorteile für die einen und Nachteile für die anderen mit sich. Untersucht und stellt an den vier Beispielen dar, wer bei den jeweiligen Strukturwandel Vorteile und wer Nachteile haben könnte. ○

7. Welche der auf S. 162 genannten Aufgaben des Rechnungswesens müssen auch in einer Schülerfirma bewältigt werden? ○

8. Erläutere, wodurch sich summarische und analytische Arbeitsbewertung unterscheiden. Inwieweit könnte auch dein Arbeitsplatz als Schüler mit den beiden Verfahren analysiert werden? ○

PERROTTA
20
DE ROSSI
16

ARBEITSLOSE GEGEN
SOZIALABBAU
Den Armen nehmen den
Reichen geben ES REICHT!
Kaufhof

Krombacher
Außenwerber von Hertha BSC

IX Die Aufgaben des Staates

Der Staat tritt im Wirtschaftsgeschehen in vielfältiger Form in Erscheinung und übernimmt gleichzeitig unterschiedliche Aufgaben. Man unterscheidet deshalb verschiedene wirtschaftspolitische Handlungsfelder voneinander, die stets vergleichbare Phasen aufweisen.

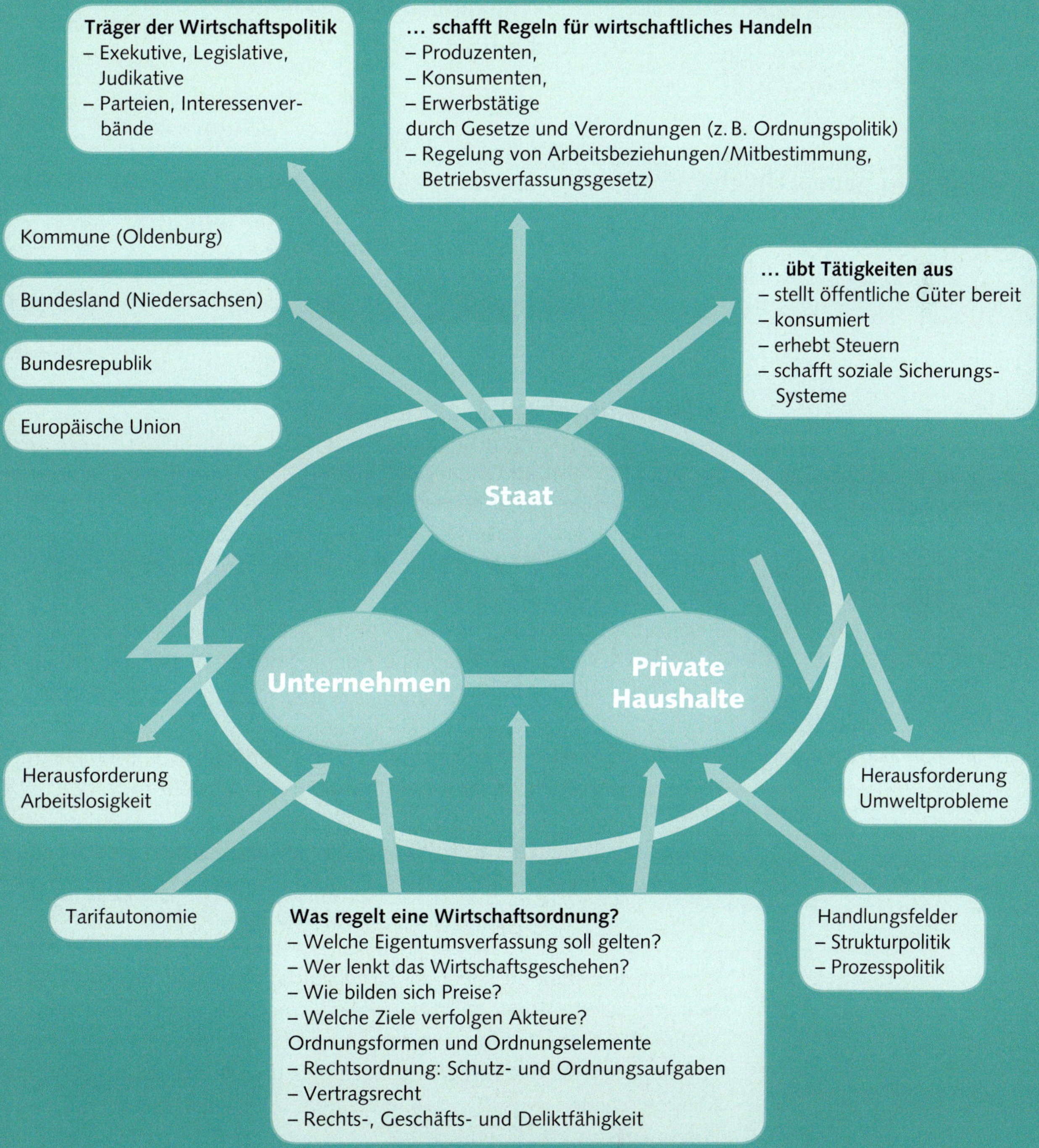

Merkel will großen Wurf für Euro-Rettung

(Handelsblatt)

Hartz-IV-Reform: Parteien wollen sich vor Weihnachten einigen

(Focus)

Pläne für Schuldenbremse

(Frankfurter Allgemeine Zeitung)

Regulierung der Finanzmärkte: EU-Kommissar gegen baldige Finanzmarktsteuer

(Die Zeit)

Stadt baut neuen Theaterwall

(Nordwest-Zeitung)

Dioxin-Skandal: Ministerin Aigner will den Rundumschlag

(Rheinische Post)

1 Die Aufgaben des Staates

Auch im Sport gelten Regeln.

Schlägt man die Tageszeitung auf, stößt man auf eine Vielzahl von Meldungen, die über staatliche Institutionen (= Einrichtungen) und ihre Handlungen berichten. In vielen Fällen spielen dabei wirtschaftliche Fragestellungen eine Rolle. Der Staat tritt dabei in unterschiedlichen „Rollen" auf:

Regelsetzer: Der Staat erlässt Rahmenvorgaben, Gesetze, Verordnungen u. Ä., die die Handlungsmöglichkeiten der Akteure im Wirtschaftsgeschehen festlegen.

Schiedsrichter: Staatliche Einrichtungen (z. B. Behörden, Gerichte) kontrollieren die Einhaltung dieser Regeln und bestrafen Verstöße.

Spieler: Der Staat agiert auch selbst im Wirtschaftsgeschehen, wenn er etwa Unternehmen beauftragt, Straßen zu bauen oder wenn er eigene (öffentliche) Betriebe zur Erfüllung bestimmter Aufgaben unterhält.

Darüber, wie stark der Staat die einzelnen Rollen wahrnehmen soll, gibt es immer wieder Streit, beispielsweise zwischen den politischen Parteien. Während die einen es für sinnvoll halten, dass sich der Staat weitgehend auf die Festlegung von Regeln konzentriert und ansonsten wenig in das Marktgeschehen eingreifen soll, befürworten andere – gerade in Krisenzeiten – die gezielte Einflussnahme.

Um einen ersten Überblick über die Vielfalt der staatlichen Aufgaben und Akteure zu bekommen, ist es hilfreich, sich die Berichterstattung einer Zeitung etwas genauer anzusehen. Wertet dazu – gegebenenfalls in Gruppenarbeit – eine Woche lang eine regionale und/oder überregionale Tageszeitung unter folgenden Fragenstellungen aus:

a) Über welche wirtschaftspolitischen Themen wird berichtet?
b) Welche politischen Entscheidungsträger (u. a. Parlamente, Regierungen, Behörden) sind mit diesen Themen befasst?
c) Auf welcher Ebene wird diskutiert bzw. entschieden (Kommune/Stadt; Bundesland; Bund; Europäische Union; weltweit)?

Auswertung von Tageszeitungen

Wählt für jeden Tag nur die eurer Meinung nach wichtigsten bzw. für euch interessantesten Meldungen aus. Berücksichtigt bei der Auswertung neben dem politischen Teil und dem Wirtschaftsteil auch den Regional- und Lokalteil der Tageszeitung. Legt eine Tabelle nach folgendem Muster an und tragt eure Beobachtungen ein.

Wochentag	**Thema/Artikelüberschrift/Plazierung**	**beteiligte Entscheidungsträger**	**betroffene politsche Ebene**
Montag, den …	– – – –		
Dienstag, den …	– – – –		
Mittwoch, den …	– – – –		
Donnerstag, den …	– – – –		
Freitag, den …	– – – –		
Samstag, den …	– – – –		

2 Wirtschaftspolitische Entscheidungsträger

Quelle:
nach S. Behrends: Wirtschaftspolitik in der Gruppengesellschaft, in: arbeiten + lernen /Wirtschaft, Heft 28, S. 7

Bei der Analyse der Zeitungen werden euch unterschiedliche Entscheidungsträger begegnen. Die Tabelle unterscheidet zum einen die Entscheidungsebenen. Zum anderen macht sie deutlich, wer Gesetze verabschiedet und wer diese dann umsetzt.

Träger der Wirtschaftspolitik und wirtschaftspolitische Beeinflussungskräfte			
Trägerebene	**legislative/ gesetzgebende Instanzen**	**primäre exekutive/ Gesetze ausführende Instanzen**	**sekundäre exekutive/ Gesetze ausführende Instanzen**
Europäische Union	Rat der EU	Kommission der EU	nachgeordnete Instanzen, z. B. Verwaltung der Strukturfonds
Bundesebene (Deutschland)	Bundestag – Ausschüsse – Plenum Bundesrat Vermittlungsausschuss	Bundesregierung – Bundeskanzler – Bundesminister (insbesondere für Wirtschaft und Finanzen) – *ferner einige Organisationseinheiten in anderen Bundesministerien, wie für* • Verkehrswirtschaft im Verkehrsministerium • Ernährungs-, Land- und Forstwirtschaft im Ministerium für Ernährung, Landwirtschaft und Forsten • Wohnungswirtschaft im Ministerium für Raumordnung, Bauwesen und Städtebau	nachgeordnete Bundesverwaltungen mit Entscheidungsbefugnis in ihrem Zuständigkeitsbereich u. a. – Bundeskartellamt – Bundesaufsichtsamt für das Kreditwesen
Länderebene (Deutschland)	Landtage der Bundesländer Parlamente der Stadtstaaten	Landesregierungen Ministerpräsidenten bzw. Regierende Bürgermeister – Landesminister bzw. Senatoren, insbesondere für Wirtschaft und Finanzen	nachgeordnete Landesverwaltungen mit Entscheidungsbefugnis in Einzelfällen u. a. – Regierungspräsidenten – Bezirksämter
Kommunalebene (Deutschland)	Gemeinderäte Stadträte Kreistage	Gemeinde-, Stadt- und Kreisverwaltungen – Gemeinde, Stadt, Kreisdirektoren – Leiter von Ämtern, insbesondere von Bau- und Beschäftigungsämtern	Zweckverbände der Gemeinden, Städte, Kreise mit Entscheidungsbefugnis für bestimmte Versorgungsleistungen u. a. für – Wasserversorgung – Müllabfuhr

Der Einfluss von Interessengruppen

Immer dann, wenn (wirtschafts-)politische Entscheidungen getroffen werden, sind unterschiedliche Bevölkerungsgruppen betroffen. Diese Gruppen haben häufig verschiedene Interessen und bewerten deshalb die Wirkung einzelner gesetzlicher Regelungen ganz unterschiedlich.

Wenn eine neue gesetzliche Regelung – z. B. zur Einführung einer Geschwindigkeitsbegrenzung auf Autobahnen – diskutiert wird, werden die verschiedenen gesellschaftlichen Gruppen versuchen, ihre Interessen schon im politischen Entscheidungsprozess deutlich zu machen und die Politiker so zu beeinflussen, dass sie ihren Interessen entsprechend abstimmen bzw. entscheiden. Und da dies Einzelne nicht leisten können, schließen sich Gleichgesinnte zu Gruppen bzw. zu Interessenverbänden zusammen.

Der Zusammenschluss von Menschen, die gleiche Ziele verfolgen, ist in einer Demokratie vollkommen in Ordnung. Wäre dies nicht so, gäbe es z. B. auch keine Parteien. Es gibt auch viele Vereinigungen, die nicht in erster Linie die Durchsetzung von Interessen anstreben, so z. B. Sport- oder Brieftaubenzüchtervereien. Allerdings können auch diese Vereine in Ausnahmefällen als Interessenorganisationen auftreten, etwa wenn Sportvereine sich um den Bau von Sportanlagen bemühen.

Dagegen sind Interessenverbände Organisationen, die gegenüber staatlichen Stellen und der Öffentlichkeit die Interessen ihrer Mitglieder vertreten. Zu den Interessenvertretungen zählen auch öffentliche Institutionen wie Industrie- und Handelskammern sowie Bürgerinitiativen.

INFO

Interessenverbände
In Deutschland verfolgen über 5 000 Verbände, die eigentlichen Interessenverbände, politische Ziele. Die Spitzenverbände mit bundespolitischen Interessen haben sich in eine Liste eintragen lassen, die beim Präsidenten des Deutschen Bundestages geführt wird („Lobbyliste"). Im Jahre 2006 standen darin mehr als 1 900 Verbände mit ca. 4 500 Mitarbeiterinnen und Mitarbeitern.

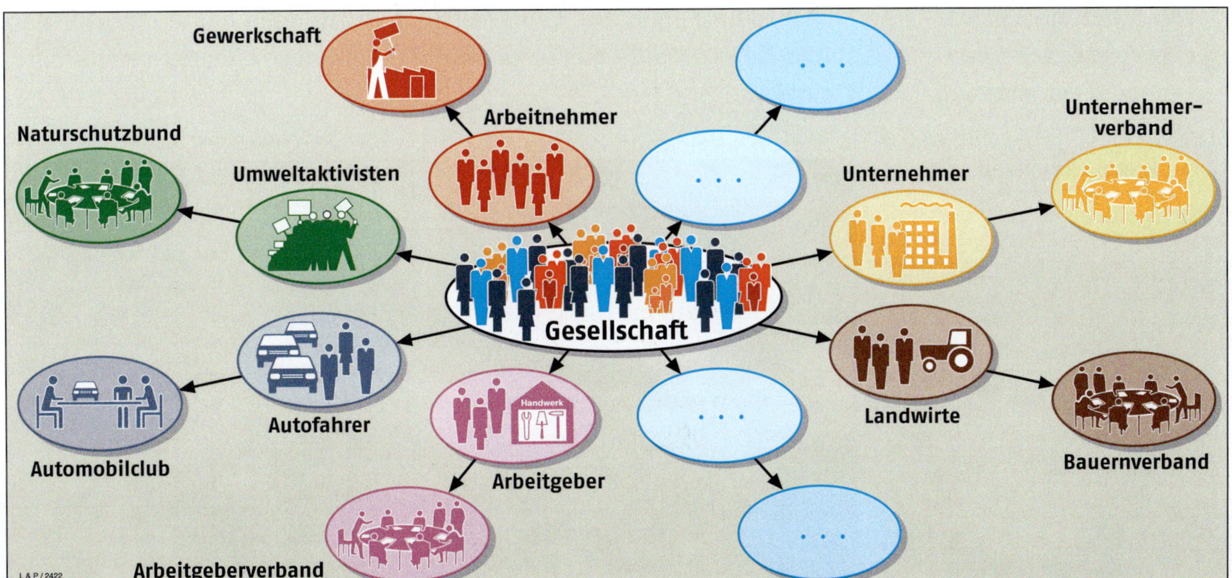

Aus gemeinsamen Interessen werden Interessenverbände.

3 Handlungsfelder der Wirtschaftspolitik

Ordnungspolitik: Regelgestaltung

Die Analyse der Tageszeitung gibt einen Überblick über die Vielfalt der staatlichen Entscheidungen und Maßnahmen, die das Wirtschaftsgeschehen beeinflussen. Um etwas mehr Übersicht zu erreichen, ist es sinnvoll, die einzelnen wirtschaftspolitischen Handlungen größeren Handlungsfeldern zuzuordnen. Diese Handlungsfelder unterscheiden sich z. B. hinsichtlich der Ziele der Maßnahmen, ihrer zeitlicher Ausrichtung (kurz-, mittel- und langfristig) und den Bereichen, bei denen sie ansetzen.

Generell werden drei wirtschaftspolitische Handlungsfelder unterschieden: Ordnungspolitik, Prozesspolitik und Strukturpolitik.

Ordnungspolitik

Was eine Wirtschaftsordnung ist, welche Funktionen sie erfüllt und wie sie sich in der Marktwirtschaft darstellt, habt ihr auf den Seiten 89–109 bereits erfahren.

Unter dem Begriff der Ordnungspolitik fasst man alle wirtschaftspolitischen Maßnahmen zusammen, die der längerfristigen Gestaltung und Weiterentwicklung der Wirtschaftsordnung dienen. Es geht also darum, die Rahmenbedingungen für das Wirtschaftsgeschehen zu bestimmen. Es werden die Regeln festgelegt, an die sich alle Akteure (private Haushalte, Unternehmen, der Staat selbst) halten müssen. Da liegt es auf der Hand, dass ordnungspolitische Entscheidungen langfristig wirken sollen. Andererseits müssen Regeln immer wieder überprüft und neu gestaltet werden.

Früher kannte man z. B. Gammelfleisch nicht, doch heute braucht man solche Gesetze, die Verbraucher vor diesem ungenießbaren Lebensmittel schützen.

1. Nach den ersten Gammelfleisch-Skandalen wurden die bestehenden Gesetze zum Schutz der Verbraucher erweitert. Erkläre, warum es sich dabei um Maßnahmen der Ordnungspolitik handelt. ◒

Prozesspolitik

Unter Prozesspolitik verstehen wir alle wirtschaftspolitische Maßnahmen, die das Wirtschaftsgeschehen steuern sollen. Im Unterschied zur Ordnungspolitik verändert die Prozesspolitik also nicht den Rahmen wirtschaftlichen Handelns, sondern beeinflusst direkt das Wirtschaftsgeschehen. Das geschieht oft sehr kurzfristig. Dabei muss sie allerdings die festgelegten Rahmenbedingungen beachten.

Prozesspolitik: Zinserhöhung der Bundesbank

Q

Mit zwei Konjunkturpaketen hat die Bundesregierung im Winter 2008/2009 entschlossen auf die internationale Finanz- und Wirtschaftskrise reagiert. Gezielte Entlastungen für Bürgerinnen und Bürger wie für Unternehmen und Maßnahmen zur Beschäftigungssicherung bauen der deutschen Wirtschaft eine Brücke in die Zeit nach der Krise. Mittlerweile zeigen die Investitionen Wirkung. […]
Der Staat entlastet die Bürgerinnen, Bürger und Unternehmen bei Steuern und Sozialbeiträgen. Ein längeres Kurzarbeitergeld sichert Arbeitsplätze. Städte und Gemeinden erhalten zusätzliches Geld, um beispielsweise Schulen und Kindergärten zu sanieren. Genehmigungsverfahren hat die Bundesregierung dafür erleichtert.

Quelle:
www.konjunkturpaket.de/nn_773942/Content/DE/Artikel/KP/gegen-die-krise-fuer-neues-wachstum.html

Strukturpolitik

Unter den Begriff Strukturpolitik werden alle wirtschaftspolitischen Maßnahmen gefasst, bei denen die Gestaltung der Struktur einer Volkswirtschaft im Zentrum steht. Grundsätzlich unterscheidet man die mittelfristigen Maßnahmen, die zur Erhaltung oder Entwicklung einer Wirtschaftsregion (regionale Strukturpolitik) eingeleitet werden, von solchen, die einzelne Wirtschaftszweige (sektorale Strukturpolitik) betreffen.

Q

Aufbau Ost: Bezeichnung für alle wirtschaftspolitischen Maßnahmen und Anstrengungen, die das Ziel haben, die wirtschaftlichen Lebensverhältnisse in den ostdeutschen Bundesländern an den Westen der Bundesrepublik anzupassen. Der wirtschaftliche Aufbau in Ostdeutschland erfolgte durch eine Vielzahl von Maßnahmen sowohl auf gesamtwirtschaftlicher als auch auf einzelwirtschaftlicher Ebene. Besonders schwerwiegende Probleme nach der deutschen Wiedervereinigung 1989 […] wurden bereits in den ersten Jahren gelöst. In den 1990er-Jahren wurden verschiedene Maßnahmen im Rahmen des Aufbaus Ost ergriffen, z. B. der Ausbau der überregionalen Straßen und Schienenwege […].

Der Aufbau neuer industrieller Strukturen, v. a. im verarbeitenden Gewerbe, hat sich in der Vergangenheit zwar verbessert, insbesondere weiterhin höhere Arbeitslosenzahlen im Osten als im Westen zeigen jedoch, dass noch viele Probleme zu lösen sind.

Quelle:
www.bpb.de/popup/popup_lemmata.html?guid=BUA6EN

1. Wähle aus den Themen, die ihr bei der Zeitungsanalyse auf Seite 178 ermittelten habt, drei Beispiele aus und ordne sie den Handlungsfeldern zu.

2. Begründe deine Auswahl, indem du auf die Zeitdimension, die Ansatzpunkte und Zielsetzungen der Maßnahmen eingehst.

4 Tarifautonomie

Immer wieder werden Tarifverhandlungen durchgeführt. Regelmäßig verhandeln Arbeitgeber und Arbeitnehmer nach den „Spielregeln" des Tarifvertragsgesetzes (TVG) über die Festlegung von Arbeitsbedingungen, insbesondere aber über Löhne und Gehälter. Das Ergebnis der Verhandlungen wird dann in einem Tarifvertrag festgelegt, an den sich beide Verhandlungsparteien halten müssen.

Gewerkschaften

Die Gewerkschaften sind Zusammenschlüsse von Arbeitnehmern zur Vertretung ihrer Interessen gegenüber Arbeitgebern und Staat, wenn er als Arbeitgeber (z. B. in Behörden) in Aktion tritt. Ihre Bildung ist im Grundgesetz (Artikel 9, Abs. 3) festgehalten. In der Bundesrepublik Deutschland haben sich Einzelgewerkschaften in einem Dachverband, dem Deutschen Gewerkschaftsbund (DGB), zusammengeschlossen. Zudem schlossen sich von den ehemals 16 Einzelgewerkschaften verschiedene Einzelgewerkschaften zu Großgewerkschaften zusammen.

Neben den DGB-Gewerkschaften gibt es weitere selbstständige Arbeitnehmerorganisationen. Die wichtigsten sind: der Deutsche Beamtenbund (DBB), der Christliche Gewerkschaftsbund (CGB), der Deutsche Bundeswehr-Verband (DBwV).

Gewerkschaftlich organisiert sind in Deutschland rund 40 % der Arbeitnehmer. Zur Finanzierung der Gewerkschaften zahlen sie Mitgliedsbeiträge (durchschnittlich 1 % des Bruttolohns). Im Falle von Streiks zahlen sie an ihre Mitglieder Streikgeld als Ausgleich für den Verdienstausfall.

INFO

Artikel 9 des Grundgesetzes
formuliert die Regeln
- für die Bildung von Gewerkschaften und Arbeitgeberverbänden,
- für das Führen von Tarifverhandlungen und
- die Sicherung der Tarifautonomie gegenüber staatlicher Einflussnahme.

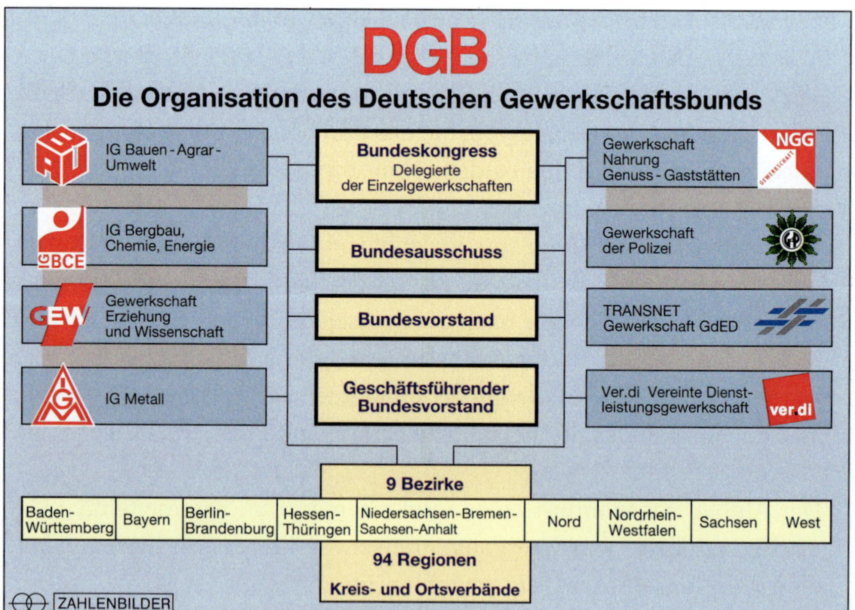

241 110

Arbeitgeberverbände

Auf der anderen Seite haben sich die Arbeitgeber zur Wahrung ihrer Interessen zu eigenen Verbänden zusammengeschlossen. Selbstverständlich kann ein einzelner Arbeitnehmer mit einem Arbeitgeber seinen Arbeitsvertrag abschließen, dann aber handelt es sich um eine Einzelvereinbarung bzw. einen Einzelvertrag (= individueller Vertrag). Der Tarifvertrag ist eine gemeinschaftliche Vereinbarung (= kollektiver Vertrag), die für eine ganze Gruppe von Arbeitnehmern und Arbeitgebern gilt.

Tarifautonomie

Die Arbeitsbedingungen der meisten Arbeitnehmer sind durch Tarifverträge geregelt. Der Staat ist als Arbeitgeber für die Beschäftigten im öffentlichen Dienst auch Tarifpartei. Alle anderen Tarifverhandlungen und -verträge darf er jedoch nicht beeinflussen. Die sogenannte Tarifautonomie ist in Artikel 9, Abs. 3 GG ausdrücklich festgeschrieben. Die Tarifpartner, also Arbeitgeberverbände und Gewerkschaften, sind zuständig für Löhne, Gehälter und Ausbildungsvergütungen, für Pausenregelungen, Wochenarbeitszeit und den Urlaub. Das heißt, dass an dieser Stelle jeder staatliche Eingriff unzulässig ist. Der Staat darf die Verhandlungsergebnisse nicht durch Gebote oder Verbote beeinflussen. Eine Ausnahme ist die Verletzung von Gesetzen. Möglich sind nur indirekte Beeinflussungen, zu denen der Staat verpflichtet ist. Deshalb veröffentlicht die Bundesregierung z. B. Empfehlungen für die Tarifverhandlungen, die nicht überschritten werden sollten.

Tarifverhandlungen sind durch Interessenkonflikte der Tarifparteien geprägt. Es liegt auf der Hand, dass die Arbeitnehmerseite z. B. an möglichst hohen Löhnen interessiert ist, während Arbeitgeber das Gegenteil wünschen. Können sich die Parteien über einen längeren Zeitraum nicht einigen, so haben die Arbeitnehmer die Möglichkeit, in den Streik zu treten, d. h. ihre Arbeit niederzulegen. Hierdurch soll der Druck auf die Arbeitnehmer erhöht werden. Für Streiks gibt es allerdings auch klare Regeln, zudem gibt es Verhandlungspflichten.

INFO

Grundgesetz Artikel 9, Absatz 3
Das Recht, zur Wahrung und Förderung der Arbeits- und Wirtschaftsbedingungen Vereinigungen zu bilden, ist für jedermann und für alle Berufe gewährleistet. Abreden, die dieses Recht einschränken oder zu behindern suchen, sind nichtig, hierauf gerichtete Maßnahmen sind rechtswidrig. […]

1. Definiere in eigenen Worten den Begriff der „Tarifautonomie". Verdeutliche dabei deren Ziele. ○

2. Lies den Auszug aus dem Tarifvertragsgesetz und benennen diejenigen Akteure, für die Tarifverträge gelten. ○

3. Ermittle im Internet die Regeln bzgl. der Durchführung von Streiks. Erkläre, inwiefern diese ein wesentliches Instrument der Arbeitnehmer in Tarifverhandlungen darstellen. ◒

5 Politikzyklus – Kreislauf der Politik

Einführung

Politik kann als ein ständiger Problemlösungsprozess betrachtet werden.

Den Ausgangspunkt politischen Handelns bildet in der Regel ein gesellschaftliches Problem, das nach Ansicht einer großen Anzahl von Menschen politisch gelöst werden soll. Ob ein gesellschaftliches Problem zu einem politischen, d. h. mit den Mitteln der Politik zu lösenden, Problem wird, ist meist das Ergebnis einer mehr oder minder heftigen öffentlichen Auseinandersetzung zwischen Personen, Gruppen, Parteien und Verbänden, die ihre jeweiligen Sichtweisen des Problems durchzusetzen versuchen.

Abstimmung im Bundestag

Die Medien spiegeln diese Auseinandersetzung nicht nur wider, sondern beeinflussen sie auch, indem z. B. Zeitungen für die eine oder andere Seite Partei ergreifen.

Am Ende der Auseinandersetzung steht häufig (wenn auch nicht immer) eine Entscheidung durch die staatlichen Entscheidungsorgane, zum Beispiel durch Bundestag und Bundesrat, die in einem genau geregelten Verfahren ein Gesetz beraten und beschließen.

Um die Entscheidungsprozess genau nachvollziehen zu können, ist es notwendig, die wichtigsten staatlichen Organe und ihre Beziehungen zu kennen. Die folgende Grafik stellt die Verfassungsorgane der Bundesrepublik Deutschland und die zwischen ihnen bestehenden Verknüpfungen dar.

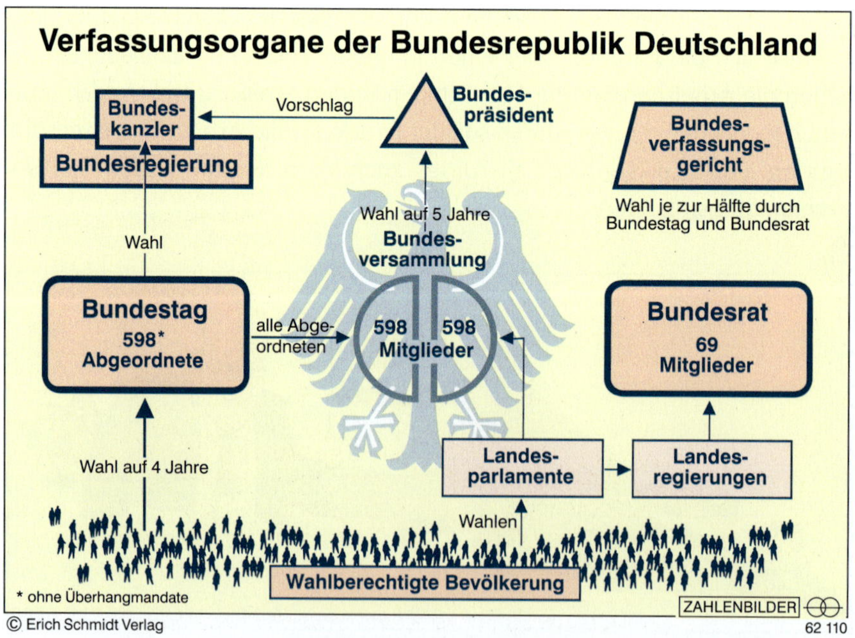

Mit der getroffenen Entscheidung ist der politische Problemlösungsprozess aber keineswegs abgeschlossen. Damit beispielsweise ein Gesetz nicht nur ein Stück Papier bleibt, muss es von den zuständigen Behörden „vollzogen", d. h. in zahllosen Einzelfallentscheidungen praktisch umgesetzt werden. Werden z. B. bestimmte Verhaltensweisen verboten, weil sie umweltschädlich sind (z. B. das Waschen von Autos im eigenen Garten), so ist festzulegen, wie Verstöße bestraft werden sollen. Kontrollen der Polizei müssen entsprechend angepasst werden.

Polizeikontrolle

Die Reaktionen der Menschen auf eine politische Entscheidung können sehr unterschiedlich sein und von uneingeschränkter Unterstützung über widerwillige Befolgung bis zu offenem Widerstand in Form von Demonstrationen, Streiks, Wahl von Oppositionsparteien etc. reichen. Es ist dann durchaus möglich, dass der ganze Zyklus (= Kreislauf) von Neuem beginnt: Wieder findet eine Auseinandersetzung über verschiedene Lösungsmöglichkeiten statt, es kommt zu Verhandlungen und Entscheidungen usw.

Demonstration Stuttgart 21

Der Politikzyklus ist kein Abbild, sondern ein Modell der politischen Wirklichkeit. Wie jedes Denkmodell hat auch er die Funktion, eine komplizierte Realität so zu vereinfachen, dass sie überschaubar und verständlich wird.

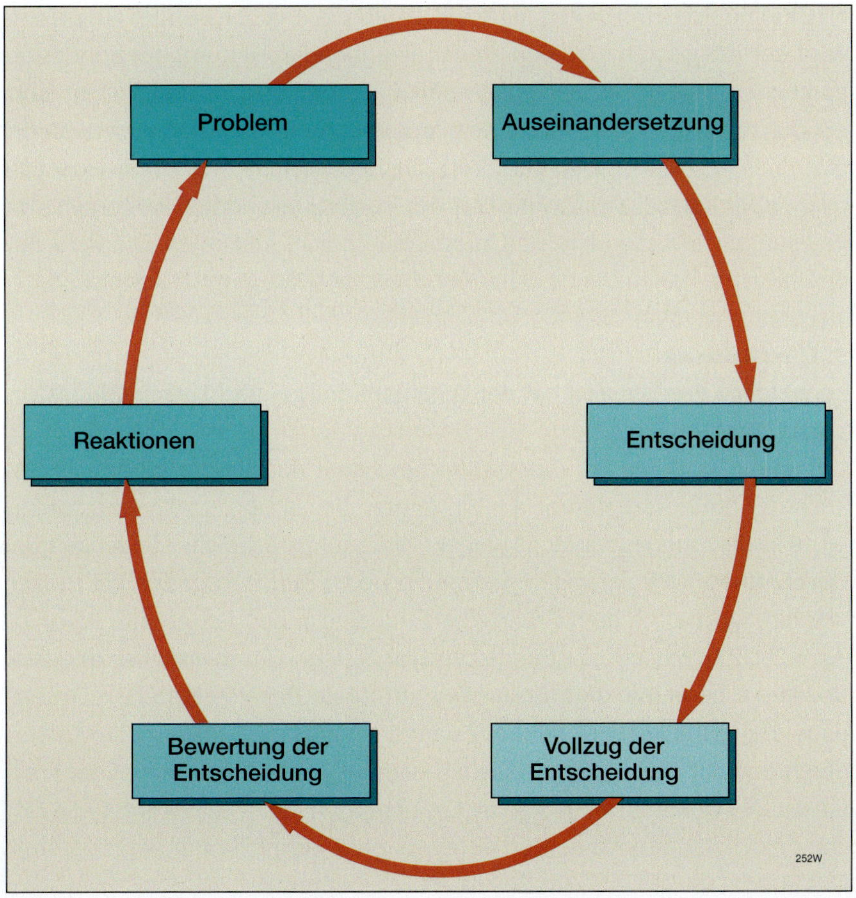

Anwendung des Politikzyklus am Beispiel des Verbraucherinformationsgesetzes

Nehmen wir als Beispiel für die Anwendung des Modells die Auseinandersetzung um das Verbraucherinformationsgesetz.

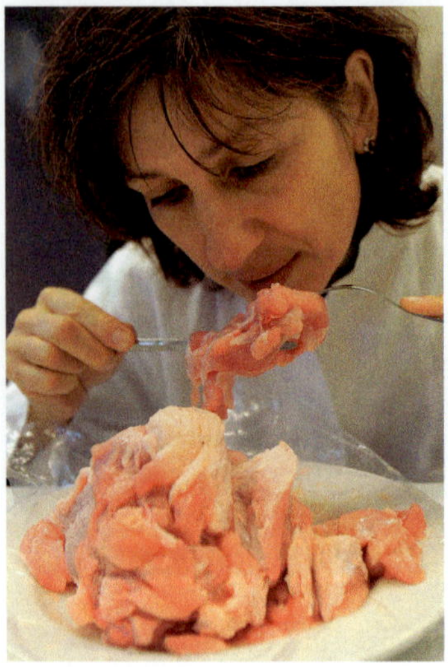

Prüfung von „Gammelfleisch"

1. Problem:

Worin besteht das Problem? Welche Aufgabe hat die Politik zu lösen?

Im August 2005 werden in München 90 Tonnen Fleisch beschlagnahmt, deren Haltbarkeitsdatum teilweise um bis zu vier Jahre überschritten ist. Viele Gaststätten, Kantinen und Imbisse sind betroffen. Durch diesen und weitere „Gammelfleischskandale", über die in den Medien ausführlich berichtet wird, erhält die Forderung nach einem Verbraucherinformationsgesetz neuen Auftrieb. Das Gesetz soll einerseits den zuständigen Behörden erlauben, über Verstöße gegen das Lebensmittelrecht und schwerwiegende Verbrauchertäuschung zu informieren, andererseits den Verbrauchern bestimmte Auskunftsrechte gewähren. Damit sollen solche Lebensmittelskandale in Zukunft verhindert werden.

2. Auseinandersetzung:

Was wirkt auf die Auseinandersetzung ein? Wie verläuft sie?

Nachdem in den vorangegangenen Jahren ein entsprechender Gesetzentwurf der rot-grünen Koalition an der ablehnenden Haltung des Bundesrats gescheitert ist, ergreift die Große Koalition aus CDU/CSU und SPD im Jahre 2006 erneut die Initiative zu einem Verbraucherinformationsgesetz. In der öffentlichen Diskussion fordern Verbraucherverbände und Oppositionsparteien, aber auch einzelne Vertreter der Regierungsparteien weitergehende Regelungen, insbesondere eine Informationspflicht für Firmen. Die Verbände der Industrie halten die bestehenden Gesetze hingegen für ausreichend.

3. Entscheidung:

Zu welchen Ergebnissen hat der Willensbildungs- und Entscheidungsprozess geführt?

Gegen die Stimmen der Opposition beschließt der Bundestag das Gesetz; auch der Bundesrat stimmt am 21. September 2006 zu. Allerdings unterschreibt der Bundespräsident wegen verfassungsrechtlicher Bedenken das Gesetz nicht, weil darin den Kommunen vom Bund Aufgaben übertragen werden, wozu nach dem Grundgesetz nur die Länder befugt sind. Schon im April 2007 beschließt die Bundesregierung einen Gesetzentwurf, der diese Bedenken berücksichtigt, ansonsten am Inhalt des gescheiterten Gesetzentwurfs festhält. Am 5. Juli 2007 wird das Verbraucherinformationsgesetz durch den Bundestag verabschiedet – erneut gegen die Stimmen der Fraktionen Die Linke, Bündnis 90/Die Grünen und FDP. Dabei werden die Einwände des Bundespräsidenten durch spezielle Formulierung berücksichtigt. Der Bundesrat stimmt dem Gesetz am 21. September 2007 zu.

4. Vollzug der Entscheidung:
Wie wurde oder wird die Entscheidung umgesetzt?

Alle Verbraucher sollen Einblick in die Informationen über bestimmte Produkte (Lebens- und Futtermittel, Wein und Kosmetika) erhalten, die den Behörden vorliegen. Die Behörden wiederum sollen das Recht haben, über bestimmte Sachverhalte aktiv zu informieren. Es soll künftig möglich sein, von den Behörden zu erfragen, ob Produkte Allergien auslösende Stoffe enthalten oder welche sonstigen Untersuchungsergebnisse darüber vorliegen. Behörden wiederum sollen in die Lage versetzt werden, Hinweise über Produkte weitergeben zu können, bei denen beispielsweise eine erhebliche Überschreitung von Grenzwerten festgestellt wurde. Auch bei einem Verstoß gegen verbraucherschützende Vorschriften soll den Behörden gestattet sein, die Namen der Firmen bekanntzugeben, was in Deutschland bisher nicht möglich war.

5. Bewertung:
Wie wird die Entscheidung bewertet?

Während die Opposition (FDP, Linke, Grüne) und die Verbraucherverbände den Gesetzentwurf wegen der vielen Ausnahmen für einen „zahnlosen Tiger" halten, spricht die Regierung von einem „Quantensprung für die Verbraucher". Die Lebensmittelwirtschaft wiederum kritisiert ihrerseits das Vorgehen der Verbraucherschutzorganisationen im Zuge des Gesetzes. Nach ihrer Ansicht dienen viele Anfragen ohne konkreten Anlass lediglich dazu, Angiffe gegen die Unternehmen zu organisieren.

6. Reaktionen:
Wie reagieren Individuen und Gruppen auf die Entscheidung?
Welche neuen Probleme resultieren daraus?

Das neue Verbraucherinformationsgesetz sieht vor, dass Behörden zukünftig auch dann die Namen von Herstellern öffentlich bekanntgeben können, wenn das Verwaltungsverfahren noch nicht abgeschlossen ist, also beispielsweise die Gegenprobe in einem zweiten Labor noch nicht untersucht und bewertet wurde. Dadurch werden die Verbraucherinnen und Verbraucher zum einen schneller informiert, zum anderen besteht jedoch auch die Gefahr, dass Unternehmen zu Unrecht in Verruf geraten können.

Q **Dioxin-Skandal ist größer als angenommen**

Der Skandal um dioxinverseuchtes Tierfutter weitet sich aus. Nicht 527 Tonnen des verunreinigten Futterfetts wurden an Hersteller geliefert, sondern bis zu 3 000 Tonnen. Diese Zahlen nennt das Bundesverbraucherschutzministerium in einem Bericht an den Agrarausschuss des Bundestages. Es seien vom 12. November bis 23. Dezember 2010 nach derzeitigem Kenntnisstand sieben verdächtige Lieferungen an 25 Futterhersteller verkauft worden. Von dort gelangte es in die landwirtschaftlichen Betriebe. Acht Bundesländer sollen betroffen sein.

Quelle: www.tagesschau.de/inland/dioxin134.html, 05.01.2011

1. Erläutere am Beispiel des Verbraucherinformationsgesetzes die Beteiligung der Verfassungsorgane am Politikzyklus.

2. Recherchiere im Internet den weiteren Verlauf des Dioxin-Skandals und der aus ihm folgenden politischen Schritte. Wende zur Analyse den Politikzyklus an.

6 Wirtschaft und Ethik

Das Ausgangsproblem

Öffentliche Diskussionen zeigen: Es gibt eine zunehmende kritische Auseinandersetzung von Bürgern mit der Wirtschaftsordnung unseres Landes. Dies ist aus der Sicht vor allem solcher Bürger verständlich, die z. B. keinen Arbeitsplatz gefunden haben oder über ein aus ihrer Sicht zu niedriges Einkommen verfügen und dies als ungerecht und unsozial empfinden. Nicht selten wird stellvertretend das Verhalten von Unternehmen und Manager kritisiert.

Bürger stellen sich die Frage: Wie sozial ist eigentlich die „Soziale Marktwirtschaft?" Und zumeist gibt es Aussagen wie: „Das ist nicht moralisch, das ist nicht ethisch." Dem einen sind die Gewinne von Unternehmen zu hoch, dem anderen wird zu wenig für den Umweltschutz getan. Der nächste empfindet die Gehälter der Manager als unmoralisch und ein anderer wiederum beklagt, wie wenig für die Entwicklungsländer getan wird.

B

Ein Tischgespräch:

Herr Fischer (48 Jahre, soeben arbeitslos geworden), Frau Fischer (42 Jahre, Kassiererin im Großmarkt) und die Kinder Claudia (16 Jahre, besucht die Klasse 10), Tim (18 Jahre, ist in der Ausbildung als Kfz-Mechatroniker)

Herr Fischer (stöbert im Regionalteil der Tageszeitung): „Typisch, da stecken sich die Unternehmer wieder die Taschen voll und von uns werden 40 Personen entlassen. Kosten reduzieren nennen sie das oder die internationale Wettbewerbsfähigkeit stärken. Und hier!" Er zeigt auf einen Text. „Auch wieder mal typisch: Neuer Umweltskandal. Gibt es denn überhaupt keine Moral mehr? Früher waren die Unternehmer doch anders."

Tim: „Blödsinn! Unser Laden läuft jedenfalls gut. Heute haben wir wieder zwei Geländewagen verkauft. Ich frag' mich: Die verbrauchen doch mindestens 18 Liter Benzin und dann wird überall von Energieknappheit gesprochen. Das ist doch Wahnsinn, aber für uns in der Firma ist das gut."

Claudia: „Klar, wenn man immer nur an sich denkt und die einen den anderen egal sind. An die Umwelt wird nicht gedacht. Immer große Sonntagsreden, aber die anderen sollen mit dem Energiesparen anfangen."

Tim: „Hör auf, uns hier moralische Reden zu halten. Du wirst auch noch froh sein, wenn du einen Arbeitsplatz hast. Du willst doch Textilkauffrau werden. Was ihr Frauen alles so kauft, ist doch auch kein Beitrag zum Schutz der Umwelt. Und dann kommen diese Klamotten noch aus den Entwicklungsländern und sind mit Kinderarbeit produziert worden. Doppelte Moral nennt man das!"

Geländewagen – Energieknappheit?

1. Stellt zusammen, welche unterschiedlichen Positionen die Familienmitglieder vertreten. ○

2. Welche Gründe kann es für diese Positionen geben? Nehmt dazu Stellung. ●

Frau Fischer: „Moral kannst du dir leisten, wenn du satt wirst. Jeder muss doch erst mal an sich denken. Wir werden uns jetzt auch einschränken müssen, solange Vater arbeitslos ist. Und ob er in seinem Alter noch was bekommt, das ist auch die Frage und übrigens … wenn ich für Claudia ein T-Shirt für 10 € bekommen kann und dafür nicht 20 € bezahlen muss, nur weil es aus Deutschland kommt, dann kannst du dreimal überlegen, welches ich nehme … Und wenn Claudia es nicht will, dann kann ich ja das billigere T-Shirt für dich, Tim, kaufen."
Claudia: „Das ist Erpressung …"

Zur Unterscheidung von Moral und Ethik

Wie sozial ist die „Soziale Marktwirtschaft"? Welche Bedeutung haben Moral und Ethik? Muss man sich entscheiden für Unternehmensgewinne **oder** für Umweltschutz, für soziale Sicherung **oder** für „soziale Kälte", für Wachstum **oder** für Armutsbekämpfung? Gibt es einen Gegensatz zwischen Ökonomie und unseren herkömmlichen Wertvorstellungen? Schließen sie sich gegenseitig aus? Im Folgenden wollen wir begründen, dass dies nicht der Fall ist. Unterscheiden wir zunächst zwischen Moral und Ethik.

Unter **Moral** versteht man die Summe von Regeln und Normen, die das Handeln der Menschen bestimmen bzw. bestimmen sollen und deren Übertretung zu Schuldvorwürfen gegen sich selbst bzw. gegen andere führen. **Ethik** ist die wissenschaftliche Auseinandersetzung mit der Moral, es ist die Theorie von der Moral.

Viele Akteure im Wirtschaftsgeschehen sehen sich häufig gleichzeitig ökonomischen und moralischen Forderungen gegenüber. Ein gutes Beispiel hierfür ist der Unternehmer, der zu entscheiden hat, ob er umweltfreundliche Technologien (zum Wohle aller) einsetzen soll, obwohl die dadurch verursachten Kosten seinen Gewinn (z. B. zu Lasten der Aktionäre) einschränken.

Wer ist schuld an der Arbeitslosigkeit?

In der Regel werden dafür bestimmte Gruppen verantwortlich gemacht: Die Arbeitslosen selbst, die Unternehmen oder die Gewerkschaften.

Eingang einer Agentur für Arbeit

1. Vorwurf: Arbeitslose sind Faulenzer und sie sind selbst an ihrem Schicksal schuld.
Und – so ein weiterer Vorwurf – sie suchen gar nicht nach einem neuen Arbeitsplatz, weil das „soziale Netz" in Deutschland so dicht ist und keiner durch das Netz fallen kann.

Da lassen sich mehrere Fragen stellen:
Wenn ein Familienvater mit Arbeit weniger verdient, als wenn er nicht arbeitet, dann wäre es gegenüber der eigenen Familie sogar verantwortungslos, wenn er arbeiten gehen würde. Liegt das Problem also in der Situation oder bei der Person?
Dass es Faulenzer gibt, die sich ungerechtfertigt beklagen, lässt sich damit natürlich nicht entschuldigen. Aber ein Fehler könnte deshalb auch darin liegen, dass das System der sozialen Sicherung fehlerhaft konstruiert ist und solche Faulenzer begünstigt.

2. Vorwurf: Die Gewerkschaften sind schuld mit ihren hohen Lohnforderungen

Auch hier lassen sich berechtigte Fragen stellen. Wer sitzt am Verhandlungstisch: Sind es die Gewerkschaften alleine oder sitzen dort nicht auch die Vertreter der Arbeitgeberverbände? Die Gewerkschaften müssen die Interessen ihrer Mitglieder vertreten. Man könnte auch fragen: Wie sehen die gesetzlichen Regelungen beim Arbeitsrecht, beim Tarifrecht aus und liefern diese Regelungen den Gewerkschaften nicht die Argumente so zu handeln wie sie handeln? Diese Fragen gelten auch für die Arbeitgeberverbände, die am Verhandlungstisch sitzen.

3. Vorwurf: Die Unternehmen sind an der Arbeitslosigkeit schuld.
Sie handeln, so der Vorwurf, gesellschaftlich verantwortungslos, weil sie zugunsten der Gewinne die Beschäftigung abbauen und/oder Betriebe ins Ausland verlagern.

Fragen dazu:
- Ist ein Manager verantwortungslos, wenn er für das ihm anvertraute Kapital der Eigentümer eines Unternehmens versucht, eine hohe Rendite zu erzielen?
- Kann es nicht so sein, dass durch die Investitionen in das Unternehmen in Polen z. B. die Arbeitsplätze im Mutterunternehmen in Niedersachsen sogar sicherer werden?

– Könnte die hohe Arbeitslosigkeit bei der Gruppe der Beschäftigten mit geringer Qualifikation auch daran liegen, dass die Rahmenbedingungen in Deutschland für Unternehmen nicht so attraktiv sind (sehr hohe Löhne, die Steuergesetzgebung, das Arbeitsrecht), um solche Personen zu beschäftigen oder daran, dass diese Personen nicht über die erforderlichen Qualifikationen verfügen und wenig bereit sind, sich nachqualifizieren zu lassen?

Überlegungen zur Analyse

Man muss also vorsichtig sein, eine einzelne Gruppe bzw. eine Person alleine für die Arbeitslosigkeit verantwortlich zu machen. Auch die rechtlichen Rahmenbedingungen, die Strukturen des politischen Systems, die Bestimmungen im System der sozialen Sicherung könnten geprüft werden. Man könnte auch sagen: Es müssen die Regeln geändert werden, damit sich das Spiel ändert. Wir diskutieren deshalb zwei Lösungswege: Veränderung der Spielregeln oder der Spielzüge?

1. Überlegung: Spielzüge

Man setzt beim einzelnen Menschen an, z. B.: „Du, Karola, hast Folgendes zu tun: Schütze die Umwelt, hilf den Armen usw." Da ja niemand ernsthaft die Ökonomie höher als die Moral einschätzt, kommt es zu einem Vorrang der Moral vor der Ökonomie. Und wenn sich alle Menschen danach richten würden, könnte die Wirtschaft gezügelt werden. Das heißt: Die Verantwortung für moralisches Handeln liegt beim einzelnen Menschen im Wirtschaftsprozess, also bei den Spielzügen.

Regelverletzung

2. Überlegung: Spielregeln

Es geht hier um die Ausgestaltung der Regeln einer Wirtschaftsordnung. Die zu beklagenden moralischen Zustände in vielen Teilen der Welt werden auf Fehler bei den Regeln, die für Wirtschaft und Politik gelten, auf das Fehlen einer richtigen Ordnung für die Wirtschaft zurückgeführt.

Man könnte auch sagen, dass der 1. Ansatz die Wahrung der Moral vor allem in die Hände der einzelnen Akteure legt, während der 2. Ansatz sich auf die Entwicklung von richtigen Regeln ausrichtet. Der eine Ansatz konzentriert sich auf die Handlungs**gesinnungen** der einzelnen Menschen, der andere Ansatz konzentriert sich auf die Handlungs**bedingungen**, die für die einzelnen Menschen gegeben sind.

Der 2. Ansatz sieht die Schuld für moralisch fehlerhaftes Verhalten nicht ausschließlich bei dem Individuum, sondern auch in den Rahmenbedingungen. Gibt es z. B. Ausnahmeregelungen im Steuerrecht für Unternehmen, dann darf man sich nicht wundern, wenn diese Ausnahmen von den Unternehmen auch in Anspruch genommen werden. Will die Gesellschaft dies nicht, dann müssen diese Ausnahmen abgeschafft werden.

1. Lege dar, wie sich die „gesellschaftlichen Regeln" in demokratischen Gesellschaften ändern lassen? ○

Gesellschaftliche Probleme als „Trittbrettfahrer"-Probleme

Für das Verständnis von Moral und Ethik ist es wichtig, das sogenannte Trittbrettfahrerproblem zu verstehen. Nehmen wir Folgendes an: Es gibt keine gesetzlichen Regelungen zur Ausstattung von Pkw mit Katalysatoren, obwohl die Technik vorhanden ist. Wir wissen, dass der Einbau von Katalysatoren die Umwelt besser schützt. Wie wird sich der durchschnittliche Autofahrer Herr Müller verhalten?

Herr Müller hat drei Handlungsmöglichkeiten:

1. Am **kostengünstigsten** ist es für Herrn Müller, wenn er auf den Katalysator verzichtet, während alle anderen Autofahrer diesen einbauen lassen. Er hat geringere, die anderen höhere Kosten und sein Verhalten führt trotzdem nicht zu einem spürbaren Anwachsen des Schadens für die Umwelt.
2. Er befindet sich nur in der **zweitbesten Situation**, wenn er selbst und auch alle anderen Pkw-Fahrer umweltfreundliche Katalysatoren installieren. Alle wenden in gleicher Weise höhere Kosten auf, woraus die Umwelt in gleicher Weise Nutzen zieht.
3. Die **schlechteste Situation** ist für Herrn Müller gegeben, wenn er selbst einen Katalysator einbaut, während die anderen Autofahrer darauf verzichten. Er wendet selbst hohe Kosten auf, aber der Nutzen für die Umwelt wird durch sein Verhalten kaum erhöht.

Hilft also ein moralischer Appell allein, z. B. an Herrn Müller, in seinen Wagen einen Katalysator einbauen zu lassen? Nein! Dies wäre eine direkte Aufforderung, seine Einkommenssituation zugunsten anderer zu verschlechtern.

Herr Müller wird deshalb solche Aufforderungen auch ablehnen. Für jeden Autofahrer besteht der Anreiz, die Möglichkeit 1 zu wählen, die sogenannte Trittbrettfahrerposition einzunehmen und entsprechend werden sie handeln. Wie lässt sich das Problem besser lösen? In den Parlamenten wird eine Veränderung des gesetzlichen Rahmens beschlossen, z. B. wer keinen KAT einbauen lässt, muss mehr Steuern zahlen. Und so ist dies in der Bundesrepublik schon vor vielen Jahren geschehen.

Herr Müller in seinem Auto.

1. Lege dar, was man unter einem Trittbrettfahrer versteht? ○

2. Erkläre in eigenen Worten den Unterschied und das Verhältnis zwischen Handlungen und Handlungsbedingungen. ○

3. Führt eine Diskussion zu folgender Aufgabe durch: „Ist es moralisch verwerflich, wenn Konsumenten und Produzenten versuchen, ihre eigenen Interessen zu verwirklichen?" Zur Vorbereitung der Diskussion erarbeitet Argumentationskarten für folgende Positionen:
   a) Es ist moralisch bedenklich, seine Interessen zu verfolgen.
   b) Es ist moralisch nicht bedenklich, seine Interessen zu verfolgen. ◒

Trittbrettfahrer

Was ist eine Trittbrettfahrer-Position?
Aus alten Filmen kennt man Straßenbahnen, an deren Außenseite Trauben von Menschen auf dem Trittbrett hängen. Sie halten sich mühsam an den Haltegriffen fest, die für das Einsteigen vorgesehen sind. Sie springen dann bei der nächsten Haltestelle schnell wieder ab, ohne vorher ein Ticket gekauft und bezahlt zu haben. Sie sind sogenannte Trittbrettfahrer. Sie lassen sich befördern, ohne zu bezahlen. Sie sind „Schwarzfahrer", wie das auch heute in vielen Städten im öffentlichen Nahverkehr zu beobachten ist. Sie lassen andere für sich bezahlen. Auch in anderen Teilen der Gesellschaft gibt es manchmal solche Trittbrettfahrer, die eine Leistung in Anspruch nehmen, ohne ihren Beitrag dafür zu leisten.

Weitere Beispiele:
Verhält sich der Krankenkassenpatient falsch, wenn er die für ihn beste gesundheitliche Versorgung unabhängig von den entstehenden Kosten sucht, wenn sich eine Verhaltensänderung (z. B. Aufhören zu rauchen) in keiner Weise in der Höhe seiner Beiträge widerspiegelt?

Wird das Problem des illegalen Kopierens von Musik im Internet durch Appelle an die Nutzer gelöst oder durch die Veränderung der rechtlichen und ökonomischen Rahmenbedingungen?

Und kann man dem Unternehmer tatsächlich vorwerfen, dass er sich die steuerlich günstigeren Rahmenbedingungen in osteuropäischen Nachbarländern durch die Verlagerung von Standorten zunutze macht, oder muss man nicht vielmehr solche Rahmenbedingungen schaffen, dass es sich lohnt, weiter in Deutschland zu produzieren?

In unserer Gesellschaft haben wir viele sogenannter Dilemma-Situationen. Ein weiteres Beispiel: Kann man einen Autofahrer dafür verantwortlich machen, dass er für die Urlaubsreise sein Auto nimmt, weil es für ihn billiger ist zusammen mit seiner Familie den Pkw zu benutzen und er z. B. so auch sein Gepäck bequemer transportieren kann und dafür auch noch schneller am Urlaubsort ist? Selbstverständlich belastet er die Umwelt mit CO_2. Sicherlich wäre es umweltfreundlicher, mit der Eisenbahn zu fahren. Aber was ist dann mit dem Preis für vier Personen oder mit den Kosten, wenn die Familie mit dem Zug gar nicht direkt zu ihrem Zielort kommt und das letzte Teilstück doch wieder mit dem Auto gefahren werden muss? Und schließlich könnte es auch sein, dass die Familie unterwegs noch übernachten muss und auch dafür erhebliche Kosten entstehen.

Gäbe es zum Beispiel bessere Verkehrsverbindungen und wären die Bahnpreise für eine Familie günstiger, könnte die Familie sich vielleicht anders entscheiden. Welche Reaktion könnte von seinem Nachbarn kommen, dem er erzählt: „Wir fahren mit dem Zug, müssen allerdings einmal übernachten, aber wir schützen so die Umwelt." Sein Nachbar würde ihn vermutlich auslachen: „Du bist doch blöd!" Und er würde erwidern: „Ich belaste so aber die Umwelt weniger und das kommt doch allen zugute", dann würde der Nachbar ihn noch mal auslachen und vermutlich antworten: „Dann kann ich ja in Ruhe mit meinem Auto fahren und dich bei der Ankunft begrüßen."

Wir haben hier also ein richtiges Dilemma. Es ist zwar allen klar, dass das Fahren mit dem Auto vermutlich umweltschädlicher ist als das Fahren mit der Eisenbahn. Aber jeder weiß, dass es auf die Umwelt keinen Einfluss haben wird, wenn nur **einer allein** sich umweltgerecht verhält. Der einzige Effekt ist, dass er selbst höhere Kosten hat. Wenn man von allen Menschen ein anderes Verhalten erwartet, dann muss dieses Verhalten durch bestimmte Regelungen unterstützt werden. Aus diesem Grund werden von der Regierung Gesetze und Verordnungen erlassen, welche die Umwelt schützen sollen. Der Verstoß wird unter Strafe gestellt.

1. Ermittle weitere Beispiele zum Begriff Dilemma und beschreibe, worin das Dilemma jeweils zu sehen ist. ◒

2. Was hältst du von der Aufforderung, CO_2-arme Autos zu fahren? Stelle Pro-und Kontra-Argumente zusammen. ●

Wenn du insbesondere den Zusammenhang zwischen „Spielregeln“ und „Spielzügen“ verstanden hast, dann wirst du die folgenden Aufgaben mit Sicherheit lösen können:

1. Kevin: „Conrad, kannst du mir deine CD brennen, dann brauche ich sie nicht zu kaufen.“
   Conrad: „Nee, das mache ich nicht, das ist doch Diebstahl!“
   a) Ist die Aussage von Conrad falsch oder lässt sie sich begründen? ○
   b) Was würdet ihr Conrad antworten, würde er euch den Wunsch abschlagen? ○
   c) Ist Conrads Verhalten moralisch? ○
   d) Was würden die Musiker sagen, deren CD gebrannt wird? ○
   e) Wie ließe sich das Problem eventuell lösen? ◒

2. Im internationalen Handel gibt es häufig die sogenannte Markenpiraterie, d. h. die Sportartikel namhafter Hersteller werden gefälscht und sehr viel billiger verkauft. Führt dazu ein Rollenspiel mit folgenden Rollen durch: ○
   a) Käufer eines Trainingsanzugs, dem es an möglichst günstigen Produkten gelegen ist,
   b) Unternehmensvertreter, die die Fälschungen ablehnen, weil sie den Umsatz verringern,
   c) Produzent des Trainingsanzugs aus dem Land „Phantasia“, der durch die Fälschungen Geld verdient.

3. Nehmt Stellung zu folgenden Aussagen, auch unter Berücksichtigung der Frage, ob es moralisch vertretbar ist oder nicht. ●
   a) Unternehmer A: „Wenn es Subventionen gibt, dann werde ich auf jeden Fall versuchen, an sie heranzukommen. Man sollte mitnehmen, was man mitnehmen kann. Mache ich es nicht, dann macht es mein Konkurrent.“
   b) Subventionen werden aus den Steuern der Bürger finanziert. Darum sollten sie wirklich nur in sehr dringenden Fällen gezahlt werden.
   c) Subventionen sind wie „süßes Gift“. Man kann sich schnell daran gewöhnen und es fällt schwer, auf Subventionen zu verzichten.

INFO

Subventionen sind Zahlungen vom Staat an Unternehmen ohne direkte Gegenleistungen. Beispiele: Landwirtschaft, erneuerbare Energien

Subventioniert: Landwirtschaft

Nach der Bearbeitung dieses Kapitels sollst du in der Lage sein,
- die unterschiedlichen Funktionen des Staates im Wirtschaftsprozess grundsätzlich und anhand von Beispielen zu erläutern;
- die verschiedenen wirtschaftspolitischen Handlungsfelder zu charakterisieren und voneinander abzugrenzen;
- zu erklären, was unter der Tarifautonomie verstanden wird;
- den Zusammenhang von Wirtschaftsgeschehen, Wirtschaftsordnung und Moral beschreiben zu können;
- politische Entscheidungsprozesse mithilfe des Politikzyklus erklären zu können.

Mit den folgenden Aufgaben kannst du deine Kompetenzen überprüfen:

1. Nimm begründet Stellung zu folgender Aussage: „Der Staat setzt in einer Marktwirtschaft die Regeln, ansonsten hält er sich aus dem Geschehen raus.“ ●

2. Ordne die folgenden Beispiele den politischen Handlungsfeldern Ordnungs-, Prozess- und Strukturpolitik zu. Begründe kurz deine Zuordnung: ◒

a) Die Landesregierung schafft die Möglichkeit, dass Geschäfte 24 Stunden am Tag öffnen können.
b) Der Stadtrat berät über die Errichtung eines neuen Parkhauses.
c) Die Bundesregierung erhöht die Mehrwertsteuer.
d) Die Europäische Kommission legt eine Richtlinie zum Umgang mit Chemikalien-Abfällen vor.
e) Die Bundesregierung verabschiedet im Rahmen der Familienpolitik ein neues, staatliches Elterngeld.

Q Am 11. Februar 2011 hat das Bundeskabinett ein so genanntes Anlegerschutzgesetz 2011 verabschiedet. Der Bundesrat muss den neuen Regelungen und damit dem Anlegerschutzgesetz noch zustimmen. Das Anlegerschutzgesetz sieht u.a. die Einführung eines bundesweiten Registers für angestellte Bankberater (Anlageberater) vor. Die Anforderungen an die Qualifikation der Finanzberater (Bankmitarbeiter) mit einer Berufserfahrung bis zu 5 Jahren wird erhöht. […]
Vor der Entscheidung für eine Geldanlage sollen sich die Anleger besser über die Geldanlage informieren können. Die Herausgabe eines Produktinformationsblattes für die Geldanlage wird zur Pflicht. Die Banken und Sparkassen müssen dem Bankkunden bei der Finanzberatung ein derartiges Produktinformationsblatt aushändigen. Ein solcher Beipackzettel wird bereits von einigen Banken auf freiwilliger Basis dem Kunden mitgegeben. Das Produktinformationsblatt soll Risiken, Erträge und Kosten eines Anlageprodukts verständlich beschreiben und so die Anlageprodukte verschiedener Anbieter vergleichbarer machen. […]

Quelle: www.finanztip.de/recht/bank/anlegerschutzgesetz.htm

3. Lies den Artikel und beantworte die folgenden Fragen:
a) Handelt es sich im vorliegenden Fall um eine struktur-, prozess- oder ordnungspolitische Entscheidung? Begründe deine Meinung.
b) Welche staatlichen Institutionen sind am Entscheidungsprozess beteiligt? Verdeutliche, welche Zuständigkeiten die einzelnen Institutionen haben und wie die Abhängigkeiten untereinander ausgestaltet sind.
c) Welche Interessengruppen versuchen vermutlich Einfluss auf den Entscheidungsprozess zu nehmen? Welche Ziele verfolgen sie?
d) Erkläre am vorliegenden Beispiel die grundsätzliche Stellung des Staates als „Regelsetzer" und „Schiedsrichter" im Wirtschaftsgeschehen.

4. Ermittle im Internet weitere Informationen zum Anlegerschutzgesetz. Analysiere den Verlauf der verschiedenen Phasen des Entscheidungsprozesses mithilfe des Politikzyklus und identifiziere die Stufen 1–6.

5. Erkläre, weshalb man Tarifverhandlungen auch als „Arbeitskampf" bezeichnet.

6. a) Analysiere die unten stehende Grafik und beschreibe den Verlauf einer Tarifverhandlung im kürzesten und im langwierigsten Fall.
b) Benenne alle Regelungen, die dazu dienen sollen, die unterschiedlichen Interessen der Tarifparteien zusammen zu bringen.

Unsere Zukunft liegt in Euren Händen
-
Volle Kraft voraus für erneuerbare Energien!
GREENPEACE
Jugend

NYSE
New York Stock Exchange
SEPTEMBER
17
MONDAY

RBEITSLOSIGKEI